ORDRE

ET

INSTRUCTION JUDICIAIRE

ORDRE

ET

INSTRUCTION JUDICIAIRE

PAR

Pierre AYRAULT

Lieutenant criminel au Présidial d'Angers

PRÉCÉDÉ D'UNE ÉTUDE SUR

LES PROGRÈS

DE LA

PROCÉDURE CRIMINELLE

EN FRANCE

PAR

Victor JEANVROT

Substitut du Procureur général près la Cour d'Angers

7170.

PARIS

A. COTILLON ET Cie	A. CHEVALIER-MARESCQ
ÉDITEURS	ÉDITEUR
24, RUE SOUFFLOT, 24	20, RUE SOUFFLOT, 20

1881

PRÉFACE

DE L'ÉVOLUTION

DE

LA PROCÉDURE CRIMINELLE EN FRANCE

L'histoire de la procédure criminelle est intimement liée à celle des progrès et des erreurs de l'esprit humain.

Il y a plus de vingt siècles, la République athénienne avait introduit les principes démocratiques dans les institutions judiciaires, et, grâce au génie de ses philosophes et de ses hommes politiques, elle était parvenue aux notions les plus élevées de la justice civilisée.

A Athènes, le pouvoir judiciaire appartenait au peuple.

Les crimes les plus graves étaient déférés au tribunal de l'Aréopage. Le tribunal des Héliastes, composé de citoyens désignés par le sort, formait un véritable jury auquel étaient soumis tous les autres crimes.

Le droit d'accuser, comme le droit de juger, appartenait à chaque citoyen. Toutefois, cette

1*

faculté était limitée aux délits d'ordre public. Quand l'accusation était téméraire, la loi punissait l'accusateur. Pour les délits d'ordre privé, la partie lésée pouvait seule porter accusation. La poursuite n'avait alors pour but que la réparation du préjudice causé, et l'action s'éteignait par le désistement du plaignant.

L'instruction se faisait publiquement à l'audience, où l'accusé était appelé par voie de citation directe. Il n'y avait ni détention préventive, ni procédure écrite, ni information écrite.

Les témoins à charge et à décharge étaient cités tant par l'accusateur que par l'accusé. Ils prêtaient serment, en appelant sur eux la vengeance des dieux pour le cas où ils ne diraient pas la vérité. Ils déposaient oralement après avoir remis toutefois au tribunal leur déclaration préalablement écrite.

Ainsi, trois grands principes se dégagent de la procédure athénienne : la publicité imprimée à tous ses actes, le droit d'accusation conféré à tous les citoyens, et le droit de juger, également attribué à tous les citoyens.

« Ces règles, dit M. Faustin Hélie, qui constituent les vrais fondements de l'instruction criminelle, et que la législation romaine n'a fait que recueillir de la Grèce pour les transmettre aux législations modernes, forment le caractère distinctif de la procédure antique...

« Telle est la force des principes qui reposent sur la vérité, que ceux-ci ont pu vivre et se perpétuer de siècle en siècle au milieu des formes vicieuses qui les accompagnaient. Nous les voyons briller d'un éclat toujours jeune à travers ces institutions vieillies, et nous saluons avec reconnaissance la législation dans laquelle ils sont nés (1). »

Les Romains, après avoir emprunté à la Grèce leur procédure criminelle, n'y ont pas apporté, au point de vue des principes, d'importantes modifications. Ils lui ont cependant, dans la pratique, donné un caractère plus rude. C'est ainsi que, notamment vers la fin de l'empire, la torture était appliquée aux esclaves plus fréquemment et avec plus de cruauté.

Le fait important à signaler à cette époque, c'est l'influence chaque jour grandissante du clergé catholique. Les empereurs avaient accordé aux évêques un droit de contrôle sur la procédure et sur les magistrats. L'action du clergé était ainsi devenue prépondérante au Vᵉ siècle sur la législation criminelle. Mais cette action n'eut pas pour effet de tempérer la rigueur de la procédure. Le clergé, dit M. Faustin Hélie, se montra plus « soucieux de régner

(1) *Traité de l'Instr. crim.*, t. I, p. 31 et 33; Paris 1855, Hingray, édit.

dans la pratique sur les faits que d'édifier quelque construction vigoureuse sur les débris de ces institutions décrépites. L'ancien droit public de l'empire continue de dominer le monde. Rome chétienne ou païenne subit les mêmes lois ; la torture ne cesse point de peser sur les procédures, de même que l'esclavage ne cesse pas de peser sur la législation (1). »

La conduite de l'Église fut la même après l'invasion, à l'égard des formes de procédure introduites par les peuples barbares.

Au VIe siècle, les Germains se sont établis en Gaule. Ils apportent leurs lois, leurs mœurs, leurs coutumes, leurs institutions, qui ne parviendront que longtemps après à se fondre avec les institutions romaines. Loin de réagir contre les procédures superstitieuses de ces peuples, l'Église se les assimile pour ainsi dire en les consacrant.

Il en fut ainsi, par exemple, de l'épreuve par l'eau bouillante : « Cette épreuve se faisait dans l'Église..., un prêtre récitait certaines formules de prières pour exorciser l'eau et pour appeler l'intervention du Ciel dans cette épreuve. Après cette invocation, l'accusé plongeait ses mains dans l'eau bouillante ; et si cette immersion laissait des traces, ces traces

(1) *Ibid.*, p. 172.

révélaient le crime (1). » Dans le cas contraire l'accusé était réputé innocent.

Il en fut de même de toutes les superstitions qu'apportaient avec eux les peuples germaniques. En ce qui concerne les sorts, « cette superstition, observe M. Hélie, ne les abandonna pas lorsqu'ils devinrent chrétiens. Elles grandirent même avec leur foi dans la justice de Dieu. Il leur semblait que la Divinité ne pourrait laisser succomber l'innocence et voiler la vérité, et ils attendaient dans les épreuves autant de miracles qui devaient manifester sa voix (2). »

De même encore pour la procédure cruelle de l'épreuve par le feu, que les Germains pratiquaient rarement. Après leur conversion l'usage en devint très-fréquent. « Il est possible, dit M. Hélie, que le christianisme, en imprimant dans ces esprits naïfs une foi nouvelle et plus vive dans la Providence, ait développé une coutume qui semblait s'appuyer sur cette foi. Il est certain qu'il ne la repoussa pas, qu'il l'accueillit même, et que ce fut surtout du VIIIe au XIe siècle que les épreuves judiciaires furent universellement adoptées. »

Bien plus, le christianisme introduisit de

(1) *Ibid.*, p. 238.
(2) *Ibid.*, p. 235.

nouvelles épreuves, telles que l'épreuve du fer chaud, l'épreuve de l'eau froide, l'épreuve de la croix *(judicium crucis)* (1).

« Toutes ces épreuves, dit encore M. Hélie, avaient un caractère commun, celui d'une cérémonie religieuse. Comme elles avaient pour but de faire éclater la puissance divine, elles avaient lieu dans l'église, elles étaient dirigées par les prêtres, elles étaient accompagnées de rites religieux et de prières (2). On peut présumer dès lors que les ecclésiastiques avaient une grande influence sur leur résultat, et qu'au moyen de certaines fraudes ils pouvaient conjurer parfois leurs inconvénients. De là sans doute, dans les premiers temps, la connivence de l'Église en faveur de ces moyens de preuve, et ses efforts pour repousser le combat judiciaire, qui échappait à son influence (3). »

C'est qu'en effet la procédure habituelle aux Germains reposait particulièrement sur le combat judiciaire, procédé essentiellement humain,

----

(1) Cette épreuve s'appliquait principalement aux contestations civiles. Les parties étaient placées en face de la croix, et celui qui, le premier, vaincu par la lassitude, tombait à terre, était présumé condamné par l'intervention divine *(Ibid.,* p. 239).

(2) V. les formules pour évoquer le ciel dans les épreuves. — Baluze, t, II, p. 639.

(3) *Traité de l'Instr. crim.,* p. 239 et 240.

qui ne faisait dépendre la décision que de la force physique, de la souplesse des muscles, de l'adresse et de l'agilité des combattants. Le vice de cette procédure, aux yeux de l'Église, consistait à ne pas faire intervenir la Divinité dans le règlement des affaires humaines, et à échapper par conséquent à son action.

Malgré cette opposition, le combat judiciaire, qui correspondait aux mœurs belliqueuses de la race, fut la procédure en faveur pendant toute la période de la féodalité.

Cette procédure s'est même perpétuée jusqu'à notre époque où nous voyons, pour ainsi dire, chaque jour, les hommes les plus civilisés recourir au duel dans les affaires, dites d'honneur, qui échappent à la compétence des tribunaux ordinaires, et ne relèvent que de l'opinion. C'est là un exemple frappant de la persistance des superstitions dans l'humanité.

L'influence de l'Église, au moyen âge, fut si considérable que l'histoire de la procédure criminelle se confond en quelque sorte, pendant plusieurs siècles, avec celle des tribunaux ecclésiastiques. Le pouvoir féodal tenta de réagir contre ses envahissements, mais en raison de son organisation anarchique il ne pouvait opposer une puissante résistance. Sous la royauté, les légistes soutinrent avec énergie les droits de la justice laïque et préparèrent son triomphe. L'ordonnance de 1539 fut un premier pas vers l'émancipation. Au XVIIIe siècle la lutte fut continuée avec ardeur et succès par les philosophes. Enfin, la Révolution fit disparaître la juridiction ecclésiastique en sécularisant la législation, et substitua à l'ancien état de choses un système de procédure éclectique, empruntant ses règles tout à la fois au droit romain, au droit féodal, aux ordonnances, et même au droit canonique.

Les diverses phases de cette lutte plusieurs fois séculaire entre la justice laïque et la justice ecclésiastique constituent le principal élément de l'histoire de la procédure criminelle. Il est donc nécessaire d'étudier à ce point de vue les transformations successives des institutions judiciaires.

Dans les derniers temps de l'empire romain l'Eglise revendiquait un droit de juridiction exclusif sur ses membres. Elle l'obtint enfin sous Charlemagne. Dès qu'elle fut en possession de ce privilège, elle s'occupa de l'étendre des délits imputés aux clercs *(ratione personnæ)*, à tous les faits qui touchaient directement ou indirectement aux intérêts de la foi *(ratione materiæ)*.

Le principe des justices ecclésiastiques, remarque M. Hélie, « était essentiellement religieux. Ce n'était qu'en vue de la religion, pour fortifier son action, pour maintenir les droits du clergé, qu'elles avaient été instituées. Leur but n'était ni d'assurer la distribution de la justice, ni d'en affermir les règles, mais bien de protéger les intérêts de l'Église et de maintenir ses privilèges (1). »

. A la fin du XI⁰ siècle, lorsque Grégoire VIII eut tenté d'édifier une monarchie pontificale, quand l'influence de l'Église grandit et domine la société féodale, les juridictions ecclésiastiques étendent peu à peu leurs attributions. Innocent III régularisa ces envahissements. Boniface VIII en acheva plus tard l'organisation.

La domination de l'Église, représentant visible de Dieu sur les choses de la terre, était un principe universellement accepté.

Cette suprématie générale à laquelle aspirait l'Église fut puissamment soutenue par la promulgation des lois canoniques, qui étaient obligatoires pour les juges ecclésiastiques des officialités établies dans chaque diocèse.

Il est indispensable de rappeler les règles d'un système de procédure qui fut dominant au XIII⁰ siècle, et dont l'influence bien qu'affaiblie, se continua jusqu'à la Révolution, et même au delà.

---

(1) *Ibid.*, p. 351.

I.

Le droit pénal ecclésiastique peut être étudié au triple point de vue de la procédure, des délits et des peines.

§ Ier. — *Procédure.*

La preuve de la culpabilité résultait soit de l'aveu de l'accusé, soit de la déclaration de deux témoins. Pour atteindre la preuve, les juges ecclésiastiques avaient recours à la délation, à la procédure écrite, laquelle était secrète, à la détention préventive, et à la question.

La délation est une des sources ordinaires des poursuites. On distinguait, selon les cas : la *denunciatio evangelica*, la *denunciatio judicialis publica*, et la *denunciatio judicialis privata* (1). Les délateurs étaient admis en témoignage. « Les inquisiteurs, dit M. Molinier (2), se servaient sans cesse des prévenus ou des condamnés, disposés à acheter leur grâce à n'importe quel prix, pour faire tomber dans des pièges sa-

(1) P. Fournier, *Les officialités au moyen âge.*—Paris, 1880. Plon, édit., p. 258.

(2) *L'Inquisition dans le midi de la France au* XIIIᵉ *et au* XIVᵉ *siècle. Étude sur les sources de son histoire,* par Ch. Molinier, agrégé d'histoire. — Paris, 1881. Fischbacher, édit., p. 398.

vamment dressés les hérétiques qui leur avaient échappé jusque-là. »

La procédure écrite était entièrement ignorée de l'accusé. Les témoins déposaient en secret; ils n'étaient pas confrontés, leurs noms étaient voilés. Deux témoins qui avaient ouï dire quelque chose équivalaient à un témoin qui avait vu et ouï par lui-même.

Un domestique pouvait déposer contre son maître, un mari contre sa femme, un fils contre son père (1)!

On voit aussi apparaître, comme mesure ordinaire de procédure, la détention préventive. « Le juge, dit M. Fournier, fait citer le prévenu devant lui et ordonne qu'il sera incarcéré (2). »

Enfin l'Inquisition a introduit en France la pratique habituelle de ce mode barbare de procédure qu'on appelle la question.

On sait que le tribunal de l'Inquisition fut fondé par Innocent III pour poursuivre l'exter-

---

(1) De Croos, *Hist. du dr. crim. dans le comté de Flandre.* — Bruxelles, 1878. Larcier, édit., p. 182.

Mémoires de Jacques de Clercq. L. IV, chap. 3.

« Les terribles instructions de Frédéric II, protecteur de l'Inquisition, en 1227, portent que « les enfants des hérétiques jusqu'à la seconde génération seront déclarés incapables de remplir des emplois publics et de jouir d'aucun honneur *excepté les enfants qui dénonceraient leurs pères.* » De Croos, *loc. cit.*, p. 175.

(2) *Loc. cit.*, p. 272.

mination des hérétiques. Le concile de Latran,
en 1215, en fit un tribunal permanent (1).

Le concile de Toulouse, en 1229, en assura
l'établissement définitif et prononça des peines
contre les hérétiques (2).

---

(1) Isambert, *Recueil général des lcis françaises*, t. I,
p. 234.

(2) En 1221, l'Inquisition fut établie en Italie. — En
1224, Louis IX l'organisa, dans son royaume. — En
1224, le comte de Toulouse l'introduisit en Languedoc.—
En 1229, le Concile de Narbonne excommunie les Albi-
geois et établit dans toutes les paroisses des inquisiteurs
(Isambert, t. I, p. 234). — En 1233, le pape Grégoire IX
attribue les fonctions d'inquisiteurs aux membres de
l'ordre des Domicains. — En 1235, Robert, inquisiteur
de Flandre, condamne dix hérétiques qui furent brû-
lés à Douai sur la place du Paquet (De Croos, *loc cit.*,
p. 47). — En 1238, l'Inquisition fut établie en Espagne où
elle subsista jusqu'en 1808. — En 1268, Alphonse de Poitiers invite Pons de Poût et Etienne de Gâtine, inquisiteurs du Languedoc, à se transporter à Lavaur (Molinier, p. 308). — En novembre 1329, le roi ordonne l'exécution du règlement d'un inquisiteur (Isambert, t. IV, p.
264). — En 1459, Pie II ordonne l'installation à Arras
d'une *Chambre ardente* pour poursuivre et exterminer
les Vaudois d'Artois. Le jacobin Pierre le Broussart est
placé à la tête de ce tribunal comme inquisiteur. Il a
pour assesseur un dominicain et un chanoine. (Lire dans
De Croos, *loc. cit.*, p. 178 et suiv., l'histoire intéressante de
ce tribunal). — Le 30 mai 1536, lettres patentes autori-
sant Mathieu Ory à exercer en France la charge d'Inquisiteur de la foi : « Savoir faisons que nous ayant
agréable la provision naguère faite par le provincial des
frères prêcheurs de la province de France, en vertu du
pouvoir sur ce donné par le Saint-Siège apostolique, à

Une décision d'Urbain IV autorise formelle-
lement les inquisiteurs à appliquer la torture
aux hérétiques (1).

---

la requête de nos prédécesseurs rois de France au provincial dudit ordre..... A notre cher et bien-aimé frère,
Mathieu Ory, docteur en théologie et prieur du couvent
des Frères prêcheurs, à Paris, de l'office et charge de
l'un des inquisiteurs de la foi, en notre royaume, naguère vaqué par le décès de feu frère Valentin Liévin...
Avons octroyé... que ledit sieur Ory puisse exercer et
desservir ladite charge et inquisition par tout notre
dit royaume.... procéder à la connaissance et punition
des cas concernant icelle inquisition, avec les juges ordinaires et ecclésiastiques, etc. » (Isambert, t. XII, p.
503). — Le 10 avril 1540, le roi autorise un religieux de
l'ordre des frères prêcheurs à exercer la charge d'inquisiteur (Isambert, t. XII, p. 674). — Le 5 août 1545, lettres patentes déléguant Claude des Asses, conseiller du
parlement de Paris, pour la poursuite et punition des
hérétiques, dans les provinces d'Anjou et de Touraine
(Isambert, t. XII, p. 894). — Le 22 juin 1550, édit qui
confirme à Mathieu Ory, inquisiteur de la foi, les pou-
voirs qui lui ont été accordés par une ordonnance de
François Ier (Isambert, t. XIII, p. 173). — Dans le midi
de la France, les principaux inquisiteurs furent : à Albi,
Arnaud Catala ; à Carcassonne, Baudoin de Montfort,
Emeric, l'évêque Guilhem II ; à Toulouse, Pierre Cella,
Conrad, de Marbourg, Pierre de Vérone, Pons de Poüt,
Etienne de Gâtine, Guillaume Arnaud. Dans le nord de
la France, en Artois, Pierre le Broussart ; en Flandre,
Robert. Pour tout le royaume : Valentin Liévin, Jean
Merré, Mathieu Ory, etc. — En 1788, le titre et la
charge d'inquisiteur de la foi existaient encore à Li-
moges.

(1) Bulle *Ad extirpanda*. Citée par M. Fournier, *loc.
cit.*, p. 280.

2*

« Le problème de tout bon questionneur ju-
riste était de trouver un moyen de faire beaucoup souffrir pour délier la langue sans attaquer
notablement les sources de la vie. De là la présence d'un médecin et d'un chirurgien pendant
l'interrogatoire.

Tantôt, après avoir garroté le patient sur un
banc, on lui attachait aux mains et aux pieds
de grosses pierres, on le chaussait de souliers
neufs bien graissés, et on lui maintenait les
pieds exposés à un grand feu (1).

Tantôt, au moyen d'un câble passé dans une
poulie fixée au plafond, on le soulevait à une
certaine hauteur avec un poids de 180 livres
(250 pour l'extraordinaire) lié au pied droit, la
corde attachée à une clef de fer entre les deux
revers des mains, maintenues l'une sur l'autre
derrière le dos, puis on le laissait retomber par
une secousse violente, par *trois reprises*, le som-
mant à chaque chute de dire la vérité.

D'autre fois on le mettait à cheval sur une
pièce de bois taillée à vives arêtes, et dont l'un
des angles était en l'air, avec des poids aux
pieds.

Mais les modes les plus ordinaires étaient la
question de l'*eau* et celle des *brodequins*.

Dans la première on faisait asseoir l'accusé

(1) Damhouderius, *Pratic. Judic.*, fos 37-41.

qui possèdent les prisons, et dans lesquelles on peut enfermer les hérétiques ou les *suspects*, non seulement pour les y garder, mais encore pour les punir. Mais, dans ce dernier cas, elles sont considérées comme la propriété commune de l'inquisiteur et de l'évêque.

Les tribunaux de l'Inquisition ne formaient pas, à proprement parler, une juridiction indépendante de l'officialité. D'ordinaire, dit M. Fournier, historien apologiste des officialités, l'évêque se faisait représenter par son official, qui siégeait avec les inquisiteurs (1). Sous Clément V, les évêques prenaient part aux procédures instruites par les inquisiteurs (2).

---

(1) *Loc. cit.*, p. 279.

(2) Clémentine, *Constitut.* I, liv. 5. tit. V, § I.

L'ordonnance de Louis IX concernant l'établissement de l'Inquisition en Languedoc (avril 1228), porte :

Art. 2. — *Ceux que l'évêque aura condamnés pour quelque hérésie* que ce soit, seront punis sur-le-champ.

Art. 4. — Les barons et les baillis du roi et tous sujets seront tenus de purger le pays d'hérétiques. Ils les chercheront et les livreront aux *ecclésiastiques* pour en faire ce que de droit.

En 1229, le concile de Toulouse, qui établit l'Inquisition ordonne aux *évêques* de députer dans chaque paroisse un prêtre avec deux laïques, pour la recherche des hérétiques, et prononce la confiscation des biens de ceux qui les recèleraient (Isambert, *Recueil général des lois françaises*, t. I, p. 231).

L'article 85 des Établissements de saint Louis (1270), intitulé : *Comment on doit punir les incrédules et les hé-*

§ II. — *Les Délits.*

Le principal caractère de la législation ecclésiastique fut de modifier le fondement du droit pénal en substituant au principe de la protection sociale celui de la protection des intérêts ecclésiastiques.

Il en résulte que tous les délits sont de nature exclusivement théologique, et qu'en raison même de ce caractère ils disparaîtront de la législation au fur et à mesure que la domination temporelle de l'Église diminuera et que la législation se sécularisera.

En première ligne, figure l'*hérésie* (et même le simple soupçon d'hérésie), qui est considérée

---

rétiques, est ainsi conçu : « Si quelqu'un est *soupçonné d'incrédulité* la justice laïque le doit prendre et *livrer à l'évêque,* et s'il est convaincu, il sera condamné au feu, et ses meubles confisqués au profit du baron. On observera la même chose à l'égard des hérétiques (Isambert, t. 2, p. 465).

Une ordonnance de 1302 porte que l'inquisiteur ne fera arrêter personne, sans en avoir délibéré avèc l'*évêque,* sinon que l'exécution sera refusée par les officiers du roi (Isambert, t. 2, p. 789).

Le 10 septembre 1409, Charles VI, en exécution des déclarations du concile de Pise, ordonne aux officiers de faire arrêter les disciples de Pierre Martin de Lure, et de les remettre entre les mains des *prélats ordinaires* pour leur faire leur procès en présence de l'inquisiteur (Isambert, t. VII, p. 215).

comme un crime de lèse-majesté divine (1). En 1381, Hugues Aubriot est condamné comme hérétique à passer sa vie dans une fosse avec du pain et de l'eau. Louvet raconte que, dans l'année de l'installation du présidial à Angers, on y brûla vif un hérétique, Jean de la Vignolle, et qu'en 1554 on fit bouillir pour le même crime Jean-Denis Soreau, après lui avoir coupé la langue.

En 1561, Jacques Ménasdé étant décédé coupable d'hérésie, son corps mort fut brûlé et mis en cendres sur une place publique de Bordeaux. L'arrêt porte que « sur ses biens, il sera pris 500 livres pour être employées à la poursuite des hérésies, qui pullulent en Saintonge. » (*Curiosités des anciennes justices*, par M. le conseiller Desmaze, v° Peines, p. 322).

Au milieu du XVII⁰ siècle, ce crime était encore puni du supplice du feu (2).

Viennent ensuite l'*athéisme*, le *sacrilège* et le *blasphème*. On verra plus loin quelle était la répression de ces différents crimes. Au mois de novembre 1619, un arrêt du parlement de Toulouse condamna un philosophe italien à avoir la langue coupée et à être brûlé vif comme athée (3).

---

(1) Isambert, t. 6, p. 561.
(2) Arrêts des grands jours de Poitiers 16 sept. 1634.
(3) Isambert. t. 16, p. 135.

La pratique de la *magie* était aussi considérée comme un acte criminel. Le 18 août 1634, un arrêt d'une commission extraordinaire, présidée par Laubardemont, condamna Urbain Grandier à être brûlé vif pour crime de magie.

Le crime le plus fréquemment puni au moyen âge est la *sorcellerie*. Le maléfice, *maleficiendo (male de fide sentiendo)*, est une variété de l'hérésie. « Étrange étymologie, dit Michelet, mais d'une portée très-grande. Si le maléfice est assimilé aux mauvaises opinions, tout sorcier est un hérétique, et tout douteur est un sorcier. On peut brûler comme sorciers tous ceux qui penseraient mal. »

La foi aux maléfices et aux sorciers est la superstition qui a laissé dans les annales judiciaires les plus lugubres traces :

Remy, chargé d'informer contre les prétendus sorciers de Nancy, écrit au cardinal de Lorraine, qu'en seize ans il en a brûlé 800, et il ajoute : « Ma justice est si bonne, que l'an dernier il y en a eu 16 qui se sont tués pour ne pas passer par mes mains (1). »

On trouve encore, le 23 janvier 1740, un arrêt de la Tournelle, condamnant pour sortilège

---

(1) *La justice et les sorciers au* XVIᵉ *siècle*, par M. Dubois, avocat général à Nîmes. — (Disc. de rentrée à la Cour d'appel). Nîmes, 1880. Clavel-Ballivet, édit.

7 bergers des environs, au carcan, aux galères et au bannissement.

On sait aujourd'hui que ces malheureux n'étaient que des malades atteints de troubles cérébraux, et que les prétendues sorcières et possédées n'étaient pour la plupart que des femmes hystériques.

« Pas plus que la possédée, que la femme folle ou hystérique, la sorcière n'était pas coupable. Son crime fut imaginé, inventé, créé de toutes pièces par les inquisiteurs et par les juges. Du jour où les procès pour cause de sorcellerie ont été interdits, la sorcière a disparu : elle a été supprimée (1). »

Dans un ouvrage récent de M. le docteur Bourneville, intitulé : *Étude de l'hystérie dans l'histoire*, on trouve une comparaison curieuse entre les phénomènes d'hallucination observés sur une malade de l'hospice de la Salpétrière, nommée Geneviève, et ceux constatés chez une des prétendues victimes de la possession de Louviers, au XVIIe siècle, Madeleine Bavent. Il faut citer aussi les hallucinations des sens observées chez un certain nombre d'hystériques de la Salpétrière, et leur comparaison avec celles de la bienheureuse Marie Alacoque.

Dans ce même hospice, M. le professeur

---

(1) *Ibid.*, p. 35.

Charcot fait chaque jour, à ce point de vue, les observations et les expériences les plus intéressantes.

« Dans les siècles si arriérés du moyen âge, dit M. le docteur Moreau de Tours (1), où l'Inquisition règne en maîtresse absolue, les malheureux dont l'organisation subissait fatalement l'influence des croyances régnantes et qu'ils croyaient sincèrement être l'expression de la simple vérité avant de tomber malades, étaient considérés comme des êtres dangereux, comme des membres gangrenés de la société, qu'il fallait à tout prix retrancher du contact des citoyens : pour eux s'ouvraient les cachots, se dressaient les instruments de torture, s'allumaient les bûchers.

Au XV⁰ et XVI⁰ siècles la démonomanie était dans toute sa force. Ainsi qu'il arrive toujours pour les affections d'origine névropathique, il suffisait qu'avec un grand apparat on fît le procès à tous les individus atteints de ce genre de délire, pour que, loin de faire cesser un pareil état de choses, on eût une recrudescence. C'est là en effet ce qui se produisit par le retentissement considérable donné aux affaires de sorcellerie.

(1) *Des aberrations du sens génésique*, Paris, 1881, Asselin et Cⁱᵉ édit., p. 40 et 41.

De même aussi l'exorcisme, avec ses formules où l'on avait soin d'énumérer longuement toutes les parties du corps d'où le prêtre sommait le diable de se retirer, entre-
tenait et ravivait sans cesse dans l'imagination publique l'idée de possession démonia-
que (1).

On supposait aussi que les ravages causés
par les animaux étaient le résultat d'une possession diabolique et on exorcisait même les
animaux pour faire sortir le démon de leur
corps.

Le chanoine Eveillon, de l'église d'Angers,
dans son *Traité des excommunications et monitoires,*
rapporte que saint Bernard étant un jour venu
en certaine abbaye du diocèse de Laon, trouva
l'église remplie d'une si grande quantité de mou-
ches qu'il n'était point possible d'y entrer ni
rien faire, tant elles se rendaient importunes
par leur bruit et assauts. « A quoy ne voyant
aucun remède, il les excommunia : dont l'effet

---

(1) Voici une des formules par lesquelles on sommait
le démon de sortir des endroits où il se cachait :

« Exi, anathema, non remaneas nec abscondaris in
ulla compagine membrorum aut flatus ejus, nec in ullo
angulo domus ejus, neque per ullum augmentum aut
calliditatem te celare præsumas, neque quæ sunt ejus
contingas aut obsideas, non vestimenta ejus, non pecora,
non jumenta, sed catenatus et refrænatus per J.-C. exul
effugias. »

fut que le lendemain matin on les trouva toutes mortes en la place (1). »

Les habitants de Beaune, raconte le même auteur, étant incommodés par les limaces, taupes, souris, rats, vers et autres insectes, se pourvurent par requête vers l'official d'Autun, et l'évêque prononça contre eux une sentence d'excommunication et malédiction (2).

Le crime le plus grave de ceux que nous avons énumérés est l'hérésie.

Aussi, en cette matière, les lois ecclésiastiques n'admettent ni défense, ni appel, ni prescription.

Le ministère des avocats est refusé aux malheureux poursuivis pour hérésie (3).

---

(1) *Traité des Excommunications et monitoires*, par Eveillon, chanoine de l'église d'Angers. Paris, 1672, page 520. (Bibl. d'Angers).

(2) Le chanoine Eveillon recommande la formule suivante pour l'exorcisme des animaux possédés du diable :

« ... Quod si præcepto hujus modi, immo verio divino et ecclesiastico, instigante Satano humanæ naturæ inimico, non paruerint, aut non retrocesserint, ultra non nocentes, et ulterios non apparentes, ipsas bestias et animalia immunda, authoritate et in virtute cujus supra, in virtute Dei et Ecclesiæ, maledicimus et anathematizamus, et in ea anathematis et maledictionis sententiam ferimus in his scriptis. Et vos anathema et maledictionem sæpius in ea et frequentes, mandatum nostrum exequentes, pronuncietis, donec apparuerit divinæ pietatis et misericordiæ effectus. » *Ibid.* p. 521.

(3) P. Fournier, *Les officialités au moyen âge*, page

ugements des évêques et des inquisiteurs est interdit aux condamnés (1).

Dans une bulle par laquelle il délègue deux
inquisiteurs pour poursuivre les hérétiques
(1206), Innocent III leur donne pouvoir de les
excommunier, et de contraindre tous les seigneurs, par toutes les censures de l'Eglise, à
confisquer leurs biens, à les bannir de leurs
terres, et *à les punir de mort s'ils osaient appeler de
leur jugement* (2).

La justice inquisitoriale n'admettait de prescription pas plus pour les peines que pour les
poursuites.

Quand la peine infligée n'était pas perpétuelle, l'Inquisition, dit M. Molinier (3), gardait
désormais les condamnés sous sa dépendance
par le droit qu'elle s'arrogeait de pouvoir toujours modifier, même sans motif nouveau, la
sentence qu'elle avait prononcée contre eux.

---

281. — V. aussi : *Les conflits de la science et de la religion*, par Draper. Bibl. scient. internat. Paris, 1878, 5e
édit. p. 201. — Germ. Baillière, édit.

(1) C'est le texte même d'une ordonnance de Philippe
le Bel (1298) qui ajoute que les jugements doivent être
exécutés nonobstant appel. — Cette ordonnance n'est
que la reproduction du chap. *Ut inquisitionis*, 18, *de Hœre-
ticis*, in sexto, de Boniface VIII. — V. Isambert. t. 2,
p. 708.

(2) Isambert, t. I, p. 202.

(3) *Loco cit.*, p. 381.

« Les malheureux se trouvaient soumis par elle à une sorte de *surveillance de la haute police* (1), à laquelle prenaient part, non-seulement les ecclésiastiques d'un rang inférieur, les curés des paroisses surtout, dont elle avait fait ses serviteurs, sous peine d'excommunication, mais l'ensemble des catholiques orthodoxes.

On voit sans peine les conséquences d'une pareille situation pour les malheureux qui s'y trouvaient jetés. Désignés à la suspicion comme à la risée universelle... ils n'avaient devant eux d'autre perspective qu'une existence faite de crainte et de honte quotidiennes. Surtout dans cette surveillance de leurs moindres démarches à laquelle tous se trouvaient conviés, ils voyaient se dresser devant eux à chaque pas une chose effrayante, *la délation.* Elle avait été la véritable cause de leur ruine, au moins pour la plupart d'entre eux. Elle perpétuait leurs misères, d'autant plus terrible que, demeurant presque toujours anonyme, elle s'exerçait impunément, et réduisait ceux qui en étaient menacés à une méfiance générale intolérable. »

Enfin, comme si ce n'était pas assez de frap-

---

(1) Le concile de Toulouse (1229), place les hérétiques convertis sous la *surveillance de l'autorité*, et les oblige à porter une marque sur les habits, les déclare incapables d'exercer aucune charge ni aucun droit civil sans autorisation du pape.

per les vivants, on avait imaginé de punir les cadavres. Jusqu'à la fin du XVI⁰ siècle, on faisait le procès à la mémoire des défunts pour crimes de lèse-majesté, d'hérésie, de sacrilège et de sortilège (1).

On frappait même les parents, héritiers et descendants du condamné, comme responsables du crime de leur auteur (2).

§ III. — *Peines.*

Il y en a de trois sortes : les peines canoniques, les peines pécuniaires, les peines corporelles.

Peines canoniques. — Les peines principales étaient l'excommunication, qui frappait les individus, et l'interdit, qui frappait les collections d'individus. Les formules employées pour l'excommunication indiquent assez quels en étaient les terribles effets à l'égard des personnes (3).

---

(1) D'olive, t. I, ch. 40. — V. de Croos, p. 106 et 176.

(2) Philippe de Valois, en novembre 1329, homologue une ordonnance d'un inquisiteur portant que la maison des hérétiques serait rasée, et que *leurs fils et petits-fils ne pourraient avoir aucune charge publique* (Isambert, à sa date).

(3) Voici quelles étaient, d'après le chanoine Éveillon, les formules d'excommunication en usage dans le dio-

L'excommunication n'était souvent qu'une mesure provisoire contre l'accusé qui ne paraissait pas. « On l'excommuniait, dit M. Moli-

---

cèse de Cambrai, « duquel, dit-il, les procédures sont fort canoniques » :

Anathème : «... Sint maledicti in civitate, maledicti in agro : maledictum horreum, eorum, et maledictæ reliquiæ eorum, maledictus fructus ventri eorum, et fructus terræ illorum, armenta boum suorum et greges ovium suarum. Maledicti sint ingredientes et egredientes; sintque in domo maledicti, in agro profugi. Intestina in secessum fundant veniantque super illos omnes illæ maledictiones, quas Dominus per Moysem in populum divinæ legis prævaricatorem intentavit, sint que anathema... Nullus eis christianus ave dicat... sepulturâ asini sepeliantur, et in sterquilinium super faciem terræ sint : ut sint in exemplum opprobri et maledictionis præsentibus generationibus et futuris. Et sicut, hæ lucernæ de nostris projectæ manibus hodie extinguuntur, sic eorum lucerna in æternum extinguatur. » (p. 381).

Autre anathème : «... Fiant filii eorum orphani, et uxores viduæ. Scrutetur fænerator omnem substantiam eorum, et diripant alieni labores illorum. Nutantes transferantur filii eorum, et mendicant, et ejiciantur de habitationibus suis. Fiant dies eorum pauci... Amen, fiat, fiat. » (p. 382.)

Excommunication aggravée : « Officialis cameracensis, omnibus presbyteris, curatis, etc., salutem in Domino. Vobis mandamus, quatenus sententiam excommunicationis in N... auctoritate nostra latam, singulis diebus dominicis et festivis, candelis accensis, et campanis pulsantibus, in ecclesiæ vestris, dum in ibi major populi multitudo convenerit, innovetis prout decet, et aggravetis, inhibendo omnibus parochianis vestris, ne quis cum dicto excommunicato, cibo, potu, furno, molendino,

nier (1), pour le frapper d'épouvante. On essayait par ce moyen de le mettre dans l'embarras... On comptait que se voyant seul contre tous (2), réduit au désespoir, pouvant craindre à tout moment d'être arrêté et remis au Tribunal des inquisiteurs par ceux que déciderait le fanatisme ou l'appât d'une récompense

colloquio, emptione, venditione, aut alio quovis contractu seu commercio, scienter comtemplibiliter, communicare vel participare præsumat... » (p. 345).

Excommunication réaggravée : « Officialis cameracensis, judex ordinarius civitatis et diocesis cameracensis, omnibus presbyteris, curatis, etc.

Vobis mandamus... dictam excommunicationis denuntiationem reiteretis, innovetis et reaggravetis... inhibendo et præcipiendo omnibus utriusque sexis personis, ut a participatione, communione, familiaritate et servitio dicti N... excommunicati, omnino desistant, nec cum eo, serviendo, emendo, loquendo, conversando, cibum, potum, aquam et ignem ministrando, aut alio quocumque modo participare præsumant; alioquin eos, et eorum singulos, qui cum dicto N... excommunicabimus, et excommunicatos, publice denuntiari curabimus. Et non harum litterarum nostrarum executio differatur. » (p. 946).

(1) Loc. cit., p. 285.

(2) Le concile de Tours (1163) avait défendu qu'on eût des relations avec eux, soit pour vendre, soit pour acheter; le concile de Narbonne (1209) que les artisans travaillassent pour eux, sous peine d'excommunication et de punition corporelle, que personne aussi les logeât dans sa maison; le concile d'Albi (1254) que les médecins leurs donnassent des soins !

pécuniaire prélevée sur ses propres biens (1), le malheureux viendrait se livrer lui-même. »

L'excommunication entraînait, pour ceux qui ne déféraient pas aux censures ecclésiastiques, la confiscation de leurs biens (2).

L'Église se servait même de l'excommunica-

(1) L'ordonnance de Raimond VII (1234) avait établi que les habitants des lieux où un héritique aurait été saisi, paieraient un marc d'argent à celui qui avait opéré l'arrestation, le même Raymond VII, en 1229, s'était engagé à payer pour l'arrestation de chaque hérétique, 2 marcs d'argent, pendant l'espace de cinq années, et, passé ce temps, 1 marc. (V. Bibl. de Carcassonne n° 6449, p. 4).

On trouve des dispositions semblables dans l'ordonnance de Louis IX (1228) dont l'article 5 porte : « Les baillis, dans les deux premières années, donneront 2 marcs, et dans les années suivantes 1 marc, pour chaque hérétique à ceux qui les auront arrêtés dans leur baillage. » (Isambert, à sa date).

(2) L'ordonnance de Louis IX (avril 1228) porte art. 7. — « Personne n'aura commerce avec les excommuniés, suivant les constitutions canoniques. Et si les excommuniés, laissent passer une année sans se faire absoudre, ils y seront contraints par la *saisie de leurs biens meubles et immeubles*, dont ils n'auront mainlevée que quand ils seront rentrés dans le sein de l'Église. (Le pape Innocent IV fait le plus grand éloge de cette ordonnance, dans une lettre écrite à Blanche, reine de France, en 1250). (Isambert, à sa date).

La déclaration du 19 juillet 1333 porte que les excommuniés qui ne déféreront pas aux censures ecclésiastiques y seront contraints par la saisie de leurs biens (Isambert, à sa date).

tion pour contraindre les débiteurs à payer leurs dettes (1).

En 1357, Pierre de Bourbon, ayant été excommunié à la poursuite de ses créanciers, Louis de Bourbon son fils le fit absoudre, après sa mort, afin d'obtenir pour lui les prières de l'Église. Le pape Innocent VI ne leva l'excommunication que sur l'engagement du fils de payer les dettes de son père (2).

Peines pécuniaires. — Ces peines comprenaient l'amende et la confiscation des biens des hérétiques.

Les inquisiteurs recevaient des appointements fixes, payés par le Trésor public (3). En

---

(1) L'article 123 des Etablissements de Saint Louis porte : « Si quelqu'un reste excommunié pendant un an et un jour et que l'*official* mande à la justice laïque de le contraindre à revenir à l'Église par la *confiscation de ses biens* ou de sa personne, *le jugement de l'évêque*. doit être exécuté par l'entremise du prévôt.

« Mais *s'il est excommunié pour dettes*, la justice ne se saisira pas de sa personne, mais seulement de ses biens, jusqu'à ce qu'il se soit fait absoudre, et quand il sera absout, il paiera 9 livres d'amende, dont 3 pour la justice laïque, et 6 *pour la justice ecclésiastique.* » (Isambert, t. II, p. 519).

(2) Isambert, t. II, p. 471. — V. le glossaire de Du Cange, au mot : *Excommunicatio ob debita non soluta.*

(3) Les maisons des hérétiques étaient rasées. (V. ci-dessus : ord. de Philippe de Valois, en 1329). Une ordonnance de Charles VI, du 19 octobre 1378, abolit cette

principe, ils ne devaient rien toucher des confiscations et des amendes abondantes qu'ils
prononçaient. Cependant les produits de ces
condamnations leur étaient en partie affectés
pour les dépenses de leurs tribunaux. Ceux-ci
se composaient d'un certain nombre d'officiers,
de scribes et de familiers, « qui ne semblaient
trop souvent occupés, dit M. Molinier (1), qu'à
extorquer l'argent des prévenus par leurs assu-
rances fallacieuses de protection (2). »

La partie principale du produit des amendes
et des confiscations était partagée entre l'évêque et le roi, qui prêtait l'appui du bras séculier.

Quand ces produits étaient abondants, les
inquisiteurs recevaient de magnifiques présents
pour leur communauté (3). D'où une tendance··

---

coutume, dans le Dauphiné, et remplace par un traitement la portion réclamée par l'Inquisiteur dans les biens
des hérétiques. (Isambert, t. V, p. 491).

(1) *Loc: cit.*, p. 304.

(2) « Vous avez, écrivait Innocent IV aux inquisiteurs,
le 12 mai 1250, une quantité superflue de scribes et de
familiers. Réduisez sans tarder au nombre strictement
nécessaire cette foule qui doit vous être à charge. Eloi-
gnez ceux qui vous entourent des exactions considérables
qui seraient pour vous une source de honte et de scandale... » (Doat, t. XXXI, fol. 81. B 82 A).

(3) Ainsi, en 1293, l'évèque Bernard donne aux frères
prècheurs plus de mille livres tournois sur le produit
des biens confisqués à deux bourgeois d'Alby inculpés

à faire une application immodérée des peines pécunaires.

Aussi Bernard Guy, dans le portrait idéal qu'il trace de l'inquisiteur, lui recommande-t-il

---

d'hérésie. (Bibl. de Toulouse, Ms. 273. 1re série, fol. 216 B).

Le 20 juin 1263, Alphonse de Poitiers, frère de Louis IX, accorde au sieur Gilles, clerc de l'inquisition, une rente annuelle de cent sous à prendre sur le revenu d'une terre confisquée sur un chevalier. (V. Boutane, *Saint-Louis et Alphonse de Poitiers*, p. 451).

Les couvents des inquisiteurs ne tardèrent pas à se multiplier et à s'enrichir.

« Les défenses perpétuellement renouvelées des chapitres provinciaux, dit M. Molinier, n'arrivaient pas à leur faire abandonner l'usage du linge fin, des vêtements de prix, des parfums, sans compter un certain nombre de distractions plus faites pour des gens du monde, oisifs et frivoles, que pour des moines voués à l'austérité du cloître... En dépit de tous les avertissements, quelques-uns prétendaient entretenir des chevaux, avoir des pages et des écuyers. » (V. Bibl. de Toulouse, Ms. 273, p. 307, note. 1re série. — Actes des chapitres provinciaux de la province de Toulouse, passim.)

Dans une curieuse lettre, adressée en 1268 à Jacques Dubois, son intendant général des encours, Alphonse de Poitiers cherchait un moyen de modérer les dépenses extraordinaires des deux inquisiteurs résidant alors à Toulouse, Pons de Poût et Etienne de Gàtine. Il aurait voulu qu'ils se transportassent dans une petite ville, à Lavaure par exemple, où leur entretien aurait moins coûté à ses finances ; car, ainsi que son frère Louis IX, Alphonse de Poitiers fournissait aux dépenses des juges d'inquisition ; ce qui n'était que justice si l'on songe aux sommes considérables que les sentences de ces juges

l'impassibilité absolue, « surtout dans le cas
où il aurait à prononcer une amende (1). »

Il ne paraît pas que les inquisiteurs aient
réussi à atteindre cet idéal, car l'opinion publique les soupçonna souvent de cupidité. Témoin
cette satire que Jacques Duclercq rapporte dans
ses Mémoires :

> Les traitors remplis de grande envie,
> De convoitise et de venin couverts,
> Ont fait régner ne sçay quelle Vauldrie
> Pour cuider *prendre à tort et à travers*
> *Les biens d'aucuns notables et expers,*
> Avec leurs corps, leurs femme et chevaux,
> Et mettre à mort les gens d'état divers, etc. (2).

Et cette autre, dirigée, en 1140, contre les inquisiteurs d'Arras, et qui était fort répandue
dans la ville :

> L'inquisiteur à la blanche barette,
> Son nez velu et sa trogne maugrine,
> Des principaux a esté de la fête,
> Pour povres gens tirer à la géhenne,
> *Tout son désir estoit, et son pourchas*
> *D'avoir biens meubles tenus en sa saisine* (3)...

---

faisaient entrer dans son trésor. » Molinier, *loc. cit.* p.
308, en note. (V. Boutane, *loc. cit.*, p. 456 et 457).

(1) *Pratica*, 4ᵉ part. fol. 70 A.

(2) De Croos, *loc. cit.*, p. 61.

(3) De Croos, *loc. cit*, p. 190. — L'opinion publique ne
semble pas s'être trompée dans cette circonstance. En
effet, dans un procès en réhabilitation formé devant le
Parlement de Paris, à la suite de condamnations pro-

M. Molinier va même jusqu'à prétendre que les amendes et les confiscations des biens des hérétiques, ou prétendus tels, fut un des buts principaux de l'institution :

« Les inquisiteurs dominicains, dit-il (1), grâce aux spoliations énormes dont les princes et les prélats, leurs associés, se sont rendus coupables, sous prétexte de punir l'hérésie, n'en demeureront pas moins, pour nous comme pour leurs contemporains, sous le coup d'un soupçon d'avidité. Ils ne pourront d'ailleurs s'en prendre qu'à eux-mêmes. On ne condamne pas impunément, sans les avoir jugés, des prévenus dont les richesses sont considérables (2).

noncées par les Inquisiteurs d'Arras, M. Popincourt avocat, fils d'une des victimes, établit que les acolytes de l'inquisition s'étaient partagés les biens confisqués, que l'un avait reçu 4,000 livres, un autre 2,000, un troisième 1,000, etc. » V. De Croos, *loc. cit.*, p. 189.

(1) *Loc. cit.*, pages 308 et 309.

(2) Gille de Retz, maréchal de France, qui fut accusé de sorcellerie et de magie, avait une des fortunes les plus considérables de France, et « avait bien à dépenser, au dire des chroniques de l'époque, par chacun an, 40 ou 50,000 livres ». Il possédait notamment les châteaux de Tiffauges, près Clisson, de Machecoul, près de Nantes, de Champtocé, de Princé, l'hôtel de la Suze à Nantes, etc.

Le procès fut fait par l'évêque de Nantes, Guillaume de Malestroit, par Jean Blouin, vicaire de Jean Merré, inquisiteur dans le royaume de France pour les crimes d'hérésie et de sortilège.

On ne confisque pas impunément ces richesses, sans même avoir prononcé la condamnation formelle des prévenus qui en sont possesseurs... »

« Au premier abord on serait tenté de ne voir dans l'inquisition autre chose que la manifestation d'un fanatisme extraordinaire... Mais ce serait n'en saisir qu'un des côtés. Pour les princes laïques qui lui accordaient leur protection, pour beaucoup de prélats qui l'appuyaient, et souvent y participaient comme juges dans une certaine mesure, pour les ordres religieux eux-mêmes, auxquels elle empruntait ses ministres, l'Inquisition était aussi, il paraît difficile d'en douter, une question de revenus, une grosse affaire de finances et de fiscalité. »

Peines corporelles. — Il ne faut pas croire que les tribunaux ecclésiastiques n'infligeaient que des peines canoniques et pécuniaires. L'Eglise a hautement revendiqué pour ses tribunaux la faculté d'infliger toute espèce de peines corporelles (1).

Le maréchal de Retz fut condamné à être brûlé vif et l'exécution eut lieu à Nantes, le 25 octobre 1440, en présence du clergé et de tous les ordres religieux.

(La procédure se trouve aux archives départementales de Nantes).

(1) A Nantes, le pilori, établi d'abord sur la place de ce nom, puis transporté au XIVe siècle au Port-Maillard était « commun entre le comte et l'Evêque ».

Un décret du concile de Constance, du 23 septembre 1415, porte que l'Église a le droit d'informer contre les hérétiques et de *les punir corporellement*, malgré la puissance temporelle (1).

Dès 1129, le concile de Toulouse condamne à la prison perpétuelle les hérétiques qui ne se sont convertis que par crainte (2). En 1246, le concile de Béziers recommande l'emprisonnement perpétuel pour les relaps et les fugitifs quand ils étaient repris (3). En 1381, nous trouvons une sentence de l'officialité qui condamne le prévôt de Paris, Hugues Aubriot, à finir sa vie dans une fosse, avec du pain et de l'eau, comme juif et hérétique (4).

Après l'emprisonnement, la peine ordinairement appliquée était la flagellation.

Cette peine, dit M. Fournier (5), est si fréquente dans les Annales de l'Église, qu'on y peut voir un châtiment canonique au premier chef. En 1243, le concile de Narbonne avait ordonné que les hérétiques qui ne seraient pas mis en prison subiraient, entr'autres peines, celle de la flagellation de la main de leur curé,

---

(1) Isambert, t. VIII, p 425.
(2) Isambert, t. I, p. 234.
(3) Isambert, (à sa date).
(4) Isambert, t. VI, p. 561.
(5) *Loc. cit.*, p. 419.

pendant un certain nombre de dimanches et de jours de fêtes solennelles (1).

Toutefois il convient de remarquer que le plus souvent les juges ecclésiastiques ne procédaient pas eux-mêmes à l'exécution de leurs jugements. La principale raison en est que ce genre d'opérations exgeiait une force armée que l'Église n'avait pas en sa possession. C'est pourquoi elle chargea de ce soin le bras séculier, c'est-à-dire le pouvoir laïque (2). Pour s'en as-

(1) Fournier, *loc. cit.*, p. 418,

(2) Si l'on veut se rendre compte de la procédure employée en pareil cas on n'a qu'à lire la déclaration suivante donnée par Amédée Lambert, de l'ordre des dominicains, Inquisiteur de la foi dans le duché de Savoie, le 17 novembre 1534 :

Déclaration de l'inquisiteur.

« In nomine Domini Amen. Anno a nativitate ejusdem Domini sumpto currente millesimo quingentesimo trigesimo quarto et die decima septima mensis Novembris.

« Nos Frater Amedeus Lambertus de Annessiaco sacre Pagine professor predicatoris familie ordinis eh heretice pravitatis in ducatu Sabaudie Inquisitor :

« Universis sit et singulis serie presentum notum facimus quod viso per nos inquisitionali processu contra te Roletam formato et per secretarium nostrum in scriptis reducto vocato prius R. D. Claudio Philipponis Inquisitione vicario non reperto et comparente ex cujus tenore nobis constat et apparet te Roletam Deum omnipotentem gloriosamque Virginem, sacrum baptisma fidem catholicam, totam curiam celestem et omnia quæ

surer le concours elle imposait aux rois de France le serment de lui prêter le secours de leur force armée pour l'extermination des hérétiques.

Dei sunt infideliter abnegasse, Diaboloque humani generis seductori tibi visibili apparente homagium et reverentiam exhibuisse eumdemque in partes posteriores et seditas turpiter osculum tribuisse, ipsum in dominium tace repulso domino nostro Jesu-Christo accipiendo eidemque certum tributum in ipsius homagii signum tradendo aliaque execrabilia crimina quæ bonis moti respectibus hic non inferuntur commitando hiis igitur et aliis justis de causis nos et animum nostrum et cuilibet recte judicare debentis moventibus sedente pro tribunali more majorum nostrorum Deum et sacras scripturas nostris preoculis habentes et signo sante Crucis muniti dicentes. In nomine patris et filii et spiritus sancti amen.

« Per hanc nostram sententiam deffinitivam quam in hiis scriptis fecimus de jurisperitorum assensu maturaque prehabita deliberatione dicimus, pronunciamus sentenciamus et judicamus te Roletam Garini infidelem et idolatram impenitentem teque brachii secularis potestati reliquendam et remittendam et quam per presentes eidem brachio seculari ut homicidam relinquimus et remittimus ne delicta ne remanerint de deliquentis impunita, rogantes idem brachium seculare affectione majori qua possumus quathunus citra mortem et effusionem sanguinis suam moderet sententiam circa te Roletam.

« En insuper ex dicta nostra sententia deffinitiva dicimus et declaramus omnia et singula bona tua mobilia quæ habes et habebas tempore commissi crimina predicta fuisse et esse confiscanda. Et quæ confiscamus et confiscata pronunciamus dividenda prout consuetudo

Le concile de Latran (1215) ordonna que la puissance séculière serait tenue, sous peine d'excommunication, de promettre par serment

et jura volunt de quibus premissis sententiam tulimus

« Data, lata et lecta fuit hæc nostra sententia deffinitiva præscripta in loco Viriaci prope Ecclesiam subtus ulmum in presentia R/ D/ Alexandri de Viriaco, nobilis Amedei de Grieres, fratris Melchior Mollerii et plurimum aliorum astantium die et anno premissis teste sigillo inquisitionis hic apposito in premissis testimonium perdictum R/. D/. I/. »

À la suite de cette déclaration le juge a rendu la sentence suivante :

« Audita remissione mihi temporali judici jurisdictionis Viriaci per reverendissum dominum Amedeum Lamberti heretice pravitatis inquisitorem facte ut justicia ministretur et suum sortiatur effectum fertur contra eamdem inquisitam ut sequatur.

« Viso et visitato processu istius Rolete inquisite...

« Idcirco te Rolletam inquisitam et de crimine heresi annotatam definitive condamnamus et sentenciamus etiamque condamnant delicta per te commissa ad caput tuum a spatulis tuis troncandum et mutilandum ita a Deo et in tantum quod anima tua a corpore tuo separetur et exaletur et ad corpus tuum furchis seu patibulo in loco eminenti suspendendum et caput tuum a corpore semotum in pillono affigendum ut cedat in exemplo ceteris malvivari volentibus et mandando nobilibus castellanis istius loci Viriaci et aliis officiariis quathunus ipsam exequantur sententiam et executionem demandent. Hæc supra dicta sentencia fuit per me subsignatum data et lecta Viriaco in bancha ubi solitum est tenere curiam anno millesimo quingentesimo trigesimo quarto et die decima nona mensis novembris. Ita fuit. »

d'exterminer les hérétiques dénoncés, et enjoi-
gnit aux évêques d'anathématiser les désobéis-
sants, de délier leurs vassaux et sujets du serment de fidélité, et de donner leurs terres au
premier occupant (1).

Tous les rois de France, depuis Louis IX jusqu'à Louis XVI, ont invariablement prêté ce
serment (2).

---

(1) Rec. des Cons., t., II, p. 142.— Isambert, t. I, p. 218.

(2) La formule du serment que prêtaient au moment de
leur sacre les rois de France était invariablement la même
en ce qui concerne l'extermination des hérétiques.

Voici la formule latine : « *Hœc populo christiano et
mihi subdito, in Christi promitto nomine:*

*...De terra mea ac juridictione mihi subdita universos
hereticos ab ecclesia denotatos, pro viribus bona fide ex-
terminare studebo.*

*Hœc omnia supradito firmo juramento. Sic me Deus
adjuvet et hœc sancta Dei evangelica.* »

V. Isambert, t. 5, p. 241 (sacre de Charles V); t. 15, p.
76 (sacre de François Ier).

Voici la formule française, du serment fait par
Louis XVI, le 11 juin 1775, dans la cathédrale de Reims,
en présence de l'archevèque, les mains sur les évangiles :

« Je jure et promets au nom de Jésus-Christ au peuple
chrétien qui m'est soumis..... de m'appliquer sincèrement et de tout mon pouvoir, à exterminer de toutes
les terres soumises à ma domination, les hérétiques
nommément condamnés par l'Église.

« Je confirme par serment toutes les choses énoncées
ci-dessus : qu'ainsi Dieu et les saints évangiles me soient
en aide. »

Sacre et couronnement de Louis XVI. Paris 1775. Vente
et Patas, édit., p. 41. (Bibl. d'Angers).

Il faut reconnaître que presque tous se sont attachés à tenir scrupuleusement leur serment (1).

(1) Nous avons rapporté plus haut les mesures prises par Louis IX à l'égard des hérétiques. Les procédés de ce prince à l'endroit des mécréants étaient des plus simples: « Aussi vous dis-je, que nul, s'il n'est grand clerc et théologien parfait, ne doit disputer aux juifs. Mais doit l'homme de loi, quand il ouït médire de la foi chrétienne, défendre la chose non pas seulement de paroles, *mais à bonne épée tranchante, et en frapper les médisants et méoréants à travers du corps, tant qu'elle y pourra entrer.* » (Joinville, Hist. de Saint-Louis, 182).

Le 15 décembre 1315 édit de Louis le Hutin contre les hérétiques portant : « Art. 5. Tous hérétiques seront infâmes et leurs enfants ne leur succèderont pas. — Art. 6. Tous magistrats et officiers jureront qu'ils chasseront tous les hérétiques de leurs juridictions, sous peine d'être privés de plein droit de leurs offices. — Art. 7. Les seigneurs avertis de purger leurs terres d'hérétiques, et qui n'y auront pas satisfait dans l'année, perdront leurs terres, dont les catholiques pourront se mettre en possession. » (Isambert, t. 3, p. 123).

V. les ordonnances concernant les hérétiques du 29 janvier 1534, de 1536, 1540, 1542, 1543, 1547 et 1548.

Le 19 novembre 1549, ordonnance de Henri II, portant attribution aux gens d'église des accusations d'hérésie, et aux juges ordinaires d'église conjointement des causes où l'hérésie et quelque crime se trouvent réunis. On lit dans le préambule :

« Comme le feu roi, notre très-honoré seigneur et père, en imitant ses prédécesseurs, eût essayé de tous les moyens possibles pour extirper de ce royaume les fausses et réprouvées doctrines, erreurs et hérésies qui y ont été semées par aucuns malins esprits contre notre sainte foi : et de fait plusieurs rigoureuses exécutions

Le plus souvent le bras séculier n'était donc en réalité que le bras de l'Eglise. C'était l'instrument passif de sa volonté, instrument que

---

et punitions exemplaires se seraient en suivies contre les sectateurs, qui a été cause durant certain temps de quelque réduction et amendement... Mais néanmoins, comme feu sous la cendre, ils seraient nourris et continués sous couvertes dissimulations en leurs *erreurs* et damnées *opinions* dont secrètement ils auraient infecté et séduit un nombre infini de personnes...

Savoir faisons... pour être vrai successeur desdits nom et titre de très-chrétien, que la conservation et augmentation de notre sainte foi catholique et religieuse chrétienne, qui est grandement troublée par le moyen desdites erreurs, et afin que rien ne demeure en un si bon et si saint œuvre... avons statué, etc. » (Isambert, t. 13, p. 134).

Voir ord. du 29 novembre 1549.

Le 24 juillet 1557, édit qui porte peine de mort contre ceux qui, publiquement ou *secrètement*, professent une religion différente celle de catholique : « Savoir faisons... qu'à nous seul qui avons reçu de la main de Dieu l'administration, de la chose publique de notre royaume, appartient la correction et punition de telles séditions et troubles, pour en icelle vivre un chacun en la crainte et obéissance de Dieu et de son église. » (Isambert, t. XIII, p. 495).

Voir encore les ord. du 14 juil. 1557, février 1559, juill. et oct. 1561, mars et avril 1562, juin et déc. 1563, juin et août 1564. L'édit de Melun, de février 1580 porte : « Article 23. — Nous défendons aux gardes des sceaux de nos chancelleries d'expédier aucune lettre de relief portant éloignement de ceux qui sont prisonniers par autorité de juges ecclésiastiques, ni injonction de bailler le bénéfice d'absolution à ceux qui auront été par eux excommuniés.

les rois ne pouvaient lui refuser sous peine d'excommunication.

Les peines les plus dures étaient appliquées aux délits intéressant la foi, tels que l'hérésie, le blasphème, la sorcellerie. On comprend en effet que l'intérêt de l'Église dominant tous les autres, aucune peine n'était assez forte pour punir les infractions à ses préceptes (1).

« Art. 24. — Nous enjoignons à nos juges, de porter aide et confort pour l'exécution des sentences des juges ecclésiastiques implorant le bras séculier ; et leur défendons de prendre connnaissance des jugements par eux donnés. » (Isambert, t. XIV, p. 471).

L'édit de septembre 1610 porte : « Art. 5. — Voulons que suivant les ordonnances des rois nos prédécesseurs, nos dits officiers aient à donner l'assistance et mainforte dont ils seront requis pour l'exécution des sentences des juges d'église. » (Isambert, t. XVI, p. II).

Dans la déclaration du 29 avril 1686 on lit :

« ... Quant aux malades qui auront fait abjuration et qui auront refusé le sacrement de l'Église et déclaré aux dits curés, qu'ils veulent persister et mourir dans la R. P. R. (religion prétendue réformée) et seront dans cette malheureuse disposition, nous ordonnons que le procès sera fait aux cadavres ou à leur mémoire... et qu'ils seront traînés sur la claie, jetés à la voirie, et leurs biens confisqués. »

Le 14 mai 1724, ordonnance prononçant pour le même fait condamnation de la mémoire et confiscation des biens.

(1) La doctrine de l'Eglise n'a jamais varié à ce sujet. Dans sa *Somme théologique*, saint Thomas, en réponse à cette question : *utrum est licitum occidere peccatores?* établit qu'il est légitime de tuer les pécheurs.

Il serait trop long d'entreprendre ici la description de tous les genres de supplices inventés pour punir les actes criminels dont nous avons parlé. Qu'il nous suffise de dire que les plus

---

—Voici le raisonnement de l'Ange de l'école : « S'il est utile pour le salut du corps d'amputer quelqu'un de ses membres, par exemple lorsque ce membre est pourri et corrompu, il est louable ou salutaire de l'amputer ; si donc un homme est dangereux pour la société et veut la corrompre par quelque péché, il est louable et salutaire de le tuer, pour que le bien commun soit conservé.

« D'ailleurs l'homme en péchant s'éloigne de l'ordre de la raison, et c'est pourquoi il est déchu de la dignité humaine. Il résulte de là que, quoiqu'il soit mal en soi de tuer un homme qui reste dans sa dignité, il *peut-être cependant bon de tuer un pécheur,* car il est bon de tuer une bête, parce qu'un homme méchant est pire qu'une bête et nuit davantage. » (3e part., quest. 55).

On sait que Léon XIII a vivement recommandé l'enseignement des doctrines de saint Thomas, et que dans son encyclique de 1879, il les donne comme des modèles au clergé qu'il invite à « ne jamais s'en écarter ».

Ces théories ont d'ailleurs été constamment défendues par les écrivains catholiques.

L'auteur du *Dictionnaire de la théologie catholique,* traduit de l'allemand par Goschler (1862), réfutant l'opinion de ceux qui prétendraient que l'Eglise ne doit pas infliger de peines cruelles, s'exprime ainsi : « Les Vaudois soutenaient que ceux-là pèchent qui exercent le jugement ou la justice du sang. Cette assertion fut combattue comme hérétique par les théologiens qui écrivirent contre les Vaudois. » (vo Peine de mort).

L'abbé Darras, dans son histoire générale de l'Eglise (1875), soutient que la peine capitale a été établie par Dieu :

fréquemment employés étaient le bûcher, la roue, la potence, la décapitation, l'écartèlement, la mutilation, la marque, la flagellation, les galères, le carcan et le pilori.

« Avant le déluge, dit-il, Dieu s'était réservé à lui-même la vengeance du meurtrier. Il va maintenant armer la société du glaive de la justice. Tel est le sens de la parole biblique : « Quiconque aura versé le sang humain, donnera le sien en expiation ». Cette grave question de la peine de mort a ainsi reçu de Dieu lui-même une solution. » (t. I, p. 312).

On connaît la sauvage apologie du bourreau que cette doctrine a inspirée à Joseph de Maistre :

« Le mal étant sur la terre, il agit constamment, et par une conséquence nécessaire, il doit être constamment réprimé par le châtiment... Le glaive de la justice n'a point de fourreau; toujours il doit menacer ou frapper. Qu'est-ce donc qu'on veut dire, lorsqu'on se plaint de l'impunité des crimes? Pour qui sont le knout, les gibets, les roues, les bûchers?... » (Soirées de Saint-Pétersbourg).

Il ne faut pas s'étonner que Joseph de Maistre ait tenté l'apologie de l'Inquisition. D'autres, de son école, avaient essayé de la justifier avant lui.

Au XVIIe siècle, un théologien, le P. Macédo s'exprimait ainsi à ce sujet :

« L'inquisition fut, en principe, fondée dans le ciel. Dieu remplit les fonctions de premier inquisiteur, lorsqu'il foudroya les anges rebelles. Il continua de les exercer à l'égard d'Adam et de Caïn et des hommes, qu'il punit par le déluge, ou par la confusion des langues de la tour de Babel; Moïse les remplit en son nom quand il punit les Hébreux, dans le désert, par des morts violentes, par le feu du ciel, les serpents ardents ou l'engloutissement dans les abîmes de la terre.

II.

A côté des tribunaux ecclésiastiques s'élevait une justice laïque dont l'influence et l'autorité grandissaient et se fortifiaient avec le pouvoir royal, et qui lutta d'abord timidement, puis ouvertement, contre l'action trop prépondérante de la justice ecclésiastique.

Au XVIe siècle, après l'apparition de la Réforme, et grâce au mouvement des idées produit par la Renaissance, la lutte s'accentua. C'est aux juristes que revient à cette époque l'honneur d'avoir cherché à introduire dans la procédure criminelle des idées de modération, de justice, d'humanité et de progrès (1).

Dieu les transmit ensuite à saint Pierre, son vicaire parmi nous, qui en fit usage pour frapper de mort Ananie et Saphia, et les papes, successeurs de saint Pierre, les transportèrent à saint Dominique et à ceux de son ordre. »

Si l'on veut avoir une idée des ravages causés seulement en Espagne par l'Inquisition, il faut lire l'intéressante *Histoire critique de l'Inquisition d'Espagne*, par J.-A. Llorente, traduite par Nicolas Pellier. Paris 1818, 4 vol. in-8. (Il existe plusieurs éditions de la traduction française).

(1) Lors de la persécution des Vaudois, en Artois, un arrêt du parlement de Paris, du 29 mai 1491, fit « défense auxdits évêques d'Arras, ses officiers, Inquisiteurs de la Foy et tous autres juges ecclésiastiques, que doresnavant

Parmi les hommes qui contribuèrent alors à préparer la réforme des lois criminelles, dont les philosophes du XVIIIᵉ siècle hâtèrent la réalisation, on trouve au premier rang Pierre Ayrault, lieutenant criminel au présidial d'Angers. Son livre sur *l'Ordre et l'Instruction judiciaire* contient une courageuse critique de la procédure de son temps. Il a même sur certains points, avec une élévation de vues et une indépendance d'esprit remarquables, sollicité des améliorations qui ne se trouvent pas encore réalisées aujourd'hui. Pour apprécier le mérite de l'œuvre d'Ayrault, il est nécessaire de se rendre compte de l'organisation judiciaire à son époque.

On comptait alors 14 parlements, 4 conseils supérieurs, 111 présidiaux et 829 bailliages ou sénéchaussées, sans compter un grand nombre d'autres juridictions inférieures. On peut du reste avoir une idée de l'organisation judiciaire, au XVIᵉ siècle, en examinant à ce point de vue la situation de la ville d'Angers.

---

ils n'usassent en procès d'exécutions extraordinaires, de gehenne, questions et tortures inhumaines et cruelles, comme capellet, mettre le feu ès plantes des pieds, faire avaller huile ni vinaigre battre ni frapper le ventre des criminels ou accusés, ni autres semblables et non accoustumées questions sous peines d'être reprins et punis selon l'exigence des cas. »

Voici la liste des différentes juridictions qu'on y trouvait :

1° *Le Tribunal de police*, jugeant les contraventions aux ordonnances municipales, et pouvant prononcer, selon les cas, les peines suivantes : galères, confiscation, carcan, etc.

2° *La Prévôté*, jugeant les crimes et les contestations concernant les roturiers (confiscation, galères, fouet, potence, etc.). Un arrêt du Parlement (avril 1390) avait attribué à la Prévôté la connaissance des faits de sorcellerie et de magie.

3° *La Sénéchaussée ou Présidial*, jugeant les cas royaux et les crimes commis par des officiers de judicature (mêmes peines que ci-dessus).

Ces trois tribunaux relevaient du Parlement.

4° *L'officialité de l'évêque*, jugeant les délits et contestations concernant les ecclésiastiques ;

5° *Seize juridictions seigneuriales* appartenant à l'évêque ;

6° *La juridiction de l'évêché* sur les hôpitaux de fondation ecclésiastique.

Ces tribunaux ecclésiastiques relevaient de l'évêché et de la cour de Rome.

7° *La Monnaie*, qui avait juridiction sur les changeurs et les orfèvres, et relevant de la Cour des Monnaies (peines variées comprenant même la mort) ;

8° *Le Tribunal des Traites*, jugeant les matières de douanes et d'octrois ;

9° *L'élection*, connaissant des contraventions aux tailles, aux aides et en matières de finances (confiscation, galères, etc.);

10° *Le grenier à sel*, jugeant tous les délits relatifs à l'impôt du sel (potence, carcan, galères).

Ces tribunaux dépendaient de la Cour des Aides.

11° *La maîtrise des eaux et forêts*, jugeant les contraventions de chasse et de pêche, et relevant de la Table de marbre (fouet, carcan, bannissement, galères);

12° *La maréchaussée*, chargée de l'exécution des arrêts de justice et aussi de la recherche et de la poursuite des délits commis par les gens de guerre, tels que désertion, etc.;

13° *La lieutenance des maréchaux*, relevant du Tribunal des Maréchaux de France, jugeant les différends relatifs au point d'honneur entre les gentilshommes et entre les gens de guerre (réparation, amende, bannissement).

Il faut ajouter à cette liste déjà longue :

14° *Les Conseils de guerre et de marine*, jugeant les délits militaires;

15° *Le Conseil de l'hôtel*, poursuivant les délits commis dans les châteaux et les résidences du roi;

16° *Le grand Conseil*, chargé de juger les questions en règlement de juges;

17° *Le maître des requêtes de l'hôtel*, connaissant de la falsification du grand sceau ;

18º *Les juges consuls,* connaissant des procès entre négociants;

19º *Les commissions extraordinaires.*

D'une part, la compétence de ces nombreuses juridictions était mal définie. D'autre part, les juges achetaient leurs offices, et les gages qu'ils recevaient de l'État n'équivalaient même pas à l'intérêt du capital engagé. Leur salaire consistait dans l'impôt qu'ils prélevaient sur les justiciables sous le nom d'épices. Chaque tribunal était donc intéressé à juger le plus grand nombre d'affaires possible. D'où une interminable série de luttes sur la compétence.

On peut dès lors se figurer tous les conflits et les contestations qui devaient s'élever à chaque instant entre ces diverses juridictions, se disputant l'une à l'autre avec acharnement plaideurs, sacs et épices.

Les défendeurs de mauvaise foi entraînaient, sous le plus léger prétexte, leurs adversaires devant une série de tribunaux dont ils invoquaient successivement la compétence, et qui ne manquaient pas de la déclarer. Il en résultait des difficultés inextricables, des lenteurs et des frais considérables pour obtenir la solution des procès les plus minimes.

Les tribunaux inoccupés retenaient les moindres affaires avec un soin jaloux jusqu'à ce qu'ils en eussent exprimé tout le profit.

Colbert, dans son *Rapport sur l'Anjou* (1) (1664) rapporte que les officiers de la Maîtrise des eaux et forêts d'Angers « sont sans fonctions et sans emploi, parce qu'il n'y a point de bois dans ce département qui ne soient engagés... Ils donnent alors toute leur application à ce qui peut être des eaux et des chasses, où l'on se plaint qu'ils font mille friponneries et vexations, sous prétexte de garder les ordonnances... » Et il cite le cas d'un justiciable accusé d'avoir tué un lièvre « auquel il en a coûté 4,000 livres de frais. »

En 1603, Loyseau, dans ses *Mangeries de village*, trace le tableau suivant :

« Qui est le pauvre paysan qui, plaidant de ses brebis et de ses vaches, n'ayme mieulx les délaisser à celuy qui les détient injustement qu'estre contraint de passer par cinq ou six justices avant d'avoir arrest? Et s'il résout de plaider jusques au bout y a-t-il brebis ne vache qui puisse tant vivre : voire que le maistre même mourra avant que son procès soit jugé en dernier ressort. Si nous appréhendons à nostre mal, nous croirons qu'abréger une année de procès au pauvre peuple n'est pas moindre bien que luy épargner une année de maladie et langueur continuelles. »

Voici un exemple curieux de l'excessive len-

---

(1) Marchegay, Arch. d'Anjou, t. I.

teur des procès : en 1564, les enfants d'un sieur Serrant, assassiné à Angers, poursuivent un sieur Le Maçon, soupçonné d'être l'auteur de ce crime. Celui-ci, dit Livonnière, dans ses *Arrêts célèbres* (1), se défendit si bien et imagina tant d'incidents qu'après trente-six ans de procédures il n'était ni jugé ni mis en liberté. Les parties poursuivantes étaient complètement ruinées et ne pouvaient continuer le procès, lorsque les familles adverses convinrent de conclure un traité mettant fin au procès et stipulant la mise en liberté du prévenu.

En présence d'une telle situation il n'est pas étonnant d'entendre les officiers de la Sénéchaussée et du Présidial d'Angers s'écrier, en 1763, dans un *Mémoire* adressé au roi : « Nous gémissons, sire, de voir les parties se ruiner avant qu'elles puissent connaître leurs véritables juges (2). »

« C'était surtout, dit M. Métivier, dans un discours sur *les anciennes institutions judiciaires de l'Anjou* (3), entre les tribunaux civils et les officialités que les conflits étaient nombreux et ardents. Le clergé obéissait à un désir de prépondérance. »

---

(1) Page 1277. (Bibl. d'Angers).

(2) Bibl. d'Angers.

(3) Discours de rentrée, par M. Métivier, premier avocat général près la Cour d'appel d'Angers. — 1851, p. 8.

La compétence des tribunaux ecclésiastiques s'étendait à tout ce qui intéressait la religion. Comme au XVIe siècle toutes les institutions y touchaient de près ou de loin, on voit quel vaste champ s'ouvrait à l'action des juges ecclésiastiques.

L'Église prétendait s'attribuer même la connaissance des affaires civiles (1). Voici sur quel principe l'officialité faisait reposer cette prétention : comme le péché offense la majesté divine toute action qui est de nature à constituer en état de péché celui qui la commet doit être portée devant les juges d'église (2).

A l'aide de ce raisonnement les tribunaux ecclésiastiques s'attribuaient le jugement de toutes les conventions passées sous le scel ecclésiastique, de toutes les affaires où le serment devait intervenir, et de toutes celles qui avaient quelque connexité avec les précédentes (3).

En outre, aux XIIe et XIIIe siècles, les ecclésiastiques connaissaient de toutes affaires testamentaires et dictaient même les testaments (4). Tout chrétien qui mourait sans avoir fait un

---

(1) *Autorité judic.* par le Président Henrion, chap. 21.

(2) Loyseau, *Des Seigneuries*. Chap. 15, n° 63.

(3) Loyseau, Ibid., Chap. 15, n° 66.

(4) Le concile de Narbonne (1229) exige pour la validité d'un testament la présence d'un curé pour s'assurer de la foi du testateur (Isambert, t. I, p. 234).

legs était privé de la sépulture ecclésiastique (1).

L'évêque de Beauvais s'étant mis en possession des biens meubles d'une personne décédée *ab intestat*, les héritiers durent recourir au Parlement, qui déclara que l'évêque avait commis une usurpation (2).

Le mariage étant placé au rang des sacrements, l'Église s'arrogea aussi le droit d'en régler les conditions et la validité. Il en était de même des questions concernant l'état civil. A Angers, l'officialité prétendait même assimi-

---

(1) V. note de Laurière sur le *Glossaire* de Rageau, vᵉ Exécuteur testamentaire.

En Orient, ceux qui mouraient étaient tenus de laisser quelques legs à l'église. Une constitution de Constantin Porphyrogenète ordonnait que le tiers des biens des *intestat* serait employé en œuvres pieuses. (Isambert, t. 2, p. 471).

Les ecclésiastiques d'Occident se créèrent aussi un droit sur les biens des *intestat*, ou décédés sans langue, au préjudice de leurs héritiers naturels. — Alphonse IX tenta de supprimer cet abus, qui était très-fréquent, surtout en Espagne. (*Las siette Partidas, partida primera*, tit. 13, leg. 6. — V. Isambert, t. 2. p. 471.)

En 1602, les moines de Saint-Lazare d'Autun prétendirent confisquer à leur profit les biens d'une femme qui s'était noyée dans un étang. Mais le Parlement de Bourgogne, par arrêt du 14 décembre rejeta leur prétention par le motif qu'il n'était pas établi que la mort fut volontaire.

(2) Arrêt cité par Jean Desmares. Décision 128.

ler aux gens d'église relevant de sa juridiction
certains commerçants tels que « les ciriers ou
ciergiers de ville » (1).

Enfin les tribunaux ecclésiastiques étaient
allés jusqu'à vouloir connaître des causes
d'État (2).

Les officialités forçaient l'exécution de leurs
sentences par la voie de l'excommunication,
laquelle entraînait presque la mort civile.

Les usurpations des officialités avaient pris
dès le XIII° siècle, une telle extension qu'en
l'an 1260 les seigneurs se coalisèrent, et nom-
mèrent une commission pour déclarer nuls
tous décrets d'excommunication qui leur pa-
raîtraient injustes (3).

Le parlement, par arrêt général du mois de
mars 1371, défendit à l'évêque de Langres, à
l'archevêque de Sens, aux évêques d'Auxerre,
de Troyes, d'Autun et de Châlons, ainsi qu'à
leurs officiaux, de connaître des actions réelles,
des successions, etc. (4).

Après une lutte de plus de deux siècles entre
les deux juridictions l'ordonnance de 1539 en-

---

(1) Métivier, *loc. cit.*, p. 9 et 10.
(2) Boutillier, *Somme rurale*, tit. 9.
(3) Isambert, t. 5, p. 353.
(4) Fevret, *Traité de l'appel comme d'abus.* Liv. 4 ch.
I, n° 9. — V. aussi Chopin.

ferma dans de plus étroites limites la compétence des tribunaux ecclésiastiques.

Les lenteurs et les conflits résultant de la multiplicité des juridictions n'étaient pas le seul inconvénient de l'organisation judiciaire. Cette répartition défectueuse des attributions, en raison même de son caractère administratif, se prêtait facilement à une réforme. Mais les vices les plus sérieux des institutions étaient ceux qui résultaient des mœurs et des croyances, c'est-à-dire d'une part la variété et l'inutile cruauté des peines, et d'autre part le caractère criminel attribué à tant d'actes inoffensifs au point de vue social.

On comprendra notre pensée en parcourant la liste des condamnations suivantes, que nous avons relevées dans le registre des arrêts de la Sénéchaussée et du Présidial d'Angers (1) :

Le 26 juillet 1582, le sieur Maschefer est condamné, pour blasphème, à faire amende honorable, à être fustigé et banni.

Le 14 mai 1587, Joachim Duon, pour sacrilège à être pendu et étranglé.

Le 10 octobre 1587, Jacques Julien et René Chesnaye, pour sacrilège, pendus et étranglés.

_____

(1) *Registre des remembrances du greffe civil de la Sénéchaussée d'Anjou et du Présidial.* Manuscr. in-fol. Bible d'Angers, n° 344.

Le 5 janvier 1588, Jehan Lepeletier, pour sacrilège, amende honorable, fustigé et banni.

Le 16 février 1588, Laurent Legouy, pour sacrilège, pendu et étranglé.

Le 4 mai 1588, Jehan Colas, pour sacrilège amende honorable, fustigé et banni.

Le 12 septembre 1589, Mathurine Couezit, pour avoir privé son enfant de baptême, pendue et étranglée.

Le 26 octobre 1596, Pierre Thoustault, pour sacrilège, amende honorable et fouet.

Le 24 mai 1597, Jehanne Bonnault, pour avoir privé son enfant de baptême, pendue et étranglée.

Le 8 octobre 1598, Jacques Boullet, pour avoir tué et mangé le corps d'un loup garou, amende honorable, pendu, étranglé et brûlé.

Pour compléter cette énumération, nous croyons utile de reproduire les motifs et le dispositif de deux arrêts rendus les 24 juin et 4 octobre 1599, le premier, contre une femme accusée d'avoir « privé son enfant de baptême ». C'est ainsi que son crime est qualifié sur le répertoire du greffe (1), et le second, contre un malheureux accusé de « blasphème ».

Premier arrêt :

---

(1) Le crime d'infanticide semble disparaître, dans l'esprit du juge devant celui de privation de baptême.

Vu le procès extraordinaire fait contre Jehanne Journault, charges et informations, interrogatoires et réponses, etc.

Par notre sentence et jugement, disons...

Jehanne Journault être suffisamment atteinte et convaincue d'avoir célé sa grossesse et fait suffoquer son enfant et l'avoir privé de baptême, et pour réparation publique duquel crime avons condamné et condamnons ladite Jehanne Journault à être pendue et étranglée à une potence, laquelle, pour cet effet, sera plantée et dressée en la place des halles de cette ville. Ce fait, son corps être brûlé et réduit en cendres.

Ainsi signé : P. Ayrault, Le Loyer, J. Bodin, etc.

Vu au greffe par nous, Pierre Ayrault, ce lundi, 21ᵉ jour de l'an 1599 (1). »

Cet arrêt est curieux, notamment en ce qu'il est signé par trois noms notables dans l'histoire de la procédure criminelle.

Deuxième arrêt :

« Vu le procès criminel extraordinaire, etc., contre Blanchard Pierre.

Déclarons ledit Blanchard convaincu de blasphèmes.

Pour réparation publique desquels crimes,

_____

(1) Registre des remembrances du greffe civil de la Sénéchaussée d'Anjou et du Présidial, fol. 273 et 274.

avons condamné et condamnons ledit Blanchard à faire amende honorable nu, en chemise, la corde au col, tenant en sa main une torche ardente du poids de deux livres, au-devant de la grande porte de l'église cathédrale de cette ville, et là, de nous déclarer à haute et intelligible voix que méchamment et malicieusement il a blasphémé contre le saint nom de Dieu, de la vierge Marie, et des sacrements de l'autel. Dont se repent et demande pardon à Dieu, au roi et à justice.

Ce fait, avoir la langue percée d'un fil chaud, puis être mené et conduit en la place des halles de cette ville, et là y être pendu et étranglé à une potence qui, pour cet effet, sera dressée et plantée. Et son corps être brûlé et réduit en cendres.

Lequel Blanchard condamnons, outre à 50 livres d'amende envers le roy, et en pareille somme de 50 livres d'aumônes applicables au bâtiment des capucins de cette ville.

Ainsi signé : P. Ayrault, etc.

Vu au greffe par nous, Pierre Ayrault, le samedi 4e jour d'octobre 1599 (1). »

On voit par ce qui précède que la législation pénale était imprégnée à la fois de principes théologiques et d'idées superstitieuses.

---

(1) Ibid, fol. 283.

Pas plus que les juristes de cette époque, Ayrault n'a fait porter sa critique de la législation sur ces points, qui ne seront attaqués que plus tard par les esprits émancipés du XVIII⁰ siècle. En ce qui concerne les superstitions si répandues à son époque, relatives à la sorcellerie, la magie et aux possessions diaboliques, il faut lui tenir compte de son silence, d'autant plus significatif que ces superstitions étaient alors défendues par les hommes les plus éminents.

Pour n'en citer que quelques-uns : Jean Bodin, conseiller au présidial d'Angers, auteur du fameux *Traité de la République*, écrivait un gros livre sur *la Démonomanie*, dans lequel il prouvait fort doctement « qu'il n'y a crime à beaucoup près si exécrable » ; Le Loyer, conseiller au présidial d'Angers, publiait un ouvrage sur la sorcellerie, dans lequel il qualifiait d'*athées* ceux qui ne croyaient pas aux apparitions et aux possessions diaboliques.

En 1613, Delancre, conseiller au présidial de Bordeaux, publie un *Tableau de l'inconstance des anges et des démons*, et un autre ouvrage sous ce titre : *L'Incrédulité et mécréance de sortilège pleinement convaincu*. En 1659, Bouvet, prévôt général des armées du roi d'Italie, fait paraître *les Manières admirables pour découvrir toutes sortes de crimes et sortilèges*. Chenu, jurisconsulte de Brecy-en-Berry, consacre un chapitre de ses *Questions*

6*

notables aux sortilèges. Plus d'un siècle après Ayrault, Pocquet de Livonnières, conseiller au présidial d'Angers, écrit dans ses *Coutumes d'Anjou :*

« C'est un grand problème parmi les esprits forts ou ceux qui se piquent de l'être, s'il y a des magiciens et des sorciers, c'est-à-dire des gens qui aient commerce avec les démons, pour parvenir à leurs fins par le secours de mauvais esprits.

Qu'il y ait ou qu'il puisse y avoir des magiciens et des sorciers, on n'en saurait douter. L'Église nous l'apprend dans plusieurs de ses constitutions et de ses rituels.

Trois de nos Angevins ont traité cette matière à fond et ont soutenu l'affirmative. Maître Jean Bodin, auteur du *Traité de la République* qui porte son nom, a fait deux livres exprès : le premier, intitulé de la *Démonomanie des sorciers,* imprimé en 1581, le second, intitulé *Des démons et sorciers,* imprimé à Niort en 1616. Pierre Le Loyer, dans son *Traité des spectres,* a tenu la même opinion dans presque tous les chapitres.

M. Deniau, conseiller au présidial de la Flèche, dans son *Traité de la possession des religieuses de Loudun,* a suivi le même système.

Un auteur moderne l'a supposé dans l'instruction qu'il a donnée pour faire le procès et pour condamner à mort les sorciers et les magiciens. C'est Carpzovius dans sa *Pratique des matières criminelles.*

Nous croyons donc qu'on ne peut nier en général la possibilité de la magie et du sortilège (1).

Dans la longue liste des écrivains qui, jusqu'à la fin du XVIIIe siècle, ont soutenu ces idées nous trouvons : Corn, Agrippa, Sprenger, Danœus, Wyer, Del Rio, Remigius, Spina, Calcagnini, Michel Psellus, César d'Heisterbach, Eymeric, Bernardus, Golman, Prierias, Osiander, Léonard Vair, Pierre Massé, Campanille, Boguet, Didier de la Torre, Blanca, Maldonat, Pererius, Cycogne Perreau, Robert Trielz, Thirœus, Isaac Binsfeldius, Pons, Arlensis, Pierre Pitois, Tranquille, Yvelin, Michaëlis Gaffarel, Uvolsius, Taillepied, etc.

Les superstitions de cette nature sont si tenaces qu'on en trouve encore aujourd'hui des traces dans certaines campagnes (2). Les tribu-

---

(1) *Coutumes d'Anjou.* Paris, 1725, t. II, page 1018.

(2) Voici un exemple tout récent qui donne une idée de l'état d'esprit de certaines populations des campagnes ; c'est une citation devant le tribunal de simple police de Beaupréau (Maine-et-Loire):

« L'an 1881, le 22 avril, à la requête du sieur Joseph Lefort, tisserand, demeurant au May ;

J'ai, Paul-Honoré Jarillon, huissier près le tribunal de première instance, séant à Cholet, demeurant à Beaupréau, soussigné :

naux sont quelquefois appelés notamment à réprimer des escroqueries qui n'ont d'autre origine que les croyances à la sorcellerie et à la magie. Il y aurait même, en compulsant les ju-

Au sieur Auguste Gadras, tisserand marchand, aussi demeurant au May, en son domicile et parlant à la personne de sa femme ainsi déclaré;

Donné citation à comparaître le lundi 25 de ce présent mois d'avril, heure de midi, par devant M. le juge de paix du canton de Beaupréau, en son prétoire, sis en ladite ville,

   Pour :

Attendu que le requérant, depuis quelques années éprouve momentanément de violentes douleurs par tout le corps, ainsi que sa femme et ses enfants ;

Que parfois tout est bouleversé dans leur maison, que leurs métiers sont brisés;

Qu'il attribue cet état de choses audit sieur Gadras, en prétendant que ce dernier, à l'aide de mauvais livres et au moyen de la physique lui a jeté un sort;

Attendu que le jeudi 14 avril courant, à neuf heures du matin, le requérant est allé chez le sieur Gadras pour le supplier de lui ôter le sort qu'il a jeté sur lui. »

La citation poursuit en contant une rixe qui a eu lieu entre le sieur Gadras et le requérant. Elle conclut en ces termes :

« Par ces motifs,

S'entendre condamner ledit sieur Gadras à payer au requérant la somme de 2,000 francs à titre de dommages intérêts, pour les causes ci-dessus énoncées;

S'entendre en outre condamner aux intérêts de ladite somme, à compter du jour de droit et aux dépens de l'intérêt, sous toutes réserves.

Dont acte. »

gements de cette nature, une curieuse statistique à établir.

Ayrault a montré dans ces questions une ré-
serve, qui contraste avec l'ardeur des convic-
tions de ses contemporains. Ce n'est pas qu'il
fût un esprit-fort, un libertin, comme on disait
au XVIIᵉ siècle. En matière religieuse, il professait des idées gallicanes aussi fermes que
sincères.

Ainsi, à propos des démêlés de Philippe le
Bel avec Boniface VIII, il écrivait :

« C'est par la grâce de Dieu que nos rois sont
ce qu'ils sont, et non à octroy et bénéfice des
papes. A grand'peine eux et leurs regnicoles
viendront les relever d'un évêque qui ne l'ont
jamais voulu souffrir de république ni empire
qui fust. Ce ne serait plus être ni Francs, ni
Français. Si tôt que nos princes sont venus héréditairement à l'État, ils sont roys d'eux-
mêmes. Ils n'attendent des papes investiture,
couronnement, sacre, confirmation ni approbation quelconque. Ce sont eux au contraire que
le peuple, les rois et les empereurs ont élus et
confirmés. Si les cardinaux le sont maintenant,
c'est par don et permission des princes...

Nos roys sont en possession de ne reconnaître les papes, que comme évêques, mais les
premiers des évêques. Ils sont en possession
d'être souverains dès Pharamond. Au lieu que

les papes ne le sont absolument à Rome que du temps de Boniface IV et d'Innocent VII. Jusque-là le peuple romain n'ayant plus d'empereur sur les lieux garda sa liberté.... (1) ».

Ayrault apporte la même liberté de langage dans ses critiques de la procédure judiciaire. Il s'élève en ces termes contre les renvois trop fréquents de siége en siége : « Quelle ouverture aux grands d'avoir tels juges ou plutôt tels exécuteurs qu'il leur plaît, de pouvoir distraire et charroyer les parties où ils veulent, leur ôter à tout propos la voie de l'appel. Il se faut donc bien garder que la cause d'octroyer évocations et lettres extraordinaires soit pour accabler plus facilement un pauvre homme, ou encore, non pour purger les provinces, mais leurs bourses.

Il n'y a rien si injuste, ni qui rende l'État tant odieux, s'il est déjà principalement fort malade, »

Ces abus, selon lui, ont pour cause « le débat et contention de juridiction qui est coutumièrement entre les juges. S'en voit-il un en toute l'histoire romaine ? Nous n'en dirons pas davantage, car c'est l'infamie de notre siècle. »

Il en résulte que « l'accusé est traité ailleurs qu'au lieu où il a délinqué, ou qu'au lieu de son

_____

(1) *Ordre et Instruction judiciaire*, LIV, 9.

domicile, chose contraire à toutes lois, dangereuse et pernicieuse, tant pour la condamnation de l'innocent que pour l'impunité et échappatoire du malfaiteur... Néanmoins on pratique tout le contraire parce qu'on regarde à la commodité des juges, non des parties. »

Ailleurs il revient sur la trop grande facilité des récusations : « C'est bien le point, dit-il, aujourd'hui lequel nous gâte et anéantit plus la justice, car il n'est maintenant juge que celui qui plaît aux parties, ou à leurs procureurs et avocats, et n'y a crime tant énorme, ni preuve si manifeste, qui n'échappe et ne se perd par ce moyen. »

Notons, en passant, cette piquante réflexion : « Quant au crime, le lieu en rend le juge tellement compétent qu'il dépend bien souvent d'icelui si c'est crime ou ne l'est pas. Une même chose est quelquefois crime en un lieu, et en l'autre non. »

Avec quel charme d'expression il critique les tribunaux ambulants. « Rien ne corrompt tant la justice criminelle que le changement et remuement de ses offices. Comme une fleur trop maniée perd son odeur et sa beauté, ainsi la justice menée et trottinée çà et là perd sa vérité et sévérité exemplaire. »

Il s'élève avec une éloquente indignation contre le secret des instructions criminelles :

« Aujourd'hui, dit-il, sitôt qu'il y a décret contre un homme, tant honnête soit-il, le voilà incontinent accusé. S'il est en état, lui voilà les mains liées jusqu'à ce qu'il se soit justifié, le voilà en telle condition qu'il est permis de l'accabler de toutes parts, et pour une faute qu'on lui met sus, de le rechercher dès sa jeunesse....

« C'est véritablement couper la gorge à l'accusé que de lui tenir secret ce dont on le veut accuser jusqu'à l'instant qu'on lui amène témoins. Que peut faire aujourd'hui un accusé qu'on constitue prisonnier avant qu'il sache qu'il y a charges contre lui, ni quelles charges, à la requête de qui, ni de quel mandement et ordonnance? Y a-t-il si habile homme et si assuré de son innocence, lequel, s'il est pris sans y penser et interrogé tout promptement, ne chancelle et ne dise chose laquelle peut-être lui préjudicie grandement, soit qu'il nie, soit qu'il confesse. Il ne faut point dire que l'accusé au contraire trouvera des finesses, des tromperies, des cavillations, des détours pour pallier et déguiser la vérité.

« Il faut trouver des remèdes à cela, mais non pas tels que l'ordonnance et l'application générale en puisse aussi bien circonvenir l'innocent que surprendre et prendre au piège le malfaiteur. »

Ailleurs il revient sur ce sujet. « Décréter

de prise de corps, dit-il, et commencer par la capture, c'est chose que les anciens n'eussent pas trouvée juste... Une information faite à part, faite en secret, faite à l'insu des parties, est-ce chose valable et légitime pour ordonner prise de corps?

« On dira que qui ne commencera à la capture perdra son malfaiteur, que les preuves seront diverties et qu'il n'y aura finalement point d'exemple. Nous répondrons à cela ci-après. Je dirai seulement en cet endroit que les anciens faisaient meilleure justice que nous. »

Il réclame avec chaleur la liberté de la défense, l'humanité envers les accusés, une bonne et brève justice pour tous.

« Dénier la défense est un crime; la donner, mais non pas libre, est une tyrannie!

« La belle raison du style ancien était qu'en des choses douteuses nous devons plutôt favoriser les accusés que les accusateurs, regarder plus à l'innocence, pitié et humanité, qu'à la charge.

« Qui doute que toutes parties offensées, si elles estimaient pouvoir avoir bonne et brève justice et à peu de frais, ne le demandassent?... Peut-on la demander aujourd'hui, tant il est difficile au pauvre et au médiocre d'avoir justice du plus puissant? Non pas que ce soit toujours la faute du magistrat, mais par les menées que font les riches, détournant les témoins, intimidant leurs parties, les consommant de longueur et de dépenses. »

Il ne paraît pas avoir confiance à l'efficacité du serment pour la découverte de la vérité.

« J'ai grand peur, dit-il, que ce qui nous retient et incite le plus à dire la vérité, soit l'opinion et estime en laquelle nous désirons, ou nous craignons d'être : bref, l'honneur ou le blâme plutôt que la piété... Où l'office et le devoir combattent contre la vérité, il n'y a serment qui excuse l'ingratitude. Qui pourrait ouïr le fils déposer contre son père?... Quand la parole retombe au déshonneur de celui-même qui la profère, ne voyons-nous pas que le mensonge y est plus honnête que l'assertion? »

Terminons ces citations par une explication piquante de la défense de poursuivre d'office le crime d'adultère.

« Beaucoup de mauvaises odeurs laissées quoy n'offensent point; irritées et remuées, elles engendrent mille inconvénients; ainsi est-il du mariage. Pour qui en reçoit les plaintes et les rapports, il n'y en a point de si accordant que la noise ne s'y engendre. »

En se préoccupant des réformes propres à protéger la liberté individuelle et des garanties à accorder aux accusés, Ayrault s'attaquait plutôt aux règles de la procédure en vigueur de son temps qu'aux principes de la pénalité. Il n'étend pas sa critique jusqu'aux caractères et à la nature des peines. C'est aux philosophes du XVIIIe siècle que revient le mérite d'avoir, au nom de l'humanité, protesté contre la multiplicité exagérée et l'inutile cruauté des châtiments infligés aux condamnés et même aux accusés.

C'est à Voltaire et à Beccaria, ainsi qu'à la glorieuse phalange des encyclopédistes, que nous sommes redevables de la plupart des progrès réalisés en cette matière.

Tout le monde connaît les éloquentes protestations de Voltaire contre les procédures et les pénalités inhumaines alors en usage. On ne relira pas sans plaisir une des pages du *Dictionnaire philosophique* dans laquelle le grand philosophe proteste, avec son esprit et sa verve incomparables, contre l'application de la question.

« C'est une étrange manière, dit-il, de questionner les hommes. Ce ne sont pourtant pas de simples curieux qui l'ont inventée; toutes les apparences sont que cette partie de notre législation doit sa première origine à un voleur de grand chemin. La plupart de ces messieurs sont encore dans l'usage de serrer les pouces, de brûler les pieds, et de questionner par d'autres tourments ceux qui refusent de leur dire où ils ont mis leur argent...

« Les conquérants, ayant succédé à ces voleurs, trouvèrent l'invention fort utile à leurs
intérêts ; ils la mirent en usage quand ils soup-
çonnèrent qu'on avait contre eux quelques
mauvais desseins, comme par exemple celui
d'être libre ; c'était un crime de lèse-majesté divine et humaine.

« Les Romains n'infligèrent la torture qu'aux
esclaves, mais les esclaves n'étaient pas comp-
tés parmi les hommes.

« Il n'y a pas d'apparence non plus qu'un
conseiller de la Tournelle regarde comme un
de ses semblables un homme qu'on lui amène
hâve, pâle, défait, les yeux mornes, la barbe
longue et sale, couvert de la vermine dont il a
été rongé dans un cachot. Il se donne le plaisir
de l'appliquer à la grande et à la petite torture, en présence d'un chirurgien qui lui tâte
le pouls, jusqu'à ce qu'il soit en danger de
mort, après quoi on recommence ; et, comme
dit très-bien la comédie des *Plaideurs*, « cela
« fait toujours passer une heure ou deux. »

« Le grave magistrat qui a acheté pour quelque argent le droit de faire ses expériences sur
son prochain, va conter à dîner à sa femme ce
qui s'est passé le matin. La première fois, ma-
dame en a été révoltée ; à la seconde, elle y a
pris goût, parce qu'après tout les femmes sont
curieuses ; et ensuite la première chose qu'elle

lui dit lorsqu'il rentre en robe chez lui : « Mon
« petit cœur, n'avez-vous fait donner aujour-
« d'hui la question à personne?... »

« Malheur à une nation qui, étant depuis
longtemps civilisée, est encore conduite par
d'anciens usages! « Pourquoi changerions-nous
« notre jurisprudence? dit-elle, l'Europe se
« sert de nos cuisiniers, de nos tailleurs, de
« nos perruquiers : donc nos lois sont bon-
« nes (1). »

Que le lecteur nous permette de citer encore
ces quelques lignes sur l'instruction secrète :

« Il y a des pays où la jurisprudence criminelle est fondée sur le droit canon, et même sur
les procédures de l'Inquisition, quoique ce nom
y soit détesté depuis longtemps. Le peuple,
dans ces pays, est demeuré encore dans une
espèce d'esclavage. Un citoyen poursuivi par
l'homme du roi est d'abord plongé dans un cachot, ce qui est un véritable supplice pour un
homme qui peut être innocent. Un seul juge,
avec son greffier, entend secrètement chaque
témoin assigné l'un après l'autre.

« Chez les Romains, les témoins étaient en-
tendus publiquement, en présence de l'accusé,
qui pouvait leur répondre, les interroger lui-
même, ou leur mettre en tête un avocat. Cette

---

(1) V. Torture.

7*

procédure était noble et franche; elle respirait la magnanimité romaine.

« En France et en plusieurs endroits de l'Allemagne, « tout se fait secrètement (1). » Beccaria s'exprime en ces termes sur le même sujet : « Les accusations secrètes sont un désordre évident, mais consacré et devenu nécessaire dans plusieurs gouvernements par la faiblesse de leur constitution. Une telle coutume rend les hommes faux et dissimulés.

Quels sont les motifs sur lesquels on s'appuie pour justifier les accusations et les enquêtes secrètes? Le salut public, la sûreté et la conservation de la forme du gouvernement. Étrange constitution que celle où celui qui a la force en main, et qui a pour lui l'opinion, plus efficace qu'elle, semble redouter chaque citoyen (2) ! »

Ailleurs, Beccaria formule ainsi les principes du droit pénal : « Le but des châtiments n'est autre que d'empêcher le coupable de nuire encore à la société et de détourner ses concitoyens de tenter des crimes semblables. Parmi les peines et la manière de les infliger, il faut donc choisir celle qui, proportion gardée, doit faire l'impression la plus efficace et la plus durable

---

(1) *Ibid.*, V. Criminel.
(2) *Traité des délits et des peines*, chap. XV.

sur l'esprit de l'homme et la moins cruelle sur le criminel (1). »

On trouve le reflet de ces idées généreuses dans les cahier des États généraux de 1789, dont s'inspirèrent en partie les législateurs de la Révolution.

C'est sous l'influence de ces idées qu'ont été rédigés la plupart de ces cahiers.

Pour ne citer que ceux d'Anjou, voici les réformes que réclamait le tiers état :

I. — Il sera fait un code criminel où, entre autres articles, il sera statué que les accusés auront la liberté de se choisir des défenseurs; que la peine de mort sera réduite au plus petit nombre de cas possible; que la loi qui ordonne la confiscation des biens des criminels sera révoquée.

II. — En faisant les nouveaux codes civil et criminel, on aura pour but de simplifier les procédures, de sorte que la justice soit rendue le plus promptement et aux moindres frais possible.

III. — Les condamnations à la peine de mort par des supplices cruels seront absolument défendues.

Les cahiers de la noblesse n'étaient pas moins explicites :

(1) *Ibid.*, chap. XII.

Art. 45. — Lorsqu'un individu sera soupçonné de quelque délit, et qu'au terme de la loi
il sera nécessaire de s'assurer de lui, il devra
être traduit dans les vingt-quatre heures devant ses juges naturels; et on sera obligé de
lui donner un conseil à son choix, et l'instruction de l'affaire sera rendue publique.

Art. 47. — Toute sentence portant peine de
mort, ou peine infamante, devra être révisée
par un tribunal supérieur, et on restreindra la
peine de mort au plus petit nombre de cas
possible (1).

III.

La réforme de la législation pénale réclamée
par les cahiers des États généraux fut en partie
réalisée par la loi de 1791. Cette loi fut ensuite
modifiée et complétée par le Code de brumaire
an IV, rédigée par le jurisconsulte Merlin.
Cette œuvre, remarquable par l'unité, la clarté
et la méthode, qui fut votée pour ainsi dire
d'acclamation dans les dernières séances de la
Convention nationale, peut être considérée
comme le reflet exact des idées de l'époque en
matière pénale.

Le Code de brumaire an IV fut remplacé à

---

(1) Biblioth. d'Angers. — Rec. de pièces, H. 1559.

son tour par notre Code d'instruction criminelle (1808) et par notre Code pénal (1810). On
n'y trouve pas, au point de vue des principes,
de modifications importantes à la législation
précédente. Toutefois il convient de signaler un
mouvement de réaction déterminé par le réta-
blissement, heureusement éphémère, de la confiscation, de la marque et de la mutilation. Ces
peines furent en effet définitivement suppri-
mées, la première par la Charte de 1814, les
autres par la loi de 1832. En dehors des modifications relatives à l'application des circonstances atténuantes, de quelques adoucissements
apportés à la rigueur des peines, et de la loi
sur les flagrants délits, notre système pénal est
demeuré, à peu de chose près, ce qu'il était
pendant la période révolutionnaire.

Or, la Révolution s'est préoccupée bien plus
d'adoucir la pénalité, en supprimant notamment les peines inutilement cruelles, comme
par exemple en réduisant à trente crimes l'application de la peine de mort. qui portait auparavant sur cent quinze cas, que d'établir le droit
pénal sur de nouveaux fondements. En dehors
des réformes humanitaires concernant le nombre, la nature et le caractère des peines, dues
surtout à l'influence de la philosophie du
XVIIIᵉ siècle, la Révolution se borna à em-
prunter les règles de sa législation aux divers

systèmes antérieurs : les principes de l'instruction orale et publique à la procédure grecque et
romaine, l'appel et les voies de recours au droit
féodal, les principales formes de la procédure
écrite au droit ecclésiastique, l'exercice de l'action publique et de l'action civile à la législation des ordonnances de 1536 et de 1670.

Le système pénal obtenu à l'aide de ce procédé éclectique constituait un incontestable
progrès. Ce n'est pas à dire toutefois que cette
œuvre considérable ne puisse être l'objet de réformes nécessitées par les changements des
mœurs et des idées et par les progrès des
sciences. Des améliorations importantes ont
au contraire été sollicitées sur plusieurs
points.

Chose remarquable, ce sont les règles empruntées au droit ecclésiastique qui, avec le
temps, sont apparues comme les plus défec-
tueuses. Ainsi, alors que tout le monde est demeuré d'accord sur la nécessité de maintenir
l'action publique, l'action civile, le jury (1), la
liberté de la défense, la publicité des débats, les
pourvois contre les jugements (appel, cassa-
tion, révision), les principes de la prescription,
la réhabilitation, de vives critiques se sont éle-

_____

(1) On a même proposé de l'étendre aux matières cor-
rectionnelles.

vées contre la détention préventive (1), l'information secrète (2), le serment (3), la suveillance de la police, et le système pénitentiaire.

Pour ne parler que du système pénitentiaire, l'organisation actuelle, de l'avis des hommes les plus autorisés qui ont étudié cette importante question, ne remplit pas sufisamment le but que la société se propose. « La réforme pénitentiaire, disait M. le garde des sceaux,

(1) La loi sur les flagrants délits a été un premier pas dans le sens de la suppression de la détention préventive.

(2) On s'est demandé pourquoi l'instruction est secrète devant le juge d'instruction, alors qu'elle est publique devant le tribunal. — On a remarqué aussi que le secret des ordonnances de non-lieu rendues en faveur des inculpés dont l'innocence a été établie, laisse ceux-ci dans une incertitude et des angoisses cruelles, et peut même leur causer un dommage moral et matériel. L'ordonnance de non-lieu ne pourrait-elle être notifiée à l'inculpé, aussi bien que l'ordonnance de renvoi?

(3) Par son caractère essentiellement religieux le serment obligatoire peut constituer une violation de la liberté de conscience et une recherche inquisitoriale des croyances individuelles. Ce n'est pas le serment qui détermine un honnête homme à dire la vérité, mais bien le sentiment de sa dignité et de ses devoirs sociaux. Ce n'est pas le serment qui empêche un coquin de mentir mais bien la crainte de la pénalité infligée au faux témoin. Il semble donc que la seule garantie à prendre pour assurer la sincérité des dépositions serait d'avertir préventivement le témoin des peines auxquelles il s'expose en cas de mensonge.

dans son rapport sur le compte-rendu de la justice criminelle pour 1878, continue à préoccuper tous les esprits éclairés ; son urgence et son utilité n'échappent à aucun gouvernement.

L'objet principal de la réforme semble devoir être de faire concorder le régime pénitenfiaire, dans ses divers degrés, avec la hiérarchie des peines établies par le Code pénal. C'est là en effet le principe essentiel de la matière. Si le mode de répression ne correspond pas exactement dans ses effets avec la gradation des peines organisée par le Code, ce défaut de concordance trouble l'harmonie de la répression et enlève à chacun de ses degrés le caractère que le législateur a entendu lui imprimer. Il est permis de se demander s'il ne faut pas rechercher dans cette divergence entre les principes de la pénalité et son application le défaut capital des divers systèmes de répression expérimentés jusqu'ici.

Ainsi, pour ce qui concerne la détention, la gradation des peines est établie de la façon suivante : emprisonnement, réclusion, travaux forcés à temps ou à perpétuité. Or, par une singulière anomalie, il se trouve que les réclusionnaires préfèrent d'ordinaire le régime des travaux forcés comme leur offrant plus d'attrait et de liberté. Tellement qu'un certain nombre d'entre eux ne craignent pas de commettre des

actes criminels sur la personne de leurs gar-
diens ou de leurs co-détenus dans le seul espoir
d'obtenir une condamnation aux travaux forcés.

On cite, entre autres exemples, la maison
centrale de Nîmes où, en six années, seize
meurtres ou tentatives de meurtres ont été
commis par des prisonniers sur des surveil-
lants.

D'un autre côté, les maisons centrales sont
signalées comme étant de véritables foyers de
corruption où les hommes les plus dangereux
se trouvent réunis, et fomentent, pour l'époque
de leur libération, les plus sinistres projets
contre la société (1). La plupart des bandes de

---

(1) « Là où il y a une prison, écrivait il y a quelques
années M. Moreau Christophe, inspecteur général des
prisons, il y a une association, de telle sorte que la main
de la justice, couvrant pour ainsi dire et enveloppant
tout le pays d'un immense réseau dont chaque maille
est une prison, il s'ensuit que nos 3 bagnes, nos 20 maisons centrales, nos 362 maisons d'arrêt, joints aux prisons municipales de nos 2800 cantons et aux chambres
de sûreté de nos 2238 casernes de gendarmerie, sont autant de clubs anti-sociaux, autant de repaires de malfaiteurs, autant de réunions publiques de condamnés,
de prévenus, d'accusés, de mendiants vagabons, d'as-
sassins, de voleurs, de prostituées, qui s'associent de toutes parts entre eux par les liens de la solidarité du
crime. »

« Actuellement dit M. le Dr Le Bon, nous enfermons
plus de 100,000 individus. Ils sortent des prisons sans
autre occupation possible que de conspirer contre la

malfaiteurs se sont formées dans ces milieux.
« Si prenant une période de dix ans, écrivait
M. Bérenger, on additionnait le nombre de détenus qui se succèdent chaque année dans nos
prisons, on trouverait que plus d'un million
d'habitants sont venus s'y plonger plus avant
dans le crime, et que leur seul entretien a
coûté à l'État au delà de 130 millions. »

On a essayé d'obvier à ce danger par l'isole-
ment. Mais le système de l'emprisonnement
cellulaire, rétabli par la loi de 1875, n'est qu'un
palliatif impuissant à amener l'amélioration
des condamnés. On prétend même qu'il est de
nature à produire les plus funestes effets sur
leur état mental, et qu'à la suite de ce régime
ils sortent rarement guéris, mais presque toujours abêtis.

Pendant que se font ces expériences le nombre des récidivistes ne cesse pas d'augmenter.

---

société, y propager leurs vices et corrompre ceux qui
les entourent par leur funeste exemple...

Cette armée grandit rapidement, et nous pouvons déjà
prévoir le jour où les civilisations modernes n'arrive-
ront à s'en défaire qu'au prix de quelques-unes de ces
hécatombes gigantesques qui font frémir l'histoire.

Que les prisons puissent améliorer un criminel, c'est
là une de ces idées qui ne trouveraient plus de défenseurs aujourd'hui parmi les personnes compétentes... »
(La question des criminels, *Revue philosophique*, mai
1881).

Voici la progression constatée par les comptes-
rendus de la justice criminelle :

1872 — 56,076
1873 — 63,469
1874 — 70,806
1875 — 69,809
1876 — 70,257
1877 — 72,733
1878 — 71,170
1879 — 72,265

Tous ces condamnés, à l'expiration de leur
peine, rentrent dans la société dont la plupart
sont les pires ennemis. Une telle situation, il
faut en convenir, constitue un véritable péril et
rend une réforme inévitable.

Si l'on part de ce principe généralement admis que le but principal de la pénalité est la
protection sociale, on admettra sans peine cette
conséquence que tout homme manifestement
insociable doit être écarté du sein de la société, pour laquelle il constitue un danger permanent. La récidive peut être considérée comme
un critérium suffisamment certain pour déterminer ce caractère d'insociabilité. Dès lors, ne
serait-il pas rationnel et pratique de modifier les
degrés de la répression d'après les bases suivantes :

La première condamnation à l'emprisonnement serait subie en France; la seconde condamnation à l'emprisonnement (d'une durée à déterminer) serait subie dans une colonie, eu Algérie par exemple, et le condamné serait obligé de travailler dans un chantier ou incorporé dans une compagnie disciplinaire; la troisième condamnation à l'emprisonnement entraînerait l'envoi dans une colonie plus éloignée, avec interdiction de retour. La peine de la surveillance, dont l'inefficacité et les inconvénients ont été souvent signalés, disparaîtrait comme n'ayant plus de raison d'être.

On débarrasserait ainsi la métropole, au fur et à mesure de leur apparition, des individus les plus dangereux pour l'ordre et la sécurité publics. Il semble qu'il ne serait pas impossible de trouver, dans le budget de 24,000,000 de francs, affecté chaque année aux services pénitenciers les sommes nécessaires, pour effectuer le transport des condamnés dans celles de nos colonies qui ont le plus besoin d'être peuplées, défrichées et cultivées.

D'autre part, les progrès des sciences médicales paraissent devoir appeler l'attention, dans un avenir prochain, sur un autre genre de réforme, portant à la fois sur la détermination des caractères de la pénalité et sur son application.

On sait que dans ces derniers temps, un certain nombre de médecins aliénistes notamment ont prétendu que les signes de l'aliénation mentale se rencontraient à divers degrés chez tous les criminels. Sans accepter dans sa généralité cette formule qui ne repose en partie que sur des hypothèses, il faut reconnaître cependant que les données positives de la science permettent de l'appliquer à un certain nombre de criminels.

M. le docteur Moreau de Tours, dans une étude sur *Les aberrations du sens génésique*, a montré que la plupart des crimes contre les mœurs sont déterminés par des troubles cérébraux de diverses natures et que presque tous les auteurs de ces actes odieux sont atteints de lésions accidentelles ou entraînés par des prédispositions héréditaires. « Loin de nous, dit-il, de vouloir innocenter ces misérables. Tout autant et plus que personne nous croyons utile, nécessaire, de les tenir écartés de la société, qu'ils terrifient par leurs actes sauvages... Ce sont des malades qu'il faut prendre en pitié et dont on doit se défier et se préserver : car avec eux la vie privée comme la vie publique est absolument impossible (1). »

M. le docteur Le Bon, dans une étude remar-

---

(1) *Des aberrations du sens génésique*. Paris, 1880. Asselin, édit. 2ᶜ édit., p. 7 et 8.

8*

quable publiée par la *Revue philosophique* (1), divise les criminels en deux classes :

La première classe comprend les criminels par suite de dispositions héréditaires.

Un certain nombre d'individus naissent criminels comme on naît bossu, cancéreux ou phthisique, et les moyens répressifs n'ont sur eux aucune action préventive.

D'autres, de nature impulsive, auraient pu être conduits à des actes différents, par intimidation ou autrement. Suivant les motifs qui les auront excités, ils commettront avec la même aisance des actes héroïques ou des crimes. Ils se jetteront au feu pour sauver un inconnu et tueront l'individu qui sera l'objet de leur haine.

Enfin, le plus grand nombre n'ont pas de dispositions spéciales, mais leur caractère et leur moralité sont si faibles qu'ils dépendent absolument des circonstances.

La deuxième classe comprend les criminels sans aptitudes héréditaires, mais à lésions acquises.

Un accident, une maladie (variole, paralysie, épilepsie, etc.), un parasite égaré dans le système nerveux, les excitants de toute sorte (tabac, alcool, travail excessif, ambition, ex-

---

(1) Numéro du mois de mai 1881, p. 519 et suiv. Paris, lib. Germer Baillière.

cès, etc.), peuvent occasionner des dérange-
ments intellectuels qui conduisent à toutes les
variétés de crimes. Le nombre des paralytiques
généraux condamnés pour attentats à la pu-
deur, d'épileptiques, pour assassinats, est immense.

Les criminels de cette classe sont les plus
nombreux à notre époque, que M. le docteur
Le Bon, par comparaison avec le moyen âge,
qui fut l'âge des *hallucinés*, appelle l'âge des *excités*.

M. le docteur Le Bon conclut ainsi : « La
constitution mentale des criminels n'implique
nullement l'inutilité de la répression des crimes.
Elle est au contraire nécessaire, notamment
pour cette classe si nombreuse qui n'est arrê-
tée que par la crainte de la répression. »

Ces constatations de la science médicale sont
de nature à entraîner, au point de vue de la répression, des réformes importantes.

En ce qui concerne les principes de la pénalité, il y a un point sur lequel l'attention du
législateur ne manquera pas d'être appelée.
C'est celui de savoir dans quelles conditions et
à quels individus la peine doit être appliquée.

Notre Code pénal, sous l'influence d'idées
empruntées aux législations antérieures, ne
frappe que ceux qui sont déclarés *coupables*
d'avoir commis tel ou tel fait déterminé, c'est-

à-dire ceux qui ont agi sciemment, avec une volonté réputée libre et consciente. Le législateur semble préoccupé de subordonner la répartition des peines aux principes idéals d'une morale absolue, et d'imiter le mode de répartition d'après lequel la Divinité est censée distribuer les peines et les récompenses. C'est, en effet, la perversité plus ou moins grande du sujet, bien plus que la gravité du dommage causé à la société ou l'intérêt de sa conservation, qui détermine l'aggravation de la répression.

On en trouve un exemple frappant dans l'impunité accordée à tous les crimes commis par les aliénés, quelque épouvantables qu'ils soient. C'est la conséquence de cette théorie d'après laquelle le législateur, à l'instar de la justice divine, se préoccupe avant tout de répartir les peines selon le démérite.

Cependant, s'il vient à être démontré que la protection sociale doit être l'objet principal de la pénalité; s'il est établi que les auteurs des crimes les plus graves sont le plus souvent des individus inguérissables; s'il apparaît que la réformation du criminel (chose bonne en soi) n'est cependant, an point de vue pénal, qu'un résultat secondaire, d'autant plus secondaire qu'il est souvent irréalisable et toujours fort aléatoire, il faudra bien admettre que la question de *culpabilité* n'importe guère à la société, mais que le danger social plus ou moins grand, résultant de l'acte commis, doit être l'idée dominante qui s'impose au législateur.

Tout en faisant des réserves sur certains points qui nous paraissent critiquables, nous croyons intéressant de rapporter à ce propos, les observations suivantes de M. le docteur Le Bon :

« Les questions de responsabilité ou de libre arbitre n'ont évidemment rien à faire dans tout ce qui précède, et, si nous voyons les juges s'en inquiéter toujours, c'est que, d'une façon inconsciente, ils sont sous cette préoccupation née de l'ancien droit, non de protéger la société, mais de la venger. Là où l'injure est involontaire, elle n'existe pas, et la vengeance perd ses droits. De là l'importance pour eux de savoir si le crime a été volontaire ou ne l'a pas été.

De telles préoccupations sont en réalité puériles. Quand une vipère, un chien enragé me mord, je me soucie peu de savoir si l'animal est responsable ou non de son méfait. Je tâche de me protéger en l'empêchant de me nuire et de nuire à d'autres : voilà ma seule préoccupation. Certes, tous les criminels sont irresponsables, en ce sens que par leur nature ou les circonstances ils ne pouvaient être que criminels; mais en quoi les êtres redoutables méritent-ils plus d'égards que les millions d'innocents que nous envoyons mourir misérablement sur des champs de bataille lointains pour défendre l'honneur de causes qu'ils ne connaissent même pas? En quoi la victime d'un assassin et surtout les victimes futures qu'il fera sûrement en sortant de la maison de détention ou de l'hôpital, seraient-elles moins dignes d'intérêt que cet assassin lui-même?

Les moralistes, habitués à croire qu'une Providence bienveillante gouverne le monde d'une main équitable, et que leur justice idéale est reine des choses, s'indigneront sans doute qu'un individu puisse être puni pour une faute dont il n'est pas coupable. Mais ces hommes justes, qui n'ont jamais vécu que dans les livres, oublient toujours qu'il n'y a aucune concordance entre la réalité des choses et leurs rêveries. Ce n'est pas ma faute assurément si je rencontre sur mon chemin l'obscur microbe de la variole, de la peste ou du choléra; et cependant, si je l'ai rencontré, j'en suis puni, il faut mourir. Ce n'est pas non plus sans doute la faute d'un individu s'il est bon ou méchant, que ce n'est sa faute s'il est beau ou laid, intelligent ou stupide, bien portant ou malade. Rien ne l'empêche cependant d'être dans ces différents cas récompensé ou puni parla nature ou par les hommes, pour des qualités ou des vices aussi indépendants de sa volonté que la couleur de ses yeux ou la forme de son nez. Nous pouvons plaindre les individus doués d'une organisation qui les condamne aux actions mauvaises, plaindre ceux qui ont la stupidité, la laideur ou la santé débile en partage, tout comme nous plaignons l'insecte que nous écrasons en passant, ou l'animal que nous envoyons à l'abattoir; mais c'est là une compassion vaine qui ne saurait les soustraire à leur destinée.

Notre conclusion sera donc bien nette : tous les criminels sans exception sont responsables, et la société a le devoir de se protéger contre eux (1). »

Quant à nous, notre conclusion est celle-ci :

La peine, si elle est temporelle, doit avoir un double but : 1° la protection préventive de la société, par l'intimidation du condamné et de ceux qui seraient tentés de l'imiter; 2° l'amélioration ou, si l'on veut, la guérison du condamné.

La peine, si elle est perpétuelle, doit avoir pour but : 1° la protection perpétuelle de la société contre tout nouvel attentat du condamné; 2° la protection préventive de la société par

_____

(1) *Revue philosophique.* Mai 1881.

l'intimidation de ceux qui seraient tentés de l'imiter.

Telle nous semble devoir être l'économie d'un système pénal rationnel.

La question capitale n'est donc pas de savoir si l'individu est *coupable*, mais s'il a commis tel fait délictueux. S'il l'a commis, il doit être condamné, puisque par ce seul fait il est réputé dangereux (à moins toutefois qu'il n'ait été en état de légitime défense).

Reste à savoir quelle sera la nature de la répression. A ce point de vue le système pénal doit être approprié à la fois à la gravité du fait et à l'état mental du condamné.

La gravité du fait peut résulter de la nature de l'acte (par exemple, assassinat, viol, etc.) ou de l'état morbide du condamné (par exemple, s'il est atteint d'une affection mentale incurable).

Il est clair que dans l'un comme dans l'autre cas, la sociéte doit se préserver à toujours contre un individu de cette catégorie.

Au contraire, s'il s'agit d'un acte n'ayant apporté qu'un trouble peu considérable dans la société, ou commis par un individu simplement prédisposé par atavisme ou par lésion accidendentelle, et par conséquent guérissable ou intimidable, la pénalité ne doit pas être perpétuelle. L'intérêt social n'exige qu'une répression temporaire, qui sera, dans le premier cas, à la fois un mode de préservation, d'intimidatioe et d'amélioration, et dans le second cas un mode de préservation et de traitement.

Ce simple énoncé de principes permet de pressentir quelles réformes en découlent en matière pénitenciaire.

C'est d'abord une influence plus grande du médecin dans l'action et l'organisation judiciaires. C'est à la fois avant et après la condamnation que cette influence doit se faire sentir. Peut-on craindre que les médecins ne soient trop facilement enclins à considérer tous les criminels comme des malades? Cette crainte nous paraît une chimère, si l'on considère ce qui se passe actuellement.

D'après les principes en vigueur tout individu atteint d'aliénation mentale est irresponsable, et par suite impunissable. Cette situation s'établit par constatations et rapports médicaux. Il n'y a pas, croyons-nous, d'exemple qu'un individu déclaré aliéné par un médecin légiste ait été condamné par le jury ou par les tribunaux. Et cependant, parmi les condamnés détenus dans nos divers établissements pénitentiaires, la statistique officielle des prisons établit que, pendant la seule année 1876, il s'est trouvé 816 aliénés proprement dits et 381 épileptiques, reconnus tels postérieurement à la condamnation! Cette statistique est à peu près la même pour chaque année.

Il ne s'agit plus ici d'hypothèses scientifiques, mais d'un fait établi officiellement, à savoir que, même parmi ceux réputés sains et responsables par le jury et par les tribunaux, un certain nombre de criminels (1,197, dans une même année) se trouvent atteints à divers degrés d'aliénation mentale.

Ces chiffres portent en eux un enseignement, et confirment, dans une certaine mesure, et avec une incontestable caractère de gravité, les données scientifiques. Il en résulte que pour une certaine catégorie de criminels la direction et la prépondérance doit appartenir au médecin.

D'où une ingérence plus grande des médecins durant les diverses phases de la procédure, et peut-être même une organisation hiérarchique d'un corps médical, largement rétribué, et spécialement attaché à l'ordre judiciaire.

Il ne nous appartient pas de pressentir davantage les modifications dont notre organisation judiciaire paraît susceptible au point de vue criminel et pénal. Il nous suffit d'avoir signalé sur quels points un avenir prochain fera vraisemblablement porter les réformes.

NOTICE BIOGRAPHIQUE

SUR

PIERRE AYRAULT.

————•••✕•••————

Pierre Ayrault appartenait à une famille de robe. Il naquit à Angers en 1536, fit ses humanités à Paris, commença ses études de droit à Toulouse, les continua à Bourges, où Cujas professait, et revint à Angers se faire recevoir avocat au présidial.

Il ne tarda pas à quitter sa ville natale pour aller s'établir à Paris. Il ne fit pas trop mauvaise figure au barreau car, en 1564, il fut un des dix avocats choisis pour plaider contre les jésuites dans un procès fameux que ceux-ci soutinrent alors contre l'Université. La puissante compagnie ne lui pardonna jamais cet acte d'indépendance et elle trouva plus tard l'occasion d'en tirer une amère vengeance.

L'année suivante, après avoir épousé Anne Desjardin, fille d'un médecin de la capitale, Ayrault revint se fixer définitivement à Angers, où il acheta la charge de Lieutenant criminel. « Si l'on peut, dit Ménage, dans sa vie d'Ayrault (1), relacher les liens qui nous rattachent au lieu de la naissance, on ne les remplace jamais. Pierre Ayrault donna la préférence à Angers sur Paris, cette reine des villes, cette digne résidence du souverain, ce théâtre de la France, dont la renommée retentit si loin et si glorieusement. »

Pierre Ayrault paraît avoir apporté dans l'exercice de ses fonctions de lieutenant criminel une rigoureuse sévérité.

Une épitaphe placée sur son tombeau, par un de ses petits-fils, conseiller au Parlement de Bretagne, le loue d'avoir été « l'effroi des coupables ». Son collègue Le Loyer l'avait même accusé de « manquer d'humanité ». Ménage prétend, il est vrai, que c'était pour se venger de ce qu'Ayrault lui avait un jour reproché d'être « fort ignorant en jurisprudence ». Cependant Ménage lui-même avoue que dans ses fonctions judiciaires Ayrault ne péchait pas par excès de mansuétude. « Les Angevins, dit-il, l'appelaient leur Cassius, et le considéraient comme l'écueil des accusés (*scopulum reorum*)... Ses concitoyens, pour la sévérité peinte sur son front et pour ses mœurs toutes catoniennes, l'appelaient le Sévère. »

---

(1) *Vita Petri Ærodii*, 1675, in-4°.

Louvet, greffier au présidial, en trace le portrait suivant, dans son *Mémorial* :

« Le sieur Ayrault a bien dignement exercé ledit état, pour avoir bien et saintement rendu la justice à l'endroit des méchants, qu'il a fait punir selon leurs démérites ; et particulièrement il a bien fait couper des têtes à un grand nombre de gentilshommes de ce pays d'Anjou qui étaient mauvais et qui l'avaient bien mérité, et condamné et fait mourir un grand nombre d'autres méchants, durant qu'il a vécu...

Il était, ajoute-t-il, un grand justicier, lequel savait très bien les matières criminelles et instruisait aussi bien les procès aux accusés que juge qui ait été de longtemps. On l'a surnommé *Pierre qui ne rit point* ; d'autant que quand on lui présentait un accusé pour l'interroger et lui confronter les témoins il était grandement froid ; il savait bien garder le bon droit quand l'accusé était innocent ; et aussi quand il avait failli, il ne manquait point d'être puni.

Il aimait grandement la musique. Toute sa récréation était de jouer sur les violes. »

Il semble que les violes n'ont guère adouci l'âpreté de ce rude justicier. Aussi bien en voyant, sur les portraits du temps, sa mine rébarbative, son air rigide, sa figure anguleuse et ses moustaches raides et drues, on devine la terreur salutaire qu'il devait inspirer aux coupables. Mais il faut que le placide et impartial greffier Louvet nous affirme qu'il « savait bien garder le bon droit » envers les innocents pour que nous soyions rassuré sur le sort de ces derniers.

Austère dans ses mœurs, sévère pour lui-même et pour les siens, Ayrault apportait dans l'exercice de sa charge toute la gravité et toute la fermeté d'un magistrat consciencieux, soucieux de ses devoirs, et convaincu de l'importance de ses fonctions.

On a imprimé, à la suite de ses plaidoyers, un certain nombre de notes et de sentences qu'il avait recueillies, pendant le cours de sa carrière, sur les devoirs du magistrat (1).

Ce recueil est curieux à consulter. On y trouve, par exemple, ce portrait d'un bon juge, tracé par du Bartas, et qu'il semble avoir pris pour modèle :

Il est juge inflexible, il demeure sans tache,
L'amitié de son poing le fer vengeur n'arrache,
La haine ne l'aiguise: il foule les faveurs,
Il pestrit sous ses pieds, et les peurs et les pleurs,
Jamais aux rais de l'or son clair œil ne berlûe,
Il n'est onc affublé d'une ignorante nûe :
Chacun tient à bon droict pour oracle sa voix,

(1) *L'ordre, formalités et institution*, (ensuite des plaidoyers) édit. de 1642. (Lyon, Jean Caffin, éditeur).

Il sçait accortement tirer l'âme des loix.
En affaires doubteux, prudent il subtilize,
Et des plaideurs ruzez les cœurs anatomize.

Il note aussi ces vers de Joachim du Bellay :

Bien qu'un homme ait apprins et sache tous les droicts,
Dont usent aujourd'hui les Papes et les Roys,
De son estat pourtant digne je ne l'estime,
S'il n'est homme de bien sans cautel et sans crime,
Et s'il ne favorise aux pauvres aussi bien
Qu'à ceux qui ont le bruict d'avoir beaucoup de bien,
Que luy sert la grandeur, que luy sert le sçavoir.

La citation se continue par ces réflexions sur l'expérience nécessaire aux magistrats :

Combien que le jeune homme entende bien la loy,
Si devant il n'a faict quelque preuve de soy,
Il ne doit s'ingérer à faire devant l'aage,
Ce qui requiert surtout la pratique et l'usage;
Imitant l'imprudence et la témérité
Du jeune médecin, qui non exercité
De practiquer son art ne faict point conscience,
Et par la mort d'autrui faict son expérience,
Le bon jurisconsulte y doit être avancé
Et l'advocat qui a saintement exercé
Son estat, et lequel par sa langue et sa vie,
Aura dans le barreau prouvé sa preudommie.
Tels personnages y seront suffisans,
Et leur faudra payer leurs gages tous les ans,
Afin qu'honnestement leurs états ils maintiennent.
Aussi l'or n'y aura ni la faveur accez,
Et ne sera besoin d'espicer les procez...

Plus loin, à la suite d'une maxime sur l'im-

passibilité que doit garder le juge, Ayrault ajoute cette piquante remarque :

« Les juges bransle-testes devroient . bien penser à cela, pour se chastier de cette imperfection, et encor plus ceux qui becquetent par des brocards ou propos fascheux les parties qui playdent devant eux, ou les conseils desdictes parties. »

Ailleurs, il note cette épigramme sur les magistrats incapables :

« Laissons parler, dit-il, M. Estienne Tabouret sur un.autre mal qui advient de faire juger les personnes incapables. Voicy ce qu'il dict d'un :

> Un sot juge pour paroistre,
> Dict qu'il ne faict point de cas
> De messieurs les advocats...
> Car jamais ne le peut être.

Pendant les troubles de la Ligue, Ayrault prit parti pour les royalistes. Après l'assassinat des Guise, il fut nommé lieutenant général du présidial d'Angers (11 mai 1589), en remplacement du président Lechat, qui avait été arrêté.

Le 1er août suivant, Henri III ayant été assassiné par Jacques Clément, Ayrault exhala sa douleur dans un écrit dont le titre indique assez l'esprit et le but : *Déploration de la mort du roy*

Henry III, et le scandale qu'en a éprouvé l'Église.
L'année suivante (1590), il publia des *Considé-*
rations sur les troubles et les justes moyens de les
apaiser. Aux villes de Paris, Rouen, Tholose, Orléans
Lyon et autres qui se sont distraites de l'obéissance du
roy Henri IV.

En 1594, il fit paraître ses *Supplications et advis*
au Roy Henry IV de se faire catholique. On trouve
dans cet écrit ces lignes empreintes d'une certaine éloquence :

« C'est la voix de Dieu que la voix du peuple,
Sire, pensez-y donc, s'il vous plait. Si vous
n'étiez que duc de Vendôme, vous pourriez être
ce qu'il vous plairait. Mais étant Roy de France
et chef temporel de l'Eglise, vous avez toute
autre chose à considérer que ce que vous avez
été par le passé.

« Laissez-vous convaincre. Nous ne vous
prions point d'être idolâtre, ni superstitieux ou
hypocrite, Turc, juif ou gentil : mais puisque
les chrétiens se sont divisés, nous vous sup-
plions très humblement que vous vous joigniez
au plus grand et meilleur nombre, et que
pourtant vous ne rejettiez point les autres.

« C'est le moyen de les réunir, la façon de
vous assurer en votre trône, et l'antidote certain des Espagnols. »

Malgré sa fidélité au roi, Ayrauld fut dé-
pouillé de son titre de Lieutenant général (1591),

au profit d'un homme alors influent, et ne garda que celui de Lieutenant criminel.

Au milieu des troubles et des agitations politiques il composa son ouvrage sur la procédure criminelle. « Où pourrions-nous trouver de la consolation, dit-il, dans la préface du 4ᵉ livre, que parmy les livres, de voir un si grand royaume déchoir et prendre les arrements d'un corps mortel et périssable comme le nôtre. L'art que composa Antiphon, pour remédier aux ennuis et maladies d'esprit, il le print de là. »

Dans cette même préface, dédiée à Pierre, Guillaume, Jean et Nicolas, ses enfants, il ajoute: « Ne vous désespérez pas de ces guerres-là. Aupavant que vous soyez en âge d'en sentir et d'en souffrir le mal, l'État reprendra sa belle face, sa dignité, sa puissance. Mais il y a grande apparence qu'elles dureront jusques à ce que nous ayons un prince riche d'enfants. »

Riche d'enfants, Pierre Ayrault le fut, car il n'en eut pas moins de 15. Dix lui survécurent, cinq filles et cinq garçons, Ménage nous renseigne quelque part sur le sort de chacun d'eux : « Nicolas, dit-il, mourut jeune ; Jean fut avocat à Paris, et, ajoute-t-il malicieusement, ce que plusieurs regarderont comme un bonheur, il ne fut pas marié ; Guillaume se retira chez les bénédictins de l'abbaye de Saint-Nicolas, près Angers; Pierre succéda à son père.... »

René, l'aîné de la famille, causa à son père un chagrin qui assombrit ses derniers jours. Ayrault avait eu l'imprudence de le placer au collège de Clermont, à Paris, qui était dirigé par les Jésuites. Il ne tarda pas à s'en repentir. Quand l'enfant eu suivi pendant deux ans le cours de rhéthorique du père Sirmond (qui fut plus tard confesseur de Louis XIII), ses maîtres le dirigèrent sur Trèves, à l'insu de ses parents, et là ils l'incorporèrent dans leur congrégation. L'enfant avait alors 19 ans.

Ayrault inquiet de ne plus recevoir des nouvelles de son fils en demanda la raison. La Société lui répondit « qu'elle ignorait la résidence du fugitif ».

On comprend la désolation du malheureux père de famille à cette épouvantable nouvelle. Pendant plusieurs années il fait des démarches et des enquêtes de toute nature sans pouvoir retrouver son fils.

Il s'adressa d'abord au Parlement, et le 20 mai 1586, il obtint un arrêt portant défense aux Jésuites d'engager René dans leur Compagnie.

Mais ceux-ci avaient eu soin de mettre leur élève hors des atteintes des arrêts du Parlement en lui faisant gagner la Lorraine, l'Allemagne et en le dirigeant ensuite sur l'Italie.

Ayrault implora alors la protection du Roi,

qui invita le cardinal d'Est, protecteur de la
nation française à Rome, à intervenir auprès du
pape.

Voici la lettre d'Henri III :

« A mon oncle le cardinal d'Est,
protecteur de mes affaires en Cour de Rome.

« Mon oncle, m'estant le Lieutenant criminel
en ma ville d'Angers, connu de longtemps,
pour être entre tous nos officiers de sa qualité
aussi plein d'intégrité et louable réputation :
J'ai pour cette cause d'autant plus prêté l'o-
reille à une plainte qu'il m'a faite, de ce qu'ayant
mis il y a quelque temps son fils aîné, au collège des Jésuites à Paris, lesdits Jésuites se
sont arrêtés à lui persuader de se rendre de
leur ordre. Et pour mieux y parvenir, l'ont,
contre la volonté de son père et à son desçu,
fait évader et conduire à Rome, où je suis averti
qu'il est maintenant. Ce qui a été trouvé si indigne que par arrêt de ma Cour de Parlement
de Paris, donné avec eux, il leur est fait défense de le recevoir et admettre audit ordre. Et
désirant pour les mérites de son dit père, et ses
recommandables services, les gratifier en cette
occasion de ce que je pourrai : Je vous prie
bien fort (mon oncle), d'en parler à Sa Sainteté
et lui bien présenter de quelle façon cela est

advenu, afin qu'il lui plaise faire pareilles défenses auxdits Jésuites qui sont là, et leur enjoindre de rendre ce jeune homme à son dit père, pour ne le priver comme il n'est pas raisonnable, de la consolation qu'il doit justement attendre de lui sur ses vieux ans ; faisant en sorte, s'il vous est possible, que ma recommandation lui apporte le fruit qu'il en espère, et vous me ferez chose très agréable ; dont j'ai le bon succès très affecté : priant Dieu (mon oncle) qu'il vous ait en sa sainte et digne garde. » — A Paris ce 18 de juillet 1586. — Signé HENRY— et plus bas de NEUVILLE.

Le même jour le roi écrivit la lettre suivante au marquis de Pisani :

« A M. le marquis de Pisani,
Chevalier de mes ordres, conseiller en mon Conseil d'État, et mon ambassadeur à Rome.

« M. le marquis, désirant toujours rendre la protection que je dois à mes bons sujets, signemment à ceux qui sont accompagnés de beaucoup de mérites à mon service, comme le Lieutenant criminel en ma ville d'Angers, de qui l'intégrité et bonne réputation m'est assez connue : J'ai voulu fort volontiers écrire à sa prière et faveur à mon oncle le cardinal d'Est, pour moyenner envers Sa Sainteté, qu'il puisse recouvrer des Jésuites un fils aîné, que ceux du collège de Paris au lieu de s'arrêter à l'instruire ont par voie indue, persuadé et pratiqué de se rendre de leur ordre, et l'ont fait emmener à Rome, ainsi qu'on vous fera plus particulièrement entendre ; vous priant que, suivant cela, vous y apportiez encore tout ce que vous pourrez, soit à l'endroit de Sa Sainteté ou de mondit oncle ; en sorte, s'il est possible, que ledit Lieutenant puisse demeurer satisfait de la juste poursuite qu'il en a fait faire. Et vous me ferez en cela, etc. » — A Paris, le 13 juillet 1586 signé HENRY, et plus bas de NEUVILLE.

L'ambassadeur présenta requête à Sa Sainteté qui le renvoya au cardinal Alexandrini, sur l'ordre duquel le général des Jésuites écrivit une lettre à leur Provincial de Paris. Cette lettre demeura sans effet tant parce que les Jésuites de Paris ne se voulurent charger de sa réception, sous couleur que leur Provincial n'y était pas, et qu'ils disaient ignorer où il se trouvait, et aussi parce que les guerres de la ligue survinrent.

Le pape Sixte-Quint ordonna que les registres de l'ordre des Jésuites lui fussent apportés, mais on avait pris soin de mentionner le fils d'Ayrault sous un nom supposé de façon à déjouer toute recherche. De telle sorte que l'intervention du Parlement, du Roi et du Pape demeurèrent sans effet contre les menées de la fameuse Société internationale.

Ayrault, justement affligé des procédés dont il était victime, expime, dans la préface du 3ᵉ livre *De l'ordre et instruction judiciaire* (janvier 1588) son ressentiment contre « l'arrogance, la cruauté et infidélité de ces nouveaux venus pédagogues, lesquels au lieu d'instruire les jeunes enfants au désir et intention de leurs pères fièles et catholiques, les enseignent sous un prétexte, non de Religion, mais d'hypocrisie, à nous désobéir, nous mépriser et abandonner, font accroire à une faible et tendre jeunesse, qu'ils ne peuvent être chrétiens, s'ils ne sont d'une prétendue vie solitaire, qu'ils ne peuvent servir Dieu s'ils ne s'émancipent de la piété, révérence et obéissance, que deux plus grans et meilleurs maîtres qu'eux, Dieu et la nature, leur ont apprins. Cela advertira tous pères et mères de se contenter d'ouyr en chaire ces bonnes gens, sans les établir et installer parmy eux, sinon que bientôt ils ne veuillent, voir n'être plus ni pères, ni maris, ni maîtres en leurs maisons. O société insociable ! Leur tyrannie est cause, oultre la perte et subornation de mon fils que ce livre que je vous adresse en particulier, se sent de mon infortune qu'il est manqué, qu'il est défectif, comme est aujourd'huy ma maison. »

En 1589, après trois ans d'inutiles efforts, il se décida à adresser à son fils une admonestation ou plutôt une supplique, sous la forme d'un *Traité de la puissance paternelle* (1), précédé de cet avis :

« Au lecteur : — Il y a trois ans et plus que je suis à apprendre où les Jésuites tiennent mon fils : Je lui eusse fait cette remontrance en privé. Mais voyant que je perdais mon temps, et, qui plus est, mon espérance : je lui ai voulu écrire comme aux contumax, par programme et annotation publique. Si vous trouvez donc ma plainte juste, et que vous appreniez où il soit : je vous supplie qu'il la voie. Cela fait, je lui laisse en son illibéral arbitre de m'obéir, ou ne m'obéir point. — D'Angers, le 2 octobre 1589 ».

Après avoir fait un exposé historique de l'autorité du père de famille dans tous les siècles, et protesté contre les ravisseurs, Pierre Ayrault adresse à son fils un appel désespéré, en ces termes touchants :

« En l'âge de 15 à 16 ans, vous avez entre-

(1) Opuscules et divers traictez de maistre Pierre Ayrault. — Imprimerie Périer, Paris, 1548, in-8°.

pris de vous vouer aux Jésuites. Vous aviez, et (si c'est avoir ce qu'on méprise) vous avez encore votre père et votre mère en ce monde. De peur que l'autorité de l'un et la charité de l'autre vous empéchât d'y rien résoudre sans leur vouloir, vous avez fui leur présence ; vous vous êtes caché et celé d'eux ; trois ans sont sans que vous leur ayiez fait entendre où vous êtes, si c'est en France ou en Espagne. Vous aviez peur que votre mère vous dit ces mots : Dieu ayant fait sa volonté de votre père, que me serviront vos frères qui sont petits ? Quelle assurance aurai-je d'eux qu'ils ne me jouent tel tour que vous ? Ils auront l'exemple de leur aîné. Que Dieu vous est grandement obligé d'oublier pour l'amour de lui tous vos devoirs, toute piété et honnêteté jusqu'à ne communiquer, pas même par lettres, à de pauvres père et mère véritablement charnels, mais fidèles, ou si idolâtres encore, c'estait de vous.

« Je vous ai nourri, je vous ai élevé, je vous ai fait instruire en bonnes lettres ; votre oncle le président a voulu être de la partie. Nous n'avons rien épargné, lui et moi, pour vous rendre capable un jour de la vocation à laquelle nous vous eussions vu le plus apte ; ou si nous vous eussions failli, que vous eussiez pu choisir, venu à l'âge de majorité et de discrétion. Le grand merci que vous nous

10*

en donnez, c'est une absence sans dire adieu.

« ... Quand ce serait même de mon consentement que vous vous fussiez fait jésuite, pen-
sez-vous bien avoir le cœur d'y demeurer maintenant? D'être là à ouïr parler en sûreté et en
repos des calamités où nous sommes tous? Des
misères de notre France? De ces piteuses et
impieuses guerres? Ne faire cas de nous venir
consoler, nous défendre, nous soutenir? Peut-
être qu'on vous détient par force? J'aime mieux
le croire ainsi que de vous estimer si félon, si
dénaturé, que de nous manquer en ces mal-
heurs.

« Si ce discours vous peut remettre en votre
naturel sentiment, et qu'à cette occasion vous
ayiez envie de vous reconnaître, ne différez
plus. Ce que l'Église a toujours les bras ouverts
pour y reprendre les pénitents, elle le fait à
l'exemple des père et mère. Venez donc, et la
paix sera faite; retournez vers nous, et tout
sera réparé. Au rebours du droit ordinaire,
moi qui suis offensé, je rappelle qui m'offensa;
méprisé, je recherche mon contempteur; j'efface l'injure, moi qui suis outragé; j'implore
enfin celui qui devrait être à mes genoux. »

Ayrault porta ses doléances jusqu'aux États
généraux, alors réunis à Blois, et l'assemblée
inséra dans ses Cahiers le vœu suivant :

« Qu'ès maisons et couvents de religieux et religieuses ensemble des Jésuites, ne puissent être reçus et admis aucuns mineurs à faire profession, qu'auparavant ils n'aient averti leurs pères et mères ou tuteurs, et sans qu'ils aient pris congé d'eux, selon l'honnêteté publique et anciens décrets, sinon que lesdits mineurs fussent, quant aux mâles, âgés de vingt ans, et les filles de dix-huit ans (1). »

Estienne Pasquier, auquel il avait adressé son *Traité de la puissance paternelle*, lui répondit par la lettre suivante :

« Vous avez perdu votre fils aîné, par l'artifice impiteux de ceux qui sous le masque de la religion font trophée de la dépouille d'un pauvre père en la personne de son enfant.

« Je soussigne à votre avis, que l'enfant ne se peut vouer en religion, sans l'exprès contentement de ses père et mère : et ores que je ne puisse rien ajouter à ce qu'avez si doctement discouru, toutefois, puisque me faites cet honneur de me demander pour second, j'entre très volontiers en champ de bataille avec vous.

« Et sans feuilleter autres loix que nos anciennes, il y a dans les loix de Charlemagne,

(1) Collect. des états-gén. — La Haye et Paris 1589, t. 15, p. 160.

article exprès, portant inhibition et défense aux enfants, de se rendre moines, sans le consentement exprès de leurs pères et mères : pourquoi donc ne vous sera-t-il pas permis de vous éclater contre ceux qui vous ont ravi votre fils, qui le vous cachent, le détiennent malgré vous, contre nos anciennes loix, contre la volonté expresse de notre Prince? Un seigneur haut justicier peut vendiquer son sujet, se voulant distraire de sa juridiction pour subir, voir celle du Roi : et nous, pères, nous ne pourrons réclamer nos enfants se voulant soustraire de notre obéissance, pour se ranger sous celle d'un Espagnol ou d'un Italien. Mais c'est, dit-on, pour se consacrer en tout à Dieu : comme si en l'obéissance du fils au père, il n'y avait point de Dieu, ou qu'il n'y ait point de Dieu dedans nos maisons! Au contraire, j'estime qu'une maison bien réglée, où le père et la mère, par bons exemples, servent de miroir à leurs enfants, est un vrai monastère, franc et exempt de toutes sourdes rancunes, qui font ordinairement leur séjour au milieu des moines.

« Je suis père, je parle à un père, et à un père mien ami : je ne puis que je ne lâche toute bride à ma douleur, aussi bien que vous, et peut-être, en ce ce faisant, la votre diminuera de moitié. Adieu (1). »

_____

(1) Lettres d'Estienne Pasquier (Lettre IX),

Toutes les plaintes et les lamentations du malheureux père devaient rester inutiles, et il mourut en 1601, sans avoir eu la suprême consolation de revoir son fils.

Son nom fut dignement porté par ses descendants, qui continuèrent, jusqu'en 1750, à occuper la charge de Lieutenant criminel. En 1788, on trouve encore un membre de cette famille parmi les conseillers au Présidial. Il y a quelques années, la ville d'Angers a consacré le souvenir de Pierre Ayrault en donnant son nom à une de ses voies publiques.

Puissions-nous, en exhumant de l'oubli une des meilleures œuvres d'Ayrault, contribuer, pour notre faible part, à honorer la mémoire d'un magistrat du Présidial d'Angers, auquel la succession des juridictions, les traditions et la nature de nos fonctions ne nous laissent pas étranger.

　　　　　　　　　　　　V. J.

ORDRE ET INSTRUCTION

JUDICIAIRE (1).

LIVRE PREMIER (2).

1. — Combien l'instruction importe.

Quand les Romains, outre la commune appellation de Préteur, adiouftoient celle de *Quæftores* ou *Quæfitores*, à ceux qui avoient la cognoiffance des crimes ; & que leurs Iuges auffi n'eftoient pas perfonnes publiques, mais pri-

---

(1) Cet abrégé a été fait d'après l'édition de 1610, 1 vol. in-4°. Paris, chez Sonnius.

(2) Ce livre eft précédé, dans l'édition de 1588, d'une dédicace à Meffire Guillaume Ruzé, Reverendiffime évefque d'Angers, Confeiller du Roi en fon Confeil d'Eftat, fon Confeffeur et Aumonnier ordinaire, datée d'Angers, le dernier iour de iuillet 1587.

1

vées. J'ay opinion que c'estoit pour donner à
entendre ce en quoy gist principalement le vray
office & la fonction la plus propre du iuge à le
prendre pour Magistrat, comme il est maintenant en France. Car par la seule notation &
dérivation du nom, ils vouloient dire : qu'à
faire le procès d'un accusé, la plus noble & la
plus difficile partie c'est l'Inquisition & l'Instruction. Quant à iuger, qu'il n'y a rien sy
aisé à qui a tant soit peu d'expérience, de pro-
bité, bon & clair entendement. Car tout ainsi
qu'à ouyr l'harmonie celuy qui n'entend rien
en la musique moyennant touteffois qu'il ayt
l'esprit capable de civilité & d'humanité, peut
bien iuger de celle qui est la plus rude ou la
plus douce ; mais de dresser ceste symphonie,
& faire discrétion des tons et demy tons, c'est
l'estat & office d'un Terpander, ou d'un Ly-
sias, en Plutarque ; aussy quand le poinct
d'une accusation a esté recherché si dextrement, qu'il ne reste plus qu'à le proposer sur
le Bureau, il est ayzé à qui assiste au Iugement
d'opiner à Absolution, s'il n'y a point de
preuve ; à condemnation, s'il y en a : ou, si la
matière est obscure de prononcer, *Non liquet*
ou *Amplius*. Pourtant les Romains ont facilement laissé ceste partie là à personnes privées.
Mais de rendre l'accusation en estat de iuger ;
& à l'instruire, y apporter telle prudence, telle

diſcrétion, telle équité & auctorité, qu'il n'y
ayt rien obmis de la formalité & ſolennité qu'y
déſirent les Loix ; y uſer de la diligence & dex-
terité requiſe à diſcerner la fidélité, ou prévarication & calomnie d'un demandeur ; la ſimplicité ou ruſée façon d'un accuſé ; ſa conſtance,
ſa couleur ; ſon viſage ; quant aux teſmoings,
leur grâce, leur parole tremblante ou aſſeurée ;
les frivolles ou bonnes & apparentes raiſons
de leur dire ; de rechercher ce *Cui bono* de CAS-
SIUS : & au ſurplus tenir la main roide à ce que
toutes perſonnes qui ont à voir & exercer function & miniſtère en ce qui dépend de l'accuſation, n'excèdent leur charge & leur devoir ;
brief, de régir cet acte & procédure iudiciaire,
où il y va de la vie, de l'honneur, eſtat & condition, tant de nous que des noſtres ; ce ſont véritablement choſes de tel poids, de telle conſé-
quence, maieſté & auctorité, qu'elles ne ſe
peuvent commettre qu'au Magiſtrat qui a le
ſerment à la République, qui repréſente le
Prince, & qui eſt inſtallé & propoſé pour cet
effect. *Accuſatoris officium eſt inferre crimina : de-
fenſoris, diluere ; teſtis dicere quæ ſcierit ; quæſitoris
unumquemque eorum in officio continere,* dict l'Autheur *ad Herennium.*

2. — Iustice gist en formalité.

L'inſtruction, l'ordre & maniement de pro-

céder eft la principale & néceffaire partie de la
Iuftice : la formalité y eft fi néceffaire, qu'on
ne fauroit fe dévoyer tant foit peu, y laiffer
obmettre la moindre forme & solennité requife
que tout l'acte ne vint incontinent à perdre le
nom & surnom de luftice : prendre & emprun-
ter celui de Force, de Machination, voire mefme
de cruauté ou tyrannie toute pure. La raison
eft que Iuftice n'eft quafi proprement autre
chofe que formalité & cérimonie. Pour le monftrer quel intéreft y auroit-il autrement que ie
fuffe Iuge en ma caufe ou qu'un autre en iugeaft; & que cet autre, fuft pluftoft une perfonne publique qu'une privée? Et s'il eft requis
& néceffaire qu'elle foit publique, quel différend y auroit-il, qu'elle le foit du temps qu'il a
des Huiffiers cheminans devant lui : qu'il est
féant en lieu plus éminent, eft veftu de fa longue robbe & porte les marques & ornemens de
fa dignité : ou bien lors qu'il feroit feul, fe
proumeneroit pour fon plaifir et feroit veftu
d'un manteau court, ou robbe fimple? Qu'ap-
porteroient ces différences à la nature & fubftance de l'acte, finon que la formalité eft autant & plus que l'acte? N'eft-ce pas cas eftrange,
tenir pour reigle & maxime de Droict : *Quod
etiam iniquè decretum eft, ius eft?* & touteffoys
elle ne vient point d'ailleurs finon que l'affaire ayant paffé par les folennitez qu'elle

doit, la forme eſt déſormais plus que le fonds.

Quant aux punitions des criefmes, n'eſt-il pas très-certain & très-véritable, que ſi on pouvoit prévenir le meſfaict, & lire en l'entendement de ceux qui le préparent, il feroit bien plus utile de le punir avant la faute, & en garantir par ce moyen celuy qu'ils vont tuer ou violer, que de courir aux remèdes après coup. Ouy, mais ce ne feroit pas Iuſtice, car ſelon ſon ordre, ſa formalité & cérimonie, il faut que le criefme aille devant, la peine après. Voilà comme en mettant une meſme choſe ſeulement bout pour bout, ou puis devant, puis derrière, c'eſt tantoſt iuſtice, tantoſt iniuſtice. Paſſons plus oultre, celuy qui a griefvement délinqué en plaine foire, au milieu d'un Palais, à la veüe meſmes des Iuges, & celuy qui a eſté trouvé & appréhendé ſur le faict : que n'eſt-il de là & tout incontinent meiné au ſupplice? Eſt-il moins vray qu'il a failly, s'il n'eſt premièrement ouy, les reſponces miſes en un Greffe, & ſi on ne luy a confronté teſmoins, euſt-il recogneu & confeſſé dix fois le meurtre? non : mais ce feroit force & violence, non Iuſtice, car il n'y a point de doubte que ceſte ſolennité & formalité iudiciaire giſt en l'Inſtruction.

Les accuſez le ſavent bien eux-meſmes quand pour l'impunité la plus ſeure qu'ils déſirent trouver, ils taſchent par toutes les ruſes qu'il

eft poffible que leur accufation ne s'inftruife;
car fi une fois elle l'eftoit, la befte feroit aux
filetz; & feroit néceffaire quelques récufations,
appellations, prifes à partie, évocations, inter-
dictions, & lettres qu'il peut avoir, que le procés fe iugeaft toft ou tard, & en une cour ou
en l'autre.

3. — L'instruction c'est l'âme du procés.

L'Inftruction c'eft l'afme du procés. Mais tout
ainfi qu'ès Ieux olympiques, et fpectacles des
anciens gladiateurs & efcrimeurs à oultrance,
ce n'eftoit pas le tout d'abattre fon adverfaire
en quelque manière que ce peuft eftre, par
trahifon, fineffe ou bonne guerre, mais de-
voit-on garder les régles des maiftres qui y
préfidoient : autrement tant s'en falloit que
l'honneur feuft adiugé à ce vainqueur, que au
contraire ils le donnoient à celuy qui avoit efté
malicieufement & frauduleufement vaincu.
Pareillement l'accufé qui eft en iuftice, *& quem
accufator, veluti athleta confertum vocat,* doibt
parer les coups & fe défendre par les régles &
ordonnances qu'elle a prefcrites. Que s'il veut
ufer de voies obliques, comme l'efcrimeur de
faulfes armes & qui y eft comme parrain des
deux parties, fy doit vertueufement oppofer &
les réduire au beau proverbe : *Bien affailli, bien
défendu.*

4. — Nul iugement sans confrontation et audition.

Que dirons-nous donc premièrement? Eſt-ce
que pour inſtruire une accuſation il faille informer du fait, interroger l'accuſé, luy amener de
la preuve : cela faict, iuger la cauſe et prononcer de vive voix, ou par eſcript ſon iugement?
Nous ne dirons rien de nouveau en cela, ne qui
ne fuſt bien à noter en la façon & manière des
Anciens. Car ie n'ay point de ſouvenance que
nation aucune en ait autrement uſé; s'ils y ont
voulu allez par Iuſtice, qu'ils ayent iugé de
l'innocence, ou de la charge, ſans avoir gardé la
forme d'ouyr l'accuſé en ſes défences, et s'il
deſnioit ſans le convaincre par bons teſmoings
ou eſcriſtures.....

5. — Pour quoy la confrontation est nécessaire.

Et à la vérité il ſemble qu'il eſt naturel &
conſéquemment commun à tous hommes que
l'accuſé ſoit ouy; & que les teſmoings qui le
chargent, ſoient amenez devant luy, pour ſouſ-
tenir faſe à faſe le crime dont ils l'accuſent,
afin que s'il a à dire quelque choſe contre eux,
il le die; & que les teſmoings voient & reco-
gnoiſſent celui dont ils dépoſent.

6. — Que l'audience est naturelle.

Ceſte formalité d'ouyr les parties. & principalement l'accufé, premier que leur faire droiſt, ſourt d'une Loy qui n'eſt point des Égyptiens, des Perses, des Macédoniens, des Grecs ou des Romains, ny de quelque nation qui ſoit, qui ait eſté, & qui ſera oncques à l'advenir ; mais Loy de nature & loy des gens.

7. — Raisons pour quoy on ne doit punir sans congnoissance de cause.

Venons à une ſeconde raiſon. Quelle différence y auroit-il entre la Iuſtice & la Force, choſes indubitablement contraires? La Iuſtice giſt en égalité & proportion : la force, en diſparité & différence. Or ce ne ſeroit point uſer de proportion, que donner audience à l'un, à l'autre la dénier. Ce ſeroit faire non pas le Iuge mais la Partie ; voir l'iniuſte & illégitime adverſaire. Car en la Partie qui plus eſt, en l'ennemy de bonne guerre, il y a encore de la raiſon & de la confidération réciproque. Chacun veut emporter la victoire, mais ſolennellement & iuſtement. Le brigand ſeul procède par violence defnuant le povre homme, & appropriant tout à ſoy.

8. — La défense iudiciaire gist en la parole.

Voicy une confidération troiſiefme : La défense, tuition & confervation de ſoy eſt de droiſt naturel. On ne la peut donques oſter meſmement qu'au faict de la Iuftice, on n'y parle point d'autre défenfe que celle qui gift en la parole, en la ratiocination & difcours. Qu'on luy ofte doncque l'efpée ; qu'on luy reftraigne fa liberté ; qu'on ne luy permette, fuyvant la loy & conftitution de POMPÉE, d'ufer *laudationibus & advocationibus*. Sy on veut plus, qu'on luy retranche tout artifice. Mais la parole qui eft-ce qui le pourroit bonnement & iuftement défnier ? Refufer Advocats c'eft la donner non pas libre, c'eft tyrannie.

9. — Les exécutions faites sans iustice n'ont point d'exemple.

La Iuftice en toutes fes exécutions tend plus à l'exemple qu'au chaftiement. Si le magiftrat doit faire comme le bon médecin, qui tafche à guarir, non pas à perdre ; eft-ce correction ou amendement que de frapper fans entendre ? c'eft donc pour l'exemple que la Iuftice punift. *Exempla funt omnium tormenta paucorum*, dict SAINT. CYPRIEN ; & pour cefte raifon les Latins appeloient mefme celuy qui eftoy chaftié & exécuté, *Exemplum*. Or il eft très véritable qu'en exécution faicte fans forme ne figure de procés, il n'y a point d'exemple. Au contraire on en fuyt & détefte la mémoire. Comme en la Religion, la révérence vient des cérimonies et pompes qui s'y pratiquent de longue main :

auffi en la Iuftice, l'Exemple procède des formes. Que le Pontife faffe fes facrifices fans
ufer des introïtes, des lavemens, des expia-
tions, des prières, proceffions & ornemens qu'il
y faut : il n'attirera aucun en admiration &
crainte d'offencer Dieu. De mefme que le magiftrat parle fans mandemens, ne monte point
en son Siège, ne foit affifté d'Huiffiers, de Scribes et Affeffeurs ; que les délaiz ne courent
point : mais que tumultuairement & fans cognoiffance de caufe il expédie ce qu'il voudra :
il n'y aura point d'expeétation, point d'attente
de ce qui fe traiétera & maniera par devant
luy. Les abfolutions ou condamnations faiétes
fans forme, n'engendreront jamais les acclamations que font celles qui ont leur folennité
& procédure ordinaire.

10. — Que l'opinion mauvaise est autant à éviter que l'effect.

Une autre raifon eft à l'adventure non moins
politique que celle-là : fçavoir eft qu'il ne fuffit pas de Iuger. Il le faut faire en forte qu'on
ne puiffe imaginer que ce que nous faifons foit
iniure ou iniuftice. Le Prince, le Magiftrat a le
premier intéreft qu'on ayt cefte opinion de luy,
foit le condamné, foient fes parens, foit autre
quelconque qu'il ayt rien faiét iniuftement.

11. — Comparaison de la cour et de la table du Prince.

Le Prince doibt tenir fa Court comme fa table. Il tient celle-ci opulente & belle; la mefurant plus à fa grandeur, qu'à la qualité & condition de ceux qui s'y préfentent. Auffi tenant fa Court (ce qui eft proprement non le bal, mais fes plaids) il ne doibt pas feulement confidérer ceux qui luy demandent raifon, mais fa réputation & fon honneur; ny fa fcience & confcience feule, mais celle auffi de fes fubiects : *Nulla lex fibi foli confcientiam iuftitiæ fuæ debet : fed & eis à quibus obfequium expectat*, dict TERTULLIEN en l'Apologétiç. Or le Prince comment perfuadera-t-il qu'il n'a rien faict que luftice, s'il l'a faicte foubz la cheminée, comme l'on dict en commun proverbe? S'il l'a faicte contre fes loix? Il aura biau dire qu'il a eu de bons advertiffemens : qu'en fa confcience il a teneu pour coulpable celuy qu'il a condamné fans l'ouyr. On préfumera perpétuellement le contraire.

12. — Rien ne découvre tant la calomnie que l'audience.

Defnier l'audience, c'eft vouloir eftre circonvenu : c'eft donner lieu aux calomnies. Il se trouve parfois des preuves (dict CICÉRON) qu'à

grand'peiné la vérité mefme parvient à dé-
truire. Comme quoy ? Ulyffès suppofa de faulfes lettres de Priam à Palamedès & fit cacher
de l'or en fa tente pour l'accufer de trahifon.
Cette preuve fembla fi véhémente que Palamedès fut tout incontinent mis à mort. Qu'on
luy euft donné audience, il fe fuft sauvé. Eft-ce
chofe qu'on doive craindre ?

13. — L'audience adoucit.

Quand il n'y auroit que ce que dict PLATO en
fon unzième des Loix que traitter les chofes en
Iugement & avec cognoiffance de caufe, faict
qu'il ne fe trouve homme fi dur, & fi inhumain
qui ne fe mitige & addouciffe plus qu'il n'eftoit,
nous ne devrions jamais vouloir le faire & pratiquer autrement.

lules César avait délibéré de ne pardonner
point à Ligarius. Il le fit touteffois, ayant ouy
Cicéron. Véritablement la parole eft une bien
puiffante défenfe ; & n'y a quelquefois fi forte
armée qui y réfifte, dict PHOCYCLIDÈS. Ne trou-
va-t-on pas l'orateur Antoine, lequel avec fon
éloquence avoit arrefté & accufé fes meurtriers ? Mais puifque ce n'eft que raifon et oraifon, & que de ces deux poincts là feulement
nous differons des beftes brutes ; refufer la parole, feroit-ce point fe bannir d'avecque nous,
& s'advoüer d'elles ?..... C'eft peut eftre la plus

doulce mort, celle qui eſt la moins eſpérée ; &
une des plus grandes parties de la peine, c'eſt
l'appréhenſion & la crainĉte d'icelle, ſy bien
que l'on pourroit dire, que celuy qui eſt pris sur.
le vert, eſt aucunement moins puny, que, celuy
auquel par longues compérendinations, auditions & confrontations de teſmoings, on a faiĉt
& parfaiĉt le procés.

14. — La condamnation la plus iniuste est celle où l'on acquiesce soy-même.

Mais celuy qui ordonne telles punitions eſt
cruel : & celuy qui les ſouffre n'acquieſce iamais & iamais ne confeſſe qu'elles ſont iuſtes.
Vous me demanderez que nuiſent ces impreſſions ? Elles apportent des appetits de ſe venger : des panſemens, puis hardieſſe d'entreprendre & attenter contre l'Eſtat. Tout ainſy
qu'il ne ſuffit pas que la Loy commande ce qui
eſt bon & iuſte de ſoi ; mais il faut que par
belles & naturelles raiſons elle l'inſinüe & en-
grave aux cœurs, adfin que les citoyens y obeyſ-
ſent de leur bon gré, & non par crainĉte. Auſſy
ce n'eſt pas tout, que les mauvois ſoyent puniz
iuſtement. Il faut, s'il eſt poſſible, qu'ils ſe iugent & condamnent eux-meſmes. Ils le ſont
quand ils voyent la relligion, l'ordre & formalité qu'on a gardée à leur endroiĉt, & que par

2

bonnes preuves & évidentes raiſons leur crieſme
n'eſt plus ſecret.

15. — Es crimes manifestes, l'ordre y est néant-moins requis.

Il ne faut pas dire que où les crieſmes ſont
publics & manifeſtes, l'ordre iudiciaire n'y eſt
point requis. Car premièrement on y peut eſtre
trompé. Secondement puiſque la iuſtice n'eſt
que formalité, elle ne peut eſtre où manquent
les formes. Y en avoit-il de plus manifeſtement
coulpables que les enfſans de Brutus & de Col-
latinus? Ils avoient eſté prins ſur le faiᴄt : on
avoit leurs lètres en main, leurs ſings, leurs
cachets, leurs eſcriptures eſtoient cognües. Tou-
teſſois Brutus leur commanda de reſpondre à
Publius Valerius, & de ſe défendre s'ils le pouvoient. Ce vice nous eſt naturel, d'interprèter
mal les aᴄtions d'autruy, & de ceux principalement qui sont en lieu & degré par deſſus nous,
car l'envie les accompagne touſiours. Conféquemment, bien que Brutus euſt pu obmettre les
ſolennitez ordinaires à l'endroiᴄt de ſes enfans,
leſquels il pouvoit tuer comme père ; veu auſſi
qu'ils eſtoient manifeſtement ĉoulpables : touteffois s'il l'euſt faiᴄt, meſme en telle cauſe qui ap-
partenoit au public, un chaᴄun euſt infailliblement diᴄt, qu'il euſt faiᴄt office de Iuge, de
Partie, de teſmoing & d'Exécuteur tout en-

femble : qu'il y euft eu plus de furie, de paffion
& vaine gloire en fon fait, que de iugement &
amour vers la patrie. Nous ne voulons pas dire
que pour avoir mieux faict qu'il eft poffible,
gardé & obfervé toutes les formes, il n'arrive
bien quelque fois des inconveniens : mais nous
parlerons de ce qui eft ordinaire, & de ce qui
eftant iniufte de foy, ne peut faillir qu'il fe produife toufiours de mauvois & dangereux acci-
dens. Partant puifqu'il y va du noftre, iaçoit
que pour la grandeur des criefmes, l'accufé pro-
taft rien pour eftre ouy : pourquoy luy defni-
rions nous ce qui ne luy peut nuire, et à nous
fi ? C'eft certes la vraye occafion (ce me femble)
pour laquelle les Grecs & les Romains, voire
toutes Nations au temps paffé, & quelques unes
encores, pour le iourd'huy, inftruifoient les accufations publiquement, & devant tous ceux qui
y devoient eftre a fin que voyans le jour au travers de tout ce qui fe faifoit et manioit en cefte
action forenfe pour y eftre un chacun Iuge, tefmoing, fpectateur et auditeur tout enfemble, on
ne vint point à penfer autre chofe des Iuges,
que ce qu'ils avoient eux-mefmes veu & aper-
çeu publiquement. Concluons donc que défnier
audience, fans laquelle il n'y a forme ne formalité en Iuftice, feroit forcer & violer toutes les
Loix.

16. — Qu'il est quelquefois nécessaire d'admettre les formes.

C'eſt néantmoins choſe bien fort eſtrange que les anciens ayent quelqueffois, non en cholere, mais délibérément & meurement, laiſſé & obmis toutes les formes : & que par bon conſeil & advis, ils se soient deſnoyez de ce grand chemin, d'ouyr les Parties, que la Nature, la Raiſon, l'Equité & l'Humanité nous ont baillé. Et ce qui eſt plus encores à admirer, eſt que cela ne ſoit point ſeulement advenu ès Monarchies eſquelles tout ainſy que la Fouldre, qui eſt touteffois ſubſéquente, ſe ſent première que le Tonnerre. Auſſy les punitions & exécutions précèdent ſouventefois les accuſations & jugemens (dict PLUTARQUE) mais encores ès Républiques les mieux conſtituées & ordonnées ; ou bien non ſeulement à l'endroict des Princes, dont la cholère devient auſſytoſt meurtre ; l'amour, adultère ; l'avarice, perte & confiſcacion de biens ; la ſeule ſuſpicion, leze majeſté ; mais des plus doux, iuſtes & naturels Princes. De manière que ſi nous ne les pouvons accuſer il faut de deux choſes l'une, ou que nous allions confeſſant, qu'il y a des exceptions à noſtre reigle, que nous poſions maintenant ſi infaillible & univerſelle ; ou bien que, tout ainſy que la nature meſme, ores qu'elle ſoyt noftre vraye mère s'eft efbatüe néantmoins à nous produirè parfois de maulvoifes herbes, mais utiles, felon qu'elles font bien ou mal compofées; qu'auffy le iufte & légitime Prince, a encores comme le bon Médecin des remèdes extraordinaires, aufquels pour l'importance & urgence des cas, il eft contrainct aucunes fois d'avoir recours. Mais ces remèdes font d'autant plus douteux, que ceux du Médecin, que fi ceftuy-cy en ufe hors de faifon, il ne met que fon patient au hafard; où le Prince s'y embrouille le plus fouvent foy-mefme; & au lieu de fe tirer & defvelopper d'affaires, il s'y plonge & empeftre plus fort. Traittons donc déformais de ce propos à la manière que PLINE dict, que ceux qui veulent parler des poifons, des enchantemens, des breuvaiges à induire amour ou hayne, ou pour avortemens, doivent parler ou encore, comme les Théologiens traittent des héréfies, fçavoir eft, pour nous en donner de garde, pluftoft que pour en ufer comme dè préfervatif ou d'antidote.

17. — Que les Iuges subiects aux loix ne peuvent obmettre les formes.

Quant aux Iuges ils ne peuvent jamais obmettre les formes. Ils peuvent bien paffer aucunes fois pardeffus quelque formalité, comme par deffus appellations ou récufations frivolles:

Iuger à autres heures et lieux que de couftume,
s'il eft queftion (ainfi que dict ULPIAN) d'appaifer
quelque sédition & émotion dangereufe, ou
pour autre néceffité urgente qui peut s'offrir.
Mais de ne garder forme quelconque, bien que
le criefme fuft faict en fa préfence, & tenant
fon fiège de iuge, fubiect aux loix, ne le peut
faire; il usurperoit la puiffance, maiefté, &
auctorité Royalle. Il feroit plus que celuy, lequel de fimple Quefteur ou Ædile Romain,
s'attribuoit les haches et maffes du Conful ou
du Dictateur. Brief, il commettroit criefme de
Lèze-Majefté, suivant la loy de PUBLICOLA &
du jeune GRACQUE.

Certes les Magiftrats & Officiers d'une Démocratie ou Ariftocratie, ont bien quelque plus
grande puiffance, parce que du temps qu'ils
font en Eftat, toute la maiefté et auctorité de
leur République réfide en eux aucunement.
Mais fi néantmoins nous ne trouvons point,
foit à Rome, foit à l'ancienne Grèce, que quelques grans Magiftrats qu'ils euffent, ayent iamais eu cette faculté & auctorité de punir fans
ouyr, (sinon que pour un temps, la République
fe fuft defmife & remife du tout entre leurs
mains; comme quant à Rome ils nommoient
un Dictateur, ou que le Sénat adiouftoit cefte
claufe aux Confuls, *videant ne quid detrimenti Ref-
publica capiat*, car en ce cas là ils tenoient lang

et lieu de Princes fouverains) ceux d'une Monarchie le pourroient-ils faire qui branflent tous fous le clin et ordonnance d'un feul? Les Parlemens mefme, les Gouverneurs & Lieutenans des Roys ne peuvent donner pardons ny remiffion; comment pourroient-ils condamner ou exécuter fans ouyr. Que fi un Vice-roy les peut donner, ce n'eft toutes fois qu'avec cognoiffance de caufe & ainfy que les Roys les donnent & octroyent à l'ordinaire.

18. — Des absolutions sans cognoissance de cause.

Il y a plus d'iniuftice à abfoudre fans cognoiffance de caufe qu'à condamner. Car en quelque façon que la punition foit faite, y ayant eu lieu & matière de chaftiement, elle n'eft iniufte que pour la forme. Mais à abfoudre fans audience, que la perfonne foit coulpable ou innocente il y a perpétuellement de l'iniuftice. S'il eft coulpable, de l'abfoudre fi innocent, parce que l'honneur ayant efté une fois accufé à tort ou à droiĉt, n'eft jamais abfolument abfoult, s'il ne paffe par l'alambic, la touche & l'efpreuve des loix. Tant s'en faut que ce foit eftre innocent, vouloir eftre abfoult contre les formes : que c'eft façon & efpèce de tyrannie.

19. — Qu'il est néanmoins quelques fois nécessaire d'absoudre sans accuser.

Il eſt neantmoins quelquefois neceſſaire d'abſoudre ſans accuſer ; & ſe trouve qu'il s'eſt pratiqué & peut pratiquer · en pluſieurs endroiĉts. Le premier : ſi nous avons pour objeĉt une trop rare & trop excellente vertu. Le ſecond : une puiſſance trop grande & impoſſible à chaſtier, ſoit par la voye ordinaire, ſoit par la force. Il faut alors recourir à son contraire qui eſt d'abſoudre ou de reietter la faute ailleurs & (comme l'on diĉt en commun proverbe) *battre le chien devant le lyon.* Ceſte façon de procéder giſt en pluſieurs raiſons fort politiques. La première eſt de Caton en Tite-Live où il traiĉte de la Loy *Oppia.* Celuy qu'il eſt impoſſible de chaſtier, il eſt plus expédient (diĉt-il) de ne l'accuser poinĉt, que de l'abſoudre (il parle de l'abſolution formulaire), car il ne prendra iamais rien en payement qu'il ne ſe venge. Secondement, bien qu'on procède par accuſation, il y a des criefmes qu'on évite mieux par douceur que par cruauté ou ſévérité. Plus s'efchauffoit Auguſte à punir ceux qui conſpiroient contre luy, plus il s'en eſlevoit de nouveaux. La trop grande iniuſtice eſt odieuſe, & a eſté cauſe pluſieurs fois de grandes fortunes & calamitez à ceux qui en ont uſé.

Qui en eft caufe? C'eft que la Iuftice, comme toute vertu, gift en médiocrité. Si elle furpaffe, elle approche du vice.....Certes qui peut sauver la partie vitiée eft bien plus excellent médecin que celuy qui la couppe & fépare des autres. Or il y a bien plus (car véritablement autre chose eft pardonner, autre abfoudre), c'eft que comme il y a des malades aufquels c'eft croiftre le mal, que leur dire qu'ils font malades : & des corps fi cacochymes, qu'ils ne peuvent fouffrir de cure : auffi y en a-t-il (& tels font principalement les Grands), lefquels tant criminels foient-ils, fe rendent à la raifon, qui les loüe & diffimule leurs fautes. Les publie-t-on? Les penfe-t-on accufer? D'un défefpoir ils font pris : ils se précipitent & confondent tout auffy toft. Ils font comme la femme qui a une fois fourfaiét à fa pudicité. Tant que fa faute eft fecrette, & qu'elle fe fent bien venuë & eftimée entre les chaftes, la loüange & bonne opinion qu'on luy dira que tous ont d'elle, l'empefchera de paffer oultre. Au contraire, fi elle fe fent defcouverte elle perd la honte, & fait mefhuy gloire d'eftre impudique. Pardonner emporte coulpe : & abfoudre avec folennité, bien qu'il consolide la playe, laiffe la cicatrice. C'eft donc l'endroiét, pour obvier à cela, où la connivence, la diffimulation, ou l'abfolution fans procès eft profitable. C'est où il faut faire comme aux enfans : lors qu'ils meriteroient bien la verge on les louë, on leur donne des poires. Faire comme le rufé capitaine qui vient au devant par der-rière, & l'ennemy qu'il ne peut avoir de front l'a par les flancs. Quel interest y a-t-il, par quelle voye (moyennant qu'honneste) le Prince ou le souverain magistrat remette son subiect & son citoyen en beau chemin.

20.— Des traittez de paix et abolitions générales.

Il est encore souvent politique d'absoudre fans cognoissance de caufe par des traictez de paix & accords d'entre les Princes & nations. Tout ce qui est utile pour éviter les guerres ci-viles & externes est toufiours tenu & estimé pour iuste. Mais il n'y a que le Prince ou celuy lequel en autre gouvernement a la souveraineté par devers luy, qui puisse ufer de ces amni-sties.

21. — Le Prince peut donner la vie sans conseil, non pas la mort.

Le Prince peut profiter feul, donner la vie, pardonner & absoudre (car quel est celuy qui s'opposeroit à la benignité & humanité?) mais il ne peut nuire, iuger à mort fans confeil : faut que ce foit les opinions prifes & avec les folennitez iugées néceffaires. Il n'y a point de danger à pardonner : & s'il y en a, tout est en fon entier pour en difpofer autrement s'il eft requis. Mais après l'exécution la penitence n'a plus de lieu... Et véritablement qui enlèveroit cefte puiffance au Souverain, il le defpouilleroit de la plus belle fleur de fa couronne, de ce que en quoy on remarque plus fa Souveraineté & Principauté. C'eft aux Loix à eftre févères & infléchibles : au Prince à les combattre de clémence, de piété & humanité. Mais le Prince n'en doit ufer qu'en cas de néceffité. Quant aux cas ordinaires, ils doibvent marcher felon leurs reigles & les abolitions, gràces, pardons & remiffions eftre remifes (comme elles font) foubs cefte claufe, *s'il vous appert*. Que si le Prince veut paffer oultre & que fe foyent perfonnes recommandables, la façon eft, qu'il laiffe faire fes iuges iufques.à la prononciation de leur iugement, ou immédiatement après. Il pourra alors addoucir la peine publique ou la remettre.

LIVRE SECOND

PREMIERE PARTIE.

FORMALITÉS INDIFFÉRENTES.

1. — Que la Iustice gist en formalitez.

Nous avons fait iufqu'icy, comme les bons Maiftres de monnoye & bons Muficiens, lefquels traictent par accident, ce que c'eft que faux ton, & faulfe monnoye, adfin d'apprendre à mieux cognoiftre (ce dict PLINE) les bons accords, & le bon or. Venons donc à difcourir maintenant tout au long de l'ancienne, iufte & légitime inftruction : après avoir dict de celle qui eft véritablement plus anomale que régulière. C'eft ores que nous verrons à l'œil & quafi face à face, la Iuftice mefme : & qu'en combattant

---

(1) Ce livre eft précédé, dans l'édition de 1588, d'une dédicace à Meffire Auguftin de Thou, chevalier, feigneur d'Arnonville et Chanceuille, Confeiller du Roy en fon Confeil d'Etat, & Préfident de la Cour du Parlement, datée d'Angers le 2 octobre 1587.

3

pour des formalitez & cérimonies, fera pour elle, & pour ce en quoy elle confifte, le plus, que nous efpacirons & éguayrons maintenant. Car l'ombre ñe peut point eftre tant fans le cors, ny le feu fans fumée, que la Iuftice fans les formalitez & myftères. Qui plus eft : pour ne pouvoir eftre une chofe fans l'autre il ne s'enfuit pas touteffois que la forme (pour exemple) foit la matière : l'ombre, le cors : ou le feu, la fumée. Sont chofes diverfes, lefquelles bien qu'elles foïent inféparables, fe diftinguent & confidèrent à part bien aifément. Mais en la Iuftice, nous pouvons prefque affirmer & plus dire qu'au premier livre, que la formalité & folennité de l'acte; c'eft la Iuftice, & non' pas l'Acte. De mefme que la Géométrie n'eft pas la reigle ny la mefure ; que l'Arithmétique n'eft pas le nombre ; mais l'art de compter & mefurer ; auffy la Juftice, n'eft pas la formalité & cérimonie, mais la fcience d'apporter à toutes négotiations humaines vraye forme, folennité &· formalité légitime : l'art de les rendre non feulement bonnes & proffitables, mais iuftes, c'eft-à-dire valables & telles qu'elles ne puiffent eftre caffées ny annullées. Comme quoy ? Tout acte d'hoftilité, c'eft bien guerre, non brigandage, que le Féciale avait folennellement & légitimementdénoncée. La conionction de l'homme & de la femme, oftez les folennitez dés efpoufailles, c'eft proftitution, non mariage.

2. — Tesmoin et partie.

Brief, (car au premier livre nous avons ià re-
mué cette pierre) nous répèterons que la Iuſtice
giſt tellement ès formalitez, ou y eſt lyée &
attachée ſi eſtroictement, que ny par effect, ny
par imagination & intelligence nous ne la pouvons voir ne conſidérer ſans ſes formes, non
plus que l'ordre ſans diſpoſition, la règle ſans
ligne, la lueur ſans clarté; de façon que ce n'eſt
pas mal dict encore un coup que la Iuſtice ſoit
ce dont elle eſt compoſée, c'eſt-à-dire qu'elle ne
ſoit rien que l'ordre meſme.

Il s'enſuit que le Traitté de l'inſtruction où
nous entrons maintenant, puiſque la Iuſtice y
conſiſte, n'eſt pas de choſes vaines & légères. Si
le fons & la matière plaiſt plus aux autres, nous
traittons néantmoins d'affaire, ſans laquelle il
n'y a au procès ne fons ne rive, & qui se trouvera peut-être plus difficile que queſtion qui
ſoit ès crimes.

3. — De quelles formalitez veut traicter l'auteur.

Touteſfois à ce qu'on ne nous appelle pas
formaliſte, — & comme ſi en diſputant des
Eſtoiles, nous ne vouluſſions pas arreſter aux
douze Signes, mais les nombrer & ſpécifier
toutes, auſſi qu'en diſputant des formalitez on
ne die pas que nous vous veuillions ennuyer

d'un tas qui font véritablement frivolles & de
néant.

4. — Formalitez ridicules.

Nous laifferons aux petites Pratiques &
Stilz qui courent, ces queftions inutiles : fi l'adiournement faiᵈ fans commiffion, la capture
fans *pareatis*, l'audition hors le délay, le Iugement en papier ou en parchemin, fcellé, ou non
fcellé, eft vallable, & telz autres menuz fuf-
frages, lefquels bien fouvent gaftent la Iuftice,
comme trop d'agiots & de baife-main, la Piété.
Nous le couperons encores en cela bien plus
court.

5. — Distinctions des formalitez.

Car fi la diftinᶜtion que nous voulons donner
aux formalitez eft bonne, fçavoir eft, qu'elles
font toutes néceffaires ou indifférentes. Néceffaires, c'eft á dire que nulle nation en procédant
iudiciairement n'a admifes ; fans les quelles
l'inftruction eft du tout nulle & aufquelles les
Parties mefme ne peuvent bonnement renoncer,
tant s'en faut qu'elles foyent en la difcrétion
& arbitration du juge. Indifférentes, celles dont
l'obfervation eft muable, que les Loix, les Iuges & les Parties peuvent changer ou obmettre, limiter ou eftendre ; parce que le difcours
mefme de celles cy feroit vague, incertain &

indéfini. Noftre intention n'eft pas encores d'y
infifter. Le labeur en seroit d'ailleurs infruc-
tueux.

6. — Exemple de formalitez indifférentes.

Car il n'importe rien pour la validité ou invalidité l'inftruction en foy, fi ce font les Parties qui la font ou les Iuges ; & au cas que ce
foyent les Iuges qui la doivent faire (comme
aujourd'huy) fi un seul, qui y fera commis, la
fera, ou deux enfemble ; fi ce fera en fecret ou
à huys ouvert ; fi l'accufé tiendra prifon ou non ;
s'il fe défendra par fa bouche ou par Advocatz ;
fi ce fera luy qui fera venir fes tefmoings ou
les Gens du Roy ; fi l'appel & récufation aura
lieu, & ainfy des autres : ce font tous poinéts
qui dépendent ou de l'Eftat, ou de la qualité
des perfonnes, ou de la circonftance des criefmes ou de la Loy & du ftile qui eft auiourd'huy,
& demain non. En Démocratie ou Ariftocratie
il eft certain (diét DÉMOSTHÈNES contre Timo-
cratès) que les formalitez y font plus douces.
En Monarchies, au contraire, les emprifonne-
mens, les deffenses d'inftruire les accusez, les
tortures, les exécutions de mort plus ordinaires.

7. — Délais arbitraires.

Mais en quelque Gouvernement que ce foit,

et quelque Loix & Ordonnances qui puiffent eftre qu'y a-t-il plus indifférent & plus en la faculté & puiffance des Iuges que les delaiz & affignations pour plaider?

Ces délaiz eftoient arbitraires à Rome & fe mefuroient felon que les preuves font efloygnées ou à main; felon que les Parties reculent ou preffent, que les criefmes méritent l'Exemple, & que les Iuges mefmes font lents ou expéditifs. Qui recule ou advance l'inftruction, il gafte bien ou conferve les preuves; il traicte doulcement ou rigoureufement l'accufé; mais de foy, briefve ou longue qu'elle puiffe eftre, elle eft auffi jufte ou entière à ung délay qu'avec cent : tout ainfi le moindre vafe eft autant vafe que le plus ample, & le foulier du iofne enffant autant foulier que le cothurne.

8. — Formalitez indifférentes arbitraires aux parties.

Si telles formalités font arbitraires aux iuges elles le font pareillement aux Parties. Les Parties pouvoient renoncer aux fortitions & fubfortitions, aux ampliations & compérendinations, pouvoient *de fuis horis remittere*. Ainfi la propofition ne feroit pas bonne en général, de dire qu'il y auroit faulte en l'inftruction, fi tellés ou telles circonftances n'y eftoient.

puis qu'elles fe peuvent obmettre, changer &
altérer comme nous difons, & perdrions l'huile
& le temps à penfer les rédiger en art & méthode. Il faut en fomme les obferver autant
que la Loy et le ftile y eft : tantoft d'une façon,
tantoft de l'autre. Laiffons les doncques auffi,
ou fi nous venons d'aventurer à en traicter, ce
fera çà & là, les entremeflant parmi les néceffaires, comme parlant des thèses on vient quelques fois aux efpèces & individuz.

**9. — L'ignorance de l'Inftruction préludiciable
aux parties et aux luges.**

La cognoiffance de l'Inftruction eft néceffaire
aux Parties & aux Iuges. Aux Parties, parce
que quelques fois le défaut d'une feule formalité fait perdre leur caufe. Aux Iuges, parce
que l'obmiffion peut eftre telle que leurs eftats
et leur honneur y foient couchez. C'eft circonvenir l'accufé que d'agir contre luy *novo & inu-
fitato iure.* Celuy qui préfide refpond ordinairement plus de telles fautes.

**10. — Des inthimations et adiournements baillez
aux luges.**

Chofe bien à confidérer quand on prend le
Iuge à partie, & qu'on ordonne qu'il compa-
raiftra, fçavoir eft, fi avec le défaut de folennité qui y pourroit eftre il y auroit de la mal-
verfation & de l'abus. Car fans cela, il faut

diftinguer les frivolles formalitez d'avec les néceffaires. En celles cy il n'y a point d'excufe ; en
en celles là bien fouvent.

11.— Huict formalitez néressaires à l'instruction.

Huiĉt formalitez font néceffaires en l'inftruction : qu'il y ait criefme, iuge pour en cognoiftre, accufateur & accufé, preuve, audience, iugement & exécution d'iceluy.

Des délateurs, ainfy que nous les prenons
maintenant, nous n'en parlerons point icy, car
ils font comme Partie, ils font les fraiz & ont
condamnation & adiudication de dépens. Paffons donc oultre.

12. — Du plaintif.

Le plaintif, bien qu'il ait intéreft pour le tort
qu'il a receu, toutes fois s'il demeure ès termes
de fa feule plainte, il eft certain qu'on ne le
peut prendre pour accufateur. Et néantmoins
fur fa plainte fe fera & dreffera ung procès
criminel, qui apportera punition ou abfolution
exemplaire ; tout auffi bien que s'il y avoit Partie formelle. Autre chofe eft faire fa plainte,
autre accufer, il s'enfuit qu'ores qu'il y ait
plaintif ou dénonciateur il n'y a point néantmoins d'accufateur. Il n'eft point néceffaire
pour la forme qu'il y ait partie au criminel.
Les accufations fans accufateur font accufa-

tions d'office, efquelles ou la commune renommée, ou la clameur populaire, ou la République
eft tenuë pour demandereffe et accufatrice, &
pour Iuge le magiftrat. Auffy l'excufe que fe
donnent des Iuges de laiffer plufieurs criefmes impuniz, difant qu'ils n'ont point efté requis ne interpellez de leur charge par Partie du
Procureur du Roy, & que fi on leur euft amené
des tefmoings ils y euffent vacqué bien volontiers, c'eft une excufe de pareffe, de connivance
& de peu de zèle au public, car ils peuvent
d'eux-mefmes (s'ils font obéis) ce qu'ils défi-
rent et attendent d'autruy.

**13. — Raison pour quoy le Iuge peut faire office
d'accusateur.**

Nous difons que quand à femblable le Iuge
feroit accufateur, il n'y auroit rien d'abfurde.
C'eft qu'en la perfonne publicque, on confidère
un intéreft qui le concerne comme bail & garde,
tuteur et protecteur de la chofe publicque, non
pas comme particulier; de forte que quelque
pourfuite qu'il faffe à caufe de son Eftat, il eft
eftimé la faire en la caufe d'autruy, non en la
fienne.

Mais laiffons là ce paradoxe & revenons à la
divifion des formalitez néceffaires.

DEUXIEME PARTIE.

DU CRIME.

4.4 — La différence du crime public d'avec le privé.

Nous avons mis le criefme au premier rang,
parce que s'il n'y en avoit point, il ne faudroit
ne Loix ne Magiftrats. A Rome il n'y eut Loy
des empoifonnemens, à Athènes des parricides,
à Lacédemone des adultères, finon lors qu'on
vit premièrement naître ces criefmes et s'efle-
ver parmi eux. Car quand nous difons qu'il faut
qu'il y ait criefme, nous n'entendons pas que
véritablement qu'il foit, mais qu'il y ait criefme
allégué & mis fus, ou chofe qu'on y impute &
attribue. Car il fe peut faire que l'accufé foit
innocent quelque grande fufpicion qu'il y euft
au commencement contre luy, comme les vef-
tales Porthumia et Minutia, lefquelles eftant
innocentes, furent accufées d'incefte, pource
qu'elles s'habillaient trop fomptueufement &
trop mignonnement.

En France ce n'est pas comme à Rome, où
les criefmes publics eftoient diftinéts des criefmes privés & fe iugeaient différemment : le

Iuge & magistrat criminel est fondé de iuger
des publiques & privées accusations; brief de
cognoistre & prononcer de tous criesmes, de
façon qu'il se pourroit aucunes fois bien mes-
prendre.

Tout ce que nous avons de différence entre les
privées & publiques accusations est que qui pro-
céderoit extraordinairement, c'est à dire par ré-
colement ou confrontation, pour iniure verbale,
ou qui ordonneroit la prison pour simples excès,
il feroit reprins. Mais quant à tous criesmes
publics, voire mesme aux privez, s'ils excèdent
nostre procédure est toute pareille, on ne procède point pour le meurtre autrement que pour
l'adultère.

**15. — Toutes accusations publiques n'avoient pas
pareille instruction.**

Il n'en estoit pas ainsy à Rome où chaque
criesme avoit son Magistrat & ses solennitez
particulières.

16. — Du crime dépend la compétence du iuge.

Il falloit donc considérer de quels criesmes le
Iuge estoit fondé de congnoistre. En France il
n'y a point tant de difficultez ; car tous criesmes
publics se traittent d'une façon, & si entre les
privez & publics il n'y a rien bien différent que
la peine. Tel criesme privé se peut offrir, où la

prifon, le récollement & confrontation fera
auffi bien néceffaire, qu'en la plus griefve &
capitale accufation qui puiffe eftre. La plus
grande différence qui y eft c'eft qu'il y a criefmes
dont les plus inférieurs Iuges Royaux & les
Iuges des Barons, ne peuvent cognoiftre. Les
ordonnances les expriment. Et quant au Iuge
Préfidial, il cognoift d'aucuns cas fans appel ;
ès autres il y défère.

17. — Du cas privilégié en délict commun.

Venons à chofe plus profitable. Si le Preftre
eft auiourd'huy accufé ne faut-il pas pareillement confidérer quel criefme c'eft qu'on lui
impofe, s'il eft commun ou privilégié ? car felon
que le criefme eft, le preftre eft iufticiable du
Iuge d'Eglife, du Iuge Lay, ou de tous deux :
& tel qu'eft le délict, le procès s'inftruict tantoft
conioinctement, tantoft féparément. C'eft une
confidération particulière pour nous. Car entre
les Romains, à ce que le Pontife ou le Préteur
cogneuffent d'une accufation, on ne regardoit
pas le criefme, mais la perfonne.

Quand la Religion Chreftienne eft furvenüe
& que la Vérité qui eft en elle a permis que
l'Églife dict hardiment, qu'elle a fa iuridiction
de Dieu, non pas des hommes, & que pour la
mieux conferver elle s'eft donné cefte reigle,
qu'elle ne tuë & n'eftrangle perfonne, il a efté

néceffaire, quand les criefmes méritent la mort
ou plus grande peine que celle dont l'Eglife
n'eft pas capable, que le bras féculier s'y inter-
pofaft & que le Preftre, qui fe difpenfoit trop
des Loix civiles vint à eftre iurifdiciable des
deux puiffances de l'Eccléfiaftique & de la
Temporelle, ou de celle cy feulement, felon que
l'offence eftoit atroce, c'eft ce qu'oultre le criefme
Eccléfiaftic, qui n'a toufiours appartenu qu'à
l'Evefque, qui a apporté cefte diftinction de
délict commun ou privilégié : commun, dont
les deux iuges pourroyent cognoiftre féparément ou conioictement ; privilégié, dont le Iuge
royal et non autre. Et l'avons ainfy appelé
particulièrement en la France, d'autant que
par les privilèges de l'Églife Galicane les gens
d'Eglife en ce cas font iurifdiciables du Iuge
Lay.

TROISIÈME PARTIE.

DU JUGE.

18. — Pour quoy le luge est nécessaire.

Ce que nous défirons pour le fecond poinct des formalitez néceffaires, c'eft le Iuge, que nous avons mis en ce rang pour deux raifons. La première c'eft que fitoft que le criefme eft commis, le Iuge fans attendre Partie demandereffe ny accufée, peut & doilt procéder de luy-mefme à l'Inquifition & vérification du faict; lever le corps le voir & vifiter de fes playes, le recognoiftre, mander les plus proches parens, ordonner de la fépulture, décerner mandement pour informer, donner permiffion au Procureur du Roy de fe pourveoir par cenfures, ouyr tefmoings, faire rechercher ès lieux fufpects, décrèter, prendre & appréhender au corps & tels autres actes qui font pour le bien & le repos du public. La feconde, c'eft parce que le demandeur ne fçauroit à qui faire fa plainte, ny le coulpable, où eftre traitté & accufé, s'il n'y avoit préalablement Iuge & Magiftrat créé, par devant lequel cela fe fift & maniaft.

---

19. — Du prince qui usurpe auctorité publique.

Cefte perfonne eftoit & eft néceffaire à l'Inftruction, parce qu'il falloit qu'il y euft un tiers, auquel les Parties euffent recours : autrement la raifon qu'ils fe feroient eux-mefme ne feroit pas Iuftice mais rixe. Et néceffaire auffi que ce tiers fuft perfonne publique, car ce que le privé entreprendroit n'auroit point de tenue ny de validité : il n'obligeroit nullement les Parties. Ou ce feroit force & violence, non Iuftice ; feroit qui plus eft, efpèce d'ufurpation & tyrannie.

20. — Toutes perfonnes publiques ne peuvent pas être Iuges.

En matière criminelle la punition des mauvois appartient au public. Par quoy eft-il requis & néceffaire, que celuy qui l'a en main, foit en Eftat & charge publique : publique, dis je pour cet effect. Car tous officiers font perfonnes publiques, & fy tous n'ont pas puiffance & auctorité de iuger. Les Gouverneurs de nos Provinces font de ce rang. Ils ont l'Eftat, la police et les armes en main ; non pas la iuftice, ny les finances. Il ne feroit pas feur pour le Prince qu'un feul euft tout le pouvoir par devers luy. Et pour contenir tous ordres en amitié, & les concilier tous à foy, il faut à chacun d'eux faire part des charges & adminiftrations publiques.

21. — Iuge ordinaire ou délégué:

De là vient donc que la caufe n'eft tenue pour
conteftée, devant Iuge qui ne l'eft point ; que
le tefmoing fe defdict impunément de ce qu'il a
dépofé par devant le fergent, que les confeffions
& déclarations faictes hors iugement, & telles
autres chofes femblables. Or à ce Iuge doilt
eftre de robbe longue ou robbe courte, qui le
peut eftablir, & en conféquence, s'il appartient
au Roy feul d'avoir Iuftice criminelle en son
Royaume: quel doilt eftre ce Iuge, quel fon
office; noftre but n'eft pas icy de le traicter; ce
feroit, au lieu d'un petit & humble fubiect fa-
goté & lié aux formes entrer, en un théâtre trop
grand ; & de l'herbe menue que nous cerclons
venir aux maffes & haches des officiers. Pour
l'effect de noftre traicté, nous nous contenterons
d'un Iuge tel qu'il plaira à celuy qui y pour-
voit, le nom donner.

22. — Des commissions ou évocations.

Nous confidérerons feulement s'il eft ordinaire, ou délégué & à cefte occafion parlerons
des Commiffions, Evocations & Renvois de
fiège à fiège : non pas tant pour les diverfes
formalitez qu'ils peuvent avoir (car elles ne
font pas bien fort grandes) que par ce que la
punition ou impunité defpend fouvent de cefte

feule confidération, fi le Iuge eft ordinaire, ou commis quant à ce qu'il y va grandement du public, felon que fouvent, ou rarement on ufe de ces remèdes. Nous dirons premièrement ce feul poinct, qu'ils ont cela de commun, depuis qu'ils font eftabliz, que leur fonction eft nécef-fairè; c'eft-à-dire, qu'ils ne peuvent defnier iuftice qu'ils ne fe rendiffent coulpables.

23. — Des commissions extraordinaires.

A propos des commiffions extraordinaires obfervons que fi on change fouvent de chef dans la Iuftice, comme des armes, les occafions fe perdent, les deffeins, les entreprifes. Auffi en la Iuftice mefmement criminelle, rien ne la corrompt tant, luy ofte fa candeur, fa naïfveté & fimplicité, que le changement & remuement de fes officiers, les novations & altérations qu'on. y apporte. Comme une fleur trop maniée perd fon odeur & fa beauté, auffy la Iuftice menée & trotinée çà & là,.perd fa vérité & févérité exemplaire. Quand le fil d'une accufation eft défnouée & renouée bien fouvent, on en perd,.on en ou-blie le bout & le commencement. Cefte raifon, *à contrariis*, devroit faire ceffer en noftre France les mutations des Iuges & Iurifdictions qui s'y font puifque nous fommes tous perpétuels en nos charges. Secondement, s'il arrivoit que les parties fuffent perfonnes de fi grande eftofe, fi

riches & fi puiffans, que les Iuges ordinaires
n'euffent auctorité & gravité fuffifante pour eux,
les Romains commettoient l'un des plus graves
& anciens confulaires, parfois le mefme Conful,
quelques fois un Dictateur, c'est-à-dire des Iuges
defquels il n'y euft point d'appel, & qui fuffent
aftreintz aux folennitez & formalitez ordinaires.
Car véritablement le Iuge qui eft lyé & coufu
aux moindres formalitez & duquel y a appel
n'y eft pas propre... A l'exemple des Romains
font les Rétentions & Evocations dont ufent
les Cours Souveraines fur les Inférieures. A ceft
exemple ont efté ordonnés les GRANDS IOURS
dans les Provinces, pour fupployer à ce que
les Iuges des lieux qui ont les mains lyées de
récufations, appellations, préventions, incom-
pétences, & autres formalitez ne peuvent atteindre, & par deffus lefquelles, s'ils paffent
oultre, ils ont des Cours, Iuges & Parties, s'ils
y défèrent, *res amittuntur*. Mais le pis eft que où
le commandement & auctorité manque, rien ne
vient à effect. Le Iuge de province n'a plus à l'entour de luy, Affeffeurs, Procureur du Roy, Pré-
voft des Maréchaux, Greffiers, Advocats, Procureurs, Solliciteurs, Sergens ou Archers, que
pour contendre de parité. S'ils obéyffent, c'eft autant qu'il leur plaift, ou qu'ils y fentent prouffict. Veult il ufer de remonftrance, répréhenfion
ou Correction ? Injures, le miniftre récufe le

maiftre, appelle de luy, l'adiourne en réglement.
Le fecond Iuge nuist au premier; fi l'un empri-
fonne, l'autre eflargist; fi l'un faict défences,
l'autre les lève. Brief les Tribuns du peuple,
quorum munus erat intercedere, impedire, n'empef-
choient point tant les actions de ceux que bon leur
fembloit; que les Iuges s'entrenuifent & empefchent eux-mefmes. S'il s'offre doncques accufation de grands poids, comment eft-ce que le
Iuge ordinaire y fuffifoit parmy tant de rufes,
formalitez & empefchemens? il faut néceffairement que ceux qui ont la main fouveraine, s'y
entremettent aucunefois. Mais fi cela doilt eftre
pour attirer les Parties, & les tefmoings hors
leur reffort, ou pour eux-mefmes fe tranfporter
fur les lieux, & là adminiftrer la Iuftice, nous
en parlerons cy après. Suyvons noftre propos.
Si le criefme s'eftendoit plus loing, que le def-
troict & territoire du Iuge, & que pour la connexité il fuft requis que le tout ne fuft manié
que par un c'eftoit là une deftre occafion valable
& néceffaire, de mandier des remèdes non ac-
couftumez. Parfois auffi, les longueurs & formalitez de la Iuftice commune fe trouvoient
propres, & à propos pour efvanouir le délict;
lequel méritoit néantmoins célérité & févérité
plus grande, que celle qui eftoit contenue par
la Loy. Lors falloit-il auffi venir à nouveaux
remèdes, non point feulement pour changer de

Préteur, ou que le Sénat ou le Peuple retinffent
à foy la cognoiffance ; mais iufques à faire &
introduire autre Loy qui apportaft de la procédure ou formalité plus briefve, un Iugement
dernier, une poine plus rude & plus fanglante.
Finalement, fans que la République immuaft
rien foit du lieu, foit de la forme, foit des perfonnes, elle commettoit quelques fois les Iuges
ordinaires, non pas pour rien adioufter à leur
puiffance, mais pour les exciter de leur devoir,
& monftrer au peuple qu'elle avoit particulièrement foin du faiét. Ainfi eft-il des Iuges ordinaires de noftre temps. Encores que nous
foyons fondez de Iurifdiétion, touteffois quand
oultre cela nous fommes appuyez de Lettres
Patentes, d'arrefts, & mandemens aux Gouverneurs pour nous affifter & tenir main forte, nous
procédons bien avec plus de vertu, plus de févérité & d'Exemple. Les parties méfme fe donnent
garde d'y rapporter tant de rufes, tant de chicquaneries & de traverfes, dont ils font couftu-
miers d'ufer vers ceux aufquels ils portent peu
de refpeét. Telles commiffions s'appellent Lettres excitatives de Iurifdiction.

Sy avons nous les exemples de *Loys le Gros,
Loys le Piteux, Philippes Dieu-donné* & de *Philippes le Hardy*, nos braves Roys, lefquels eux-
mefmes ont veftu la cuiraffe pour purger les
Provinces de brigands & de voleurs. Ce n'eft

point affez de commettre à autruy, il faut quelques fois faire & entreprendre foy-mefme. Comme face d'homme faict vertu; et comme l'œil du maiftre, vaut avoine : auffi quand le premier & fouverain Iuge marche en païs, fon umbre feule faict iuftice. La feule commiffion de vacquer à la capture des malfaicteurs eft honorable.

Mais il faut une commiffion expreffe. Nous croyons donc qu'une des grandes parties de la formalité gift au Iuge, c'eft à dire de confidérer quelle qualité & auctorité il a, ordinaire ou extraordinaire, s'il eft fupérieur ou inférieur. Ofté cela, leurs formalitez & procédures font pareilles : fors qu'aux récufations on y remarque de la différence : fçavoir eft, que le Juge qui eft fur les lieux fe récufe en toutes les parties de la caufe (ce qui eft contre la Loy), quant au Commiffaire extraordinaire, qui le veut récufer, faut qu'il le face, non poinct feulement auparavant la caufe conteftée (qui eftoit la difpofition du Droict), mais auparavant qu'il fe foit acheminé fur les lieux. Cefte différence vuidée (en quoy on faict affez de fraudes) le commiffaire ne fe peut difpenfer d'ufer d'autres formalitez, que l'ordinaire, ou bien il faut que fa commiffion le porte par exprès.

24. — Renvois de siège à siège.

Et parce qu'en le faifant, telles voyes extraordinaires font odieufes, il ne fuffit pas entre nous que telles Lettres attributives de Iurifdiction ayent paffé par la Chancelerie, faut
qu'en forme d'autre Edict ou Ordonnance dé-
rogeante aux premières elles ayent efté veües
& vérifiées ès Cours Souveraines. Autrement
quelle confufion feroit-ce? quelles circonftances,
quelles furprifes? quelle ouverture aux Grands
d'avoir tels Iuges, ou plus toft tels exécuteurs
qu'il leur plairoit? de pouvoir diftraire & char-
roier les parties où ils voudroient? leur ofter à
tous propos la voye d'Appel? De faict telles
Lettres font deffendues par les Ordonnances de
tous nos Roys. Il fe faut donc bien garder que
la caufe d'octroyer Evocations & Lettres extraordinaires, foit pour accabler plus facilement un povre homme, & encores, non pour
purger les Provinces, mais les bources. Il n'y a
rien fi iniufte, ny qui rende l'Eftat tant odieux
s'il eft defià principalement fort malade.

Une caufe avons nous de ces Evocations &
commiffions Extraordinaires que n'avoient pas
les Anciens : c'eft le débat et contention de iurifdiction, qui eft couftumièrement entre les
Iuges. S'en voit-il une en toute l'hiftoire Ro-

maine ? Nous n'en dirons point davantage, car c'eſt l'infamie de noſtre ſiècle.

25. — Envoyer sur les lieux.

Or pour quelque cauſe que s'octroyent auiourd'huy telles Evocations & commiſſions, ce qu'il y a de plus abuſif & de plus dangereux, ce me ſemble, ſont les renvois qui ſe font de ſiège à ſiège, de Parlement à Parlement, et généralement de Cour à autre. Car en ce faiſant l'accuſé eſt traitté ailleurs qu'au lieu où il a délinqué, ou qu'au lieu de ſon domicile, choſe contraire à toutes Loix, dangereuſe & pernicieuſe tant pour la condamnation de l'innocent, que pour l'impunité, et eſchapatoire du malfaicteur. Il faudroit envoyer ſur les lieux faire & inſtruire le procés : ſinon que toute la province fuſt ſuſpecte, comme ſi le pays eſtoit Partie, ou que l'accès n'y fuſt pas ſeur.

Pourquoy eſt ce que pour l'exemple on remet les exécutions ſur les lieux, et que la recherche du crieſme, l'audition, inquiſition, l'ordre & forme iudiciaire, en laquelle il y a autant ou plus de terreur & d'exemple qu'en la peine ſe faict ailleurs ? Ne ſe doibt elle pas faire où ſont les preuves ? Pourquoy eſt ce que l'officier ira requérir iuſtice au loing ? Quant à l'accuſé, où ſe iuſtifiera-il mieux que dans la Province où il a ordinairement veſcu ?

De tranfporter les tefmoings hors de leur domicile il y a encores plus de danger. J'ay veu mener des tefmoings à Paris, là ou on ne faifoit le procés en première inftance à domicilier de ce reffort, & pour criefme que l'on difoit commis icy, les quels s'ils euffent efté ouys fur les lieux, la Partie mefme euft honte de s'en ayder. Mais venuz à Paris, pour circonvenir la relligion des Iuges & l'innocence de l'accufé, on les habilloit en marchands de crédit & en honneftes Dames & Damoifelles, au lieu que c'eftoient gueux & paillardes publiques.

Mais pourquoy tant de raifons puis que le Roy François I, par Edict donné à la Bourdaifière l'an 1529, quelques recufations qu'il y euft contre les Parlemens & autres Iuges défend les évocations en matières criminelles, ains veut que les Iuges foient commis fur les lieux ? parce que néantmoins on pratique tout le contraire & qu'on regarde à la commodité des Iuges, non des Parties.

26.— Des personnes privilégiées qui se traitaient par devant certains Iuges.

Il y a véritablement des perfonnes privilégiées, qui pour leur qualitez ne peuvent eftre traittées qu'au lieu de leur domicile ou que pardevant certains Iuges qui leur font ordonnez, euffent-ils failly & délinqué ailleurs ?

Ainfy le Confeiller de Cour Souveraine, voire même le Iuge de Province, ne fe peut accufer qu'en Parlement. Noftre Roy *Sainct Loys* le dict par exprès en l'Ordonnance que récite *Ioinville*, où après avoir dict de quelle peine il vouloit que fes Iuges & officiers, contrevenans à leurs fermens, fuffent puniz, il adioufte la punition des quels nos Baillifs, Prevofts, Iuges & autres Officiers, Nous refervons à Nous & à Noftre cognoiffance & à eux, de leurs inférieurs & fubiects. Que s'il y a de la vexation aux Parties, d'aller en ce cas là faire leurs plainctes au loing, elles font auffi tenuës d'autant plus véritables qu'avec plus de couft & plus de peine elles viennent aux oreilles du Prince ou de fes Cours. Que fi on veut dire qu'il y a auffi d'autant plus lieu & moyen de les calomnier, la formalité qui eft prefcrite à les accufer autre que non pas un privé & particulier y apportent bon & fuffifant remède.

27. — Si le Iuge est quelque chose hors de la province.

Hors les cas & les perfonnes privilégiées le Iuge ordinaire n'eft Iuge qu'en fa Province, ny d'autre cas que de celuy qui eft commis en fon reffort. Paffé iceluy, il eft bien vray qu'il n'a point de pouvoir : mais il n'eft pas néantmoins privé. Il tient rang & fraternife avec ceux les

5

quels en leurs Provinces font en pareille dignité & charge que luy. Il a féance & opinion
avec eux. Quant au criefme le lieu en rend le
Iuge tellement compétent, qu'il dépend bien
fouvent d'iceluy fi c'eft criefme ou ne l'eft pas.
Une mefme chofe eft quelquefois criefme en un
lieu et en l'autre non.

28. — Qui est le Iuge de l'un, s'il l'est de tous ses complices.

Il fe faict bien toutes foys par accumulation
que le Iuge eftant fondé de cognoiftre d'un
criefme, il l'eft par conféquence des autres qu'on
va amener & rechercher, mais ce font occafions
incidentes, comme oultre celle-là, qui eft Iuge
d'un accufé, l'eft par conféquent des complices,
finon qu'ils fuffent de telle qualité que natu-
rellement il n'en peuft cognoiftre. Tout Iuge
doibt confidérer d'abord s'il eft réellement Iuge.

29. — Des récusations.

Ces chofes vuidées comme préludes, pofons
maintenant noftre Iuge en son fiége, eftabliffons
le en fa Province, & ne lui préfentons Partie ny
matière que celle dont il foit Iuge. Voyons fi à
l'inftant qu'il eft preft de faire fa charge, on luy
peut couper chemin, luy brider fa puiffance, le
renvoyer comme privé & particulier en fa mai-

fon & luy dire : Ie vous récufe : s'il peut nonobftant paffer oultre & iufques où. Si fon
pouvoir s'eftendoit là de le faire, nonobftant
oppofitions, appellations & récufations quelconques : fi cefte claufe feroit valable, & de
faict paffant oultre, s'il pefcheroit en l'Inftruction.
C'eft bien le poinct auiourd'hui lequel nous
gafte, & anéantift plus la Iuftice, car certes il
n'eft maintenant Iuge que celuy qui plaift aux
Parties, ou à leurs Procureurs et Advocats, &
n'y a criefme tant énorme, ne preuve fi manifefte, qui n'efchappe & ne fe perde par ce
moyen. Et toutes fois, d'un autre cofté, il n'y a
rien de fi naturel que d'éviter un Iuge fufpect.
Iniquitas Quæfitoris (dict AMMIEN) *omni crimine gra-
vior eft.* Il eft donc bien néceffaire que nous re-
prenions cefte queftion de plus haut, & que l'u-
tilité d'içelle nous excufe, fi nous y fommes un
peu prolixes. Véritablement auffi, n'avons-
nous plus guère de formalité qui concerne fort
la perfonne du Iuge que celle-là. Parquoy pour
y commencer, il me femble que nous pouvons
dire affeurément que qui propofera pour
maxime que la récufation doibt eftre admife ou
reiettée au contraire faudra en l'une & en l'autre règle, c'est-à-dire, que, ny la première, ne
la feconde n'eft perpétuellement véritable. Car
fouftenez l'affirmative : pourquoy eft-ce donc
que les magiftrats ne fe récufoient point foit à

Rome, foit en la Grèce? Peut-on arguer ces peuples là d'iniuftice & iniquité en leurs Loix? Au contraire, pofez la négative, que vouloient dire les fortitions & fubfortitions? Pourquoy eft-ce que les Anciens (dict Cicéron) ne vouloient pas qu'homme quelconque iugeaft du moindre faict & négoce d'autruy, s'il n'eftoit agréable aux Parties, c'eft-à-dire s'ils n'en avoient préalablement convenu? Il eft vray qu'elle n'avoit pas lieu contre tous, ny entre toutes caufes.

30. — Le Prince ne se peut récuser.

Premièrement, il eft certain que la fouveraineté eft, c'eft-à-dire, fi le Peuple en Démocratie, le Sénat en Ariftocratie, ou le Prince en Royaume entreprennent eux mefmes en cognoiffance, les récufations n'ont point de lieu. Ce feroit diminuer tout l'Eftat que d'ofter par récufation l'autorité & la puiffance où elle eft : Puifqu'il n'y a aucun par deffus le Prince, luy récufé, à qui eft-ce que les Parties auroient recours? Il n'eft pas licite par mefme raifon, d'appeler de luy, *cum ipfe fit qui pronocetur*, dict Ulpien.

Nous avons bien dict en devant, qu'il eft meilleur que le Prince laiffe faire fes Iuges. Mais s'il y vouloit eftre en perfonne, & qu'il fuft mefme expédient quelques fois, pour la grandeur de la matière (comme quand le feu Roy François I, fift adiourner devant luy l'Empereur Charles V,

comme fon vaffal à caufe du Comté de Flandres,
il alla feoir en fon Parlement) ce feroit chofe
répugnante à fa Maiefté, qui luy diroit, Sire
oftez vous. Mais la cérémonie du Parlement eft
très belle. Car afin que l'opinion du Roy n'attire point les autres, le Chancelier, ou en son
abfence, le Premier Préfident va à luy feul puis
aux autres, fix à fix, comme on a de couftume,
et en fin rapporte au Roy l'advis de fon Parlement fuyvant lequel le Roy lui commande de
prononcer.

Qu'autre chofe eft eftre tefmoing, autre Iuge :
cela n'eft pas véritable en la perfonne du Prince,
car fa qualité n'eft iamais féparée de fes actions.
Sa feule parole c'eft vérité c'eft iugement. Soit
qu'il dépofe, il ne prefte point de ferment; il
n'eft point fubiect à reproches; ce n'eft iamais
luy qu'on confronte, mais la lecture de ce qu'il
a figné vaut confrontation. Soit qu'il iuge, on
ne le peut récufer. J'ay vu le procès du Chancelier *Poyet*, où le Roy fut examiné, tout cela y
eft obfervé foigneufement. Jamais le Prince ne
prefte ferment à fon fubiect que le iour de fon
facre, & aux eftrangers, que par procureur.

En France l'artifice eft de faire par récufations & reiections que quelque criefme qui foit
commis, il n'y a le plus fouvent en la Province
Iuge, Procureur du Roy, non pas Greffier ny
Huiffier, qui y puiffe rien faire, ordonner ny

exécuter. On récufe par nom & par furnom tout le fiège. Pendant que le Lieutenant Criminel & aprez luy tous les Confeillers font néceffitez de s'abftenir, qu'ils ont la langue & les mains lyées, le coulpable faict fes affaires il deftourne les preuves, ennuie l'accufateur, trouve moyen d'accorder ou pratiquer les Iuges. Quelle honte eft-ce! Quelle pitié que le magiftrat voye cela devant luy & qu'il n'y puiffe n'y ofe donner remède! Il faut avoir recours (dira-t-on) aux Cours Souveraines. Voilà qui eft bon. C'eft comme du malade qui gift au lict, s'il n'eft fecouru promptement, c'eft faict de luy. Mais pour le fecourir on laiffe le Médecin qui eft à fa porte, & va-t-on à cent lieues de là en guérir un plus fameux; lequel d'adventure il vient deux mois après la mort. Après la défaite vient le fecours.

34. — Remède pour les récusations d'auiourd'huy.

Si nous voulons tirer quelque remède aux récufations d'auiourd'huy il me femble (fous meilleur advis) que l'on devroit ordonner qu'ès préparatoires & provifions ordinaires brief en ce où ne l'une ny l'autre des parties ne peut eftre grévée ne intéreffée, en ce qu'il faut bien demander au iuge, mais dont on ne refufe perfonne, la récufation n'euft point de lieu. Que le chef fuft touiours iuge pour lever le corps, le faire voir et vifiter, donner commiffion pour

informer octroyer *pareatis*, compulſoires, mandemens pour adiourner les teſmoings, leur faire
taxe, donner permiſſion de ſe pourvoir par cenſures & monitions eccléſiaſtiques, faire eſlire domicile aux parties, leur donner acte de ce dont
ils conviennent & ſont d'accord; en cas de récuſation des autres Iuges, contraindre les parties d'en convenir; donner délay d'en informer
& ainſy de telles autres choſes qui ne dépendent que de la direction & ordre des iugemens.
Demander des iuges & en convenir, cela ſe peut
faire devant tous iuges, voire devant un notaire. Certes l'authorité du chef doict touiours
demeurer en quelques choſes : tout ainſi qu'au
navire, la puiſſance du Pilote ſe peut bien communiquer & départir quelques fois aux voitu-
riers les néceſſitez s'y préſentent ; mais d'abandonner la proue, il ne le doict iamais faire.

Quand l'acte eſt tellement volontaire, ſi commun, ſi indifférent, que la vérité ou la ſolennité d'iceluy ne ſe peut bonnement ny honneſtement révoquer en doute, pourquoy eſt-ce
que la récuſation y ſeroit à conſidérer. Quant
aux autres actes où les parties ſe peuvent trouver intéreſſées, qu'on ordonne que celuy qui
récuſe un des Iuges, par meſme requeſte con-
vienne de cinq ou ſix autres du meſme ſiége.
Qu'un ou deux de ceux-là, au choix de l'accuſateur, paſſent oultre, ſans eſpérance de les

pouvoir plus récufer, quelque fubterfuge ou
mentérie qu'on allégue. Quand ce fera au iugement, qu'il foit libre à chacune des deux parties
de fupplier (felon l'affluence du fiége) trois ou
cinq des Iuges qui reftent, autres que ceux qui
ont inftruict le procés, de s'abftenir, fans autrement dire pourquoy. Cela faict, que les autres
donnent iugement, s'ils font en nombre, finon
qu'au lieu des récufés les Parties en nomment
d'autres. Qu'à faute de le faire fur le champ, &
à l'inftant qu'on paffe oultre. Mais, en général,
qu'il foit dict, que le Iuge, qui fera parent proche ou allié des Parties, s'abftienne, fans attendre d'en eftre requis. Finalement qu'on défère à l'appel du iugement définitif, & que pour
iuger ces accufations criminelles, il y ait Iuges
tellement eftabliz, que les Parties ne foient
point vexées de faire charroyer les prifonniers tant de lieux. Qu'on reprenne pluftoft
les Loix anciennes que ne soit Iuge en fon
Pays. Certes, c'eft une honte & abus trop manifefte que la récufation apporte, que le Iuge
n'ayt pouvoir ni authorité en fa Province,
s'il ne plaift aux Parties, & plus encores,
qu'on en face de mefme aprez luy, & de degré
en degré, iufques au plus petit praticien qui s'y
trouve. Le nom de Prevoft, de Baillif, de Séné-
chal, ou leur Lieutenant, eft comme du foulier
ancien des comédiens, ains qu'il fervoit à tous

piés, auffi s'accomode-t-il à tôus Iuges. ·Quelle
façon eft-ce qu'un qui fe propofe d'eftre voleur,
ou faux monnoyeur, s'attaque au Iuge, lui face
un procés en nuѐ, à ce que s'il vient à tomber
en Iuftice, il le récufe, décline et fuye toufiours
fon auᴄtorité & fa puiffance? Et s'il vient nou-
vellement à délinquer, voire à fa face, foubz
ombre qu'auparavant & d'induftrie, il l'aura
récufé en toutes fes caufes, ou l'aura appellé en Réglement, que ce Iuge n'ofe informer, n'ofe rien faire? Qu'il ne le face pas : n'o-
fera-t-il oᴦdonner qu'il le face? Nous avons veu
requefte préfentée par tel, lequel, pour avoir
prins les Iuges à Partie en une caufe, demandoit que, quelque accufation qu'on luy peuft
mettre fus en la Province, les Iuges des lieux
n'en peuffent informer, ny rien faire à l'encontre de luy. Quelle audace! Quelle impudence!
Quelques procédures qui foient caffées, & ad-
nullées, l'informacion demeure, car c'eft le faiᴄt ;
et en tout événement les dépofitions dépendent
d'une répétition & récollement. Pourquoy donc
le Iuge n'informeroit-il? Et touteffois (comme il
a efté diᴄt) s'il fent que ce fuft contre ung qui
luy eft malveillant, & avec lequel il fuft notoirement en différend, laiffant à autruy cefte partie-là, d'informer, & l'information faiᴄte, de
décréter : pourquoy ne retiendra-t-il ce qui eft
imperii, ce qui eft de l'authorité du magiftrat,

fçavoir eft, d'enioindre au Procureur du Roy
d'informer, ordonner que par le premier Confeiller, ou Huiffier fur ce requis, fans en commettre un nommément, fera informé du faict
mis en avant : l'informacion faicte, fans la voir,
ne l'envoyera-il clofe à celuy & ceux qui font
aprez luy, ou à fes fupérieurs ? Si les Parties
entrent en récufation, ne les contraindra d'accepter Iuges ? Tout cela n'eft que faire fa charge
& d'un ftile commun à tous. *In Iure ordinario
nulla eft iniuria.* Le furplus *qui eft cognitionis*, le
laiffons faire à autre, lequel quand bien il le
commettroit, il ne tient rien de luy (car foit
Confeiller, ou Huiffier, il tient du Roy) ou le
faifant faire à celuy lequel aura efté convenu
par les Parties : qu'y a-t-il d'iniuftice à cela,
qu'y a-t-il d'inconvénient ? Car ce n'eft pas inconvénient admiffible de dire, on faict ce pendant mon procés : On congnoift ce pendant la
vérité : On me contrainct de me iuftifier : On
vérifie mon accufation : un autre diffimuleroit,
& vous, vous ordonnez qu'on informe, vous
faictes commandement aux Iuges : de s'affembler et faire droict. Quel inconvénient eft-ce au
contraire, que tel puiffe délinquer en un pays,
qu'il n'y ait Iuge en la Province qui n'en puiffe,
ou ofe s'en enquérir ? C'eft un grand fault donné
à la Iuftice, quelque nombre d'Officiers qui y
foit, quand le chef eft débufqué. En tous les au-

tres enfemble, il n'y a point tant de Maiesté,
d'authorité & de puiffance. Quand celuy-là n'y
eft plus, & qu'en la caufe qui eft à agiter, il eft
rendu comme privé, ou fe chevift facilement du
demourant, non pas qu'il y ait faulte en eux
d'induftrie & de prudence, mais de crédit. C'eft
comme la clef d'une voûte, oftée qu'elle eft,
quelque ligature qu'il y ait aux autres pierres,
elles cabrent bien aifément. S'il n'y a quelqu'un
pardeffus tous, duquel la puiffance demeure
toufiours, à tout le moins pour la direction &
ordre, à qui auront recours les Parties? Voilà
un accufé puiffant détenu prifonnier : il récufe
tous les Iuges & Advocatz. Cependant le demandeur a fes tefmoings qui les oyra? Ils s'en
veulent aller, qui les retiendra? Si le fergent
mefme n'ofe pas informer, donner adiournement, faire la capture, qui le contraindra? Il eft
bien certain qu'il faut avoir recours au Roy,
recours au Parlement. Mais cependant, il n'y a
donc point de Iuges au païs? Et puis que de-
viennent les preuves?

32. — Des récusations générales.

Ie n'ay peu paffer foubz filence les inconvéniens que nous voyons tous les iours. C'eft toutes foys pour le ftile ordinaire ce que nous avons
dict des récufations. Mais au furplus il eft certain
quele lieu, comme tout un païs, toute une

ville, tout un Roïaume, fe peut récufer en deux cas.

Le premier, s'il n'y a lieu de leur accès. Comme quoy? Pofez que l'accufé foit appellé à comparoir en terre d'ennemis ou par devant Seigneurs illégitimes. Il pourra en ce cas récufer par Procureur, voire mefprifer du tout de comparoir.

Le fecond cas eft, quand le païs ou toute la ville feroit Partie : lors il y a auffi iufte caufe & occafion de n'accepter Iuge qui foit natif & demourant au païs où le commun eft accufateur ou accufé.

33. — Si la perfonne du Iuge rend tout le fiége fufpect.

Tout lieu eft fufpect, de façon que les parties ne peuvent avoir Iuges des Lieux, ne le procez y eftre bien ny folennellement inftruict. Autre chofe feront, fi ce n'eftoit que quelque corps ou collége particulier. La Province ou la ville ne feroit pas pour cela récufable, car telz corps tiennent lieu & rang de privez.

Or prenons le cas où le Iuge que nous avons mis & eftabli en fon reffort ne foit aucunement fufpect. Les Parties attendent iuftice de luy. Où le trouveront-ils? peut-il les ouyr & expédier en tous lieux? peut-il pofer fa chaife & tenir l'Audience où il luy plaift?

34. — Du lieu.

Certes il y a de la formalité au lieu, de la formalité aux iours & heures, voire iufques aux ornemens, fuitte & accompagnement du Iuge, non pas premièrement, quant au lieu, que fon auctorité & puiffance ne s'eftende par tous endroitz, coins & recoins de fon reffort ; mais la Iuftice a fes lieux où principalement elle se diftribue. Pour n'infifter point en chofe trop vulgaire, il faut que ce lieu foit public. S'il doibt eftre couvert ou à l'air, c'eft chose indifférente ; mais il eft requis fecondement, que ce lieu foit le lieu des Maïeurs, c'eft-à-dire, ordonné & deftiné de tout temps pour y tenir Iuftice, ouyr & décider telles ou telles caufes civiles ou criminelles. Hors ces lieux, mefmement en privé, le Magiftrat y eft plus père de famille que Magiftrat. Toutes les autres functions de la République font peut-eftre menées & maniées d'autant mieux, qu'elles le font plus fecrettement & en privé. Mais la Iuftice, fi elle n'eft esleuë en son throne, fy, elle qui ne void goutte, n'eft veüe de tous, ce n'eft pas iuftice, c'eft coniuration ou monopole. Les Parties feroient autrement circonvenües, les affignations ne feroient pas certaines, on pourroit foupçonner beaucoup de chofes mauvoises, defquelles l'opinion à une perfonne Publique eft plus à éviter que l'effect.

Ƅ

Les Roys mefmes, à l'endroict defquels *ubi Regia, ubi Curia eft*, s'ils veulent faire en la Iuftice acte bien folempnel, ils viennent feoir, en leur Parlement. Ce néantmoins la néceffité peut apporter des exceptions. Comme quoy? la guerre, la pefte, les inondations peuvent eftre caufe de tranfporter ailleurs la Iurifdiction.

Et pour eviter à quelque fédition dangereufe on pourroit quelques foys affembler tumultuairement le Confeil & iuger au premier lieu, privé ou public, qui fe prefenteroit. Et puis il y a diftinction d'actes iudiciaires. Les uns, où la congnoiffance & conteftation eft requife, s'expédient néceffairement *pro Tribunali;* les autres *etiam de plano & à tranfeunte.* Mais furtout il faut éviter que le Iuge ne face rien en la maifon des Parties, de leurs Parents, Procureurs & Advocatz, fi ce n'eftoit qu'il y allaft faire quelque vifitation ou recherche contre eux. Eviter auffi, que ce ne foit en lieu auquel il ne fuft pas libre luy-mefme, foit de fa perfonne, foit pour pouvoir difpofer de ceux qui font par devant luy. I'ay veu decréter adiournement perfonnel contre des Iuges, lefquels eftoient allez ouyr des accufez en des chaffeaux, ou hors les villes, parce que s'ils fe fuffent préfentez comme ils devoyent, il euft fallu qu'ils euffent entré en prifon fermée.

Pour ces occafions le Iuge erre en l'Inftruc-

tion, fi en fes procés verbaux il n'employe le
liéu & la maifon où il a vacqué. Celà n'eft pas
eftrange que la circonftance du lieu apporte tant
à la folempnité de l'acte, le feul lieu faict quelques fois que c'eft criefme, ou que ce ne l'eft pas;
faict que la chofe foit facrée ou prophane: licite
ou illicite. Auffi au propos où nous fommes, il
faict qu'elle eft privée ou publique; folempnelle
ou illégitime.

35. — Des iours et heures.

Nous avons dict que l'heure, les iours & le
temps font pareillement confidérables, et que
le Iuge a bien à regarder, pour la forme, ce
qu'il faict à un moment ou à l'autre. Primes, il
eft certain que toute procédure qu'il feroit de
nuict feroit nulle. Si le Iuge interrogeoit l'accufé & luy confrontoit tefmoings en préfence de
l'exécuteur, les fers, la corde, le glaive, fur le
bureau, ce ne luy feroit pas plus d'horreur, plus
d'appréhenfion des tourmens & de la peine
auparavant la fentence que fy en pleine nuict
on le mandoit. Secondement, il y a des iours
fériez et non fériez, et entre les actions du Iuge
il y en a de différentes. Quant à l'interrogatoire,
audition, récoltement & confrontation de tefmoings, nous y vacquons mefmes aux feftes. Ce
qui appartient à la confervation publicque eft
reputé appartenir à la difcipline militaire, dict

ULPIEN, en la loy penultiefme *de feriis*, fi bien
que l'un et l'autre peut fe traicter à tous les
iours. Il y a plus : c'eſt que la fréquence des
criefmes a faict obmettre le fcrupule des anciens
chreſtiens, qui eſtoit de ne toucher aux criminels en carefme. Mais l'audience qui fe donne
aux parties, les iugemens & exécutions d'iceux,
ne fe font qu'aux heures & iours du Palais.
D'avantage, s'il eſt queſtion de iuger, & qu'il y
aille de peines corporelles, nous ne iugeons
point après difner, non plus que les anciens.
Les exécutions, au contraire, fe font toujours
après difner. Quant à entrer & fortir précife-
ment à certaine heure, cela regarde plus une
police & honneſteté publique qu'une formalité
néceſſaire. Par quoy fi on eſt fus les opinions,
on peut bien paſſer l'heure & eſt quelquefois
très requis.

36. — De l'habit et ornement du Iuge.

Mais quoy? eſt-il poſſible que l'ornement &
accouſtrement du Iuge apporte auſſi de la validité ou invalidité à fes actions? Ouy. C'eſt bien
à chaque Nation de l'habiller comme il luy
plaiſt, mais ceſt habit eſtant une fois ordonné,
le laiſſer, le changer ou l'outrepaſſer, vitie tellement l'acte que le Iuge meſme délinque griefvement en le faifant. De meſme s'il alloit en un
lieu honteux, en un berlan, avec fes maſſes,

ſes ornemens, ſes huiſſiers. Le magiſtrat ſe pourroit-il bien diſpenſer de ſes ornemens que ſes miniſtres ne le pourroient faire : & ſelon nos Ordonnances, l'exploiᴄt du ſergent, à la rigueur, feroit nul ſi le faiſant il n'avoit en main ſa verge & ſon enſeigne. Oultre la formalité c'eſt meſpriſer ſon eſtat ; ſe rendre vil, abaiſſer ou diminuer ſon honneur, rendre ſoy & ſa vacation contemptible, que de ſe repréſenter pour faire ſa charge, en habit & accouſtrement indécent.

37. — Du greffier.

Venons à la ſuitte de noſtre Iuge. Sera-t-il feul en ſon ſiège, ſans Greffiers, ſans Huiſſiers, ſans Miniſtres, ſans Aſſeſſeurs? Ce qu'il feroit n'auroit la forme & la figure d'un iugement. Que feroit-ce du corps, s'il n'avoit ſes parties & ceſte âme qui conduiᴄt tout? Or tout ainſi que ſi la main faiſoit l'office du pied, l'oreille des mains, feroit un monſtre ; auſſi le Iuge s'il n'avoit des greffiers et ſcribes ſoubz luy, & qu'il fiſt, par ce moyen, l'office de Iuge & de miniſtre conioinctement il peſcheroit ſi avant en la formalité qu'il tomberoit en pareille accuſation que celle que nous diſions maintenant pour l'habit. Y auroit-il rien de ſi indigne que celuy qui eſt propoſé pour ordonner, deſcendiſt de ſon ſiège, & ſe miſt près des Par-

ties, & de leurs Tefmoings & Advocatz, pour
efcrire leur dire, leurs depofitions & audition?
Que diroit on fi le Iuge ayant condamné un
homme au fouët, prenoit luy-mefme les ver-
ges? Oultre la vilité qui eft en la charge, & qui
feroit par conféquent malféante au Iuge (car
.AULU-GELLE rapporte que *facere fcriptum* eftoit au
contraire d'Athènes tenu à Rome pour chofe
peu libérale) il eft grandement requis, pour la foi
& fidélité de l'acte, qu'un dicte et l'autre efcrive,
qu'un ordonne et que l'autre foit gardien des
ordonnances. Si l'acte n'eftoit attefté que d'un
feul combien feroit-il aifé à falfifier? combien
difficile à souftenir, fi on accufoit le Iuge de
faux?

38. — Que le greffier ne doit pas être domestique du Iuge.

Or encores ne feroit-ce pas deux perfonnes,
ny perfonnes entières, fi ce fcribe ou ce Greffier eftoit ferviteur ou domeftique du Iuge. Ser-
viteur ne doict pas l'eftre, car bien qu'il foit au
nombre des Miniftres des officiers c'eft l'ordre
d'entre eux le plus honorable et auquel la fidélité
& intégrité eft plus requise. Domeftique, encore
moins car il eft comme fon controlleur.
Entre nous où les procès s'inftruifent à huys
clos, contre deux ou trois perfonnes et non plus,
il n'y auroit rien de fi dangereux que de n'avoir

que fon clerc ou fon valet pour greffier. Que dirons nous donc, fi le Iuge, en la préfence de fes greffiers ordinaires, & fans qu'il y euft caufe de récufation contre eux, requefte, inftance de partie quelconque, les délaiffoit, & en prenoit d'autres à difcrétion en volonté. Donneroit-il argument qu'il ne veut rien faire que iuftement? Et par aprez fi pour fouftenir ce qu'il avoit faict, il alloit feul verbalifer, comme Verrès, en feroit-il creu? Il me femble que non? La qualité des Iuges fouverains eft bien telle, qu'on ne doict rien préfumer pour leur regard qui ne foit fainct & digne d'eux? Si eft-ce que fi le Greffier eftoit toufiours perfonne publique, fuyvant *le décret d'Innocent III*, peut-eftre que les Parties en feroient plus contentes. Elles compulferoient plus facilement un Greffier, où de s'adreffer au Iuge, il eft bien long. Certes quand celuy qui a fait la Somme Ruralle (il eftoit confeiller en la Court) dict, que les Commiffaires d'icelle doivent prendre un clerc non fufpect aux Parties, il ne me famble pas vouloir permettre que ce Clerc fuft domeftique de l'un ou l'autre des Commiffaires. Seroit-il plus tolérable que fi les deux Commiffaires ou l'Adioinct eftoient parens?

Il y a diftinction du Iugement d'avec l'inftruction; & encores entre les iugemens, s'ils font diffinitifs ou préparatoires & diftinctions oultre cela, fi ce qui eft iugé diffinitivement eft chofe légère ou importante & finalement fi c'eft le corps qui prononce ou le chef. Il faut en tout cela fuyvre la prefcription telle qu'elle fera prefcripte par les Ordonnances. Comme il feroit ridicule qu'ès moindres appoinctemens ordinaires & légères matières, le Iuge fuft fi fcrupuleux, que de n'y ofer rien ordonner fans amas & convocation des gens de Conseil : & s'il diminueroit fon authorité, la liant à des formes non néceffaires ; auffi le diroit-on préfomptueux, fi en ce qui a poids & conféquence, il y mesprifoit l'advis & opinion d'autruy.

La feule façon dont les Iuges parlent monftre & enfeigne qu'ils ne doilvent rien faire ny ordonner feuls. Car le Sergent, le Greffier, le Notaire, brief tous Miniftres, parlent ainfi : J'ay adjourné, i'ay receu, i'ay paffé. Mais le Iuge parle en pluriel, & conioinct le paffé & le préfent, en ces termes : Avons dict & difons, Ordonne & Ordonnons ; pour monftrer que ce qu'il iuge, il l'a préiugé, & non luy feul, mais y appellant du Conseil.

QUATRIÈME PARTIE.

L'ACCUSATEUR.

39. — La Iustice doit être requise.

Notre fuyte eft maintenant de venir à l'accufateur. Car le délict & criefme commis, ce n'eft pas affez d'avoir inftalé un Iuge, auquel, comme à l'Autel ou à l'Ancre facrée on euft recours, fi nous ne voyons qui eft celuy, ou ceux qui fe viennent ietter à genoux devant luy & l'implorer de fon office. S'il entreprenoit quelque chofe de fon mouvement, nous avons dict que cela fembleroit extraordinaire, & que ce feroit une efpèce de paradoxe, de voir une accufation fans accufateur.

Mais le grand chemin & la voye la plus militaire eft que la Iuftice fe doilt demander : qu'il faut préfenter requefte au Iuge & le fupplier d'y faire droict. L'honneur de la Iuftice le veut ainfi & puis la fufpicion eft levée par ce moïen, car la requefte faicte, ce qui eft deformais ordonné par le Iuge, c'eft devoir & office, non point action volontaire & plaifir. Certainement qui s'ingère fe rend fufpect ; & comme la femme qui fe préfente pert fon honneur; auffi le Iuge

qui s'offre, devient mercenaire. Mais quoy ?
celuy mefme qui eft bleffé, s'il n'en demandoit
& pourfuyvoit iuftice, l'on diroit ou qu'il n'eft
pas à bon efcient offencé, ou qu'il a remis &
pardonné fon iniure, ou que mefprifant le Magiftrat il fe vouldroit faire raifon luy-mefme &
y procéder par voye de faict; qui feroit ung
autre criefme de fon cofté, autant ou plus pernicieux, que le premier, fi bien que qui s'ingé-
reroit de luy faire raifon, feroit ie ne fçay quoy
d'iniufte, rendre à autruy ce qui ne luy manque
point, ou qu'il a pardonné, ou dont il s'eft luy
mefme rendu indigne. Sy Démosthènes fuft
plaifant de refufer de prendre la caufe comme
Advocat, de celuy qui luy recitoit fon faict fi
froidement qu'il n'eftoit pas vray-femblable
qu'il euft reçeu les tors & excès qu'il rappor-
toit, mais quand il commença à crier & fe
douloir, il s'en chargea, croyant lors que ce
qu'il difoit eftoit véritable : dirions-nous la
Iuftice eftre bien employée là où celuy qui eft
offencé ne viendroit pas mefmes au Iuge dire la
playe qu'il a receüe? Celuy-là n'eft pas malade
ou eft du tout défefpéré, qui ne vient point au
Médecin. Et par tous les Édictz des Préteurs
anciens, nous y voyons, *Actionem dabo*, comme
voulant dire apertement : **Demandez la**, ie vous
l'octroyerai.

40. — Appel de deny de Iustice.

C'eft pourquoy vulgairement nous difons qu'on ne peut pas appeller du Iuge, comme de deny.de Iuftice, fi on ne faict apparoir, qu'après trois requeftes il ayt dilayé ou refufé la diftribuer. Finalement l'accufation manqueroit en fa forme fi elle défalloit d'accufateur. Il n'y auroit ne prix ne victoire au combat, s'il n'y avoit affaillant d'une part & tenant de l'autre.

41. — Accuser, mot général.

Or ce mot d'Accufer & d'Accufateur, fe peut prendre fort largement car donner advertiffement, fe plaindre, poftuler, déférer, dénoncer à Iuftice, c'eft accufer.

42. — Division des accusateurs.

Toute perfonne qui accufe (nous prenons ce mot en général) ou il accufe comme privé ou à raifon de fon office. Comme privé ou pour iniure qui le touche luy & les fiens ou l'eftranger. Et de rechef, ou pour iniure qu'il a foufferte, ou dont luy-mefme il eft complice & participant. Parlons premièrement du privé.

43. — Du plaintif.

Qui fe plaint du tort qu'il a receu, il faut néceffairement qu'il foit ou plaintif ou accufateur. Plaintif : s'il eft demouré ès termes d'une feule naîtation plaintifve, fans fe rendre Partie, fans demander délay d'informer, fans conclure à peine ou réparations aucune : brief, s'il fe rapporte à Iuftice ; pour l'intéreft public d'y faire ou ordonner ce qu'elle verra. Accufateur, s'il s'infcript, fournift de libelle, & faiƌ les folennitez dont nous parlerons en leur ordre.

44. — Le plaintif n'est pas délateur.

Or il y a tant de différence de l'un à l'autre ; & tout de mefme _inter querelam et accufationem_, que ce qui n'eft pas permis à l'accufateur l'eft au plaintif. Les enfans pouvoient bien fe plaindre de leurs pères & mères, les ferviteurs de leurs maiftres : les accufer non. On ne pouvoit point accufer le Magiftrat pendant fa charge ; faire plaintes & doléances à l'encontre de fa charge il fe pouvoit. On ne peut pas accufer un abfent, on s'en peut plaindre. Le plaintif peut eftre tefmoing, tant fans faut qu'il foit accufateur.

45. — Du délateur.

Mais quoy quand la plainƌe procède de criefme, peut elle eftre fi nüe, fi fimplement propofée, que nommer celuy qui nous a offencé, ce ne foit le déférer & arguer en Iuftice? conféquemment que tout plaintif ne foit Délateur ou accufateur? Il ne s'enfuyt pas car quiconque parle de fon intéreft n'eft iamais prins pour Délateur. Que fi pour faire fa plainéte on eftoit accufateur pour cela, ce feroit défendre aux hommes de fe douloir, ou bien les contraindre à fe rendre parties; en l'un, il y auroit de la tyrannie; en l'autre, de l'iniuftice.

Voyons ce qu'il peut y avoir de formalité en la perfonne du complaignant. Ie n'en fache point d'autre, finon qu'il faut qu'il vérifie par ferment ce qu'il diét, & qu'il peut eftre tenu non-feulement de faux temoignage, mais auffi de calomnie, car s'il n'eft pas proprement accufateur, il eft touteffois plus que tefmoing : ceftuy-cy parle du faiét d'autruy, en quoy bien fouvent on fe trompe : le plaintif, de fon faiét propre où l'ignorance n'a point d'excufe. Et bien que cefte plainte ne foit dilation, ne accufation, cependant qui la propofe doit en événement la fouftenir. Pour noftre regard, quand la plainte eft faiéte, c'eft au Procureur du Roy à l'embraffer, principalement s'il ne s'offre délateur ny accufateur. Parlons de celuy-là. Si le privé·met en avant l'iniure faiéte à autruy, il falloit anciennement qu'il fuft Délateur ou Accufateur. Ie dy anciennement car en France nous n'avons Accufateurs auiourd'huy que ceux qui ont intéreft particulier ou droiét par tranfport & ceffion de ceux-là. Tous autres font Délateurs.

Entre les Délateurs ceux-là eftoient les plus

pernicieux & approchant le plus d'une efpèce de trahifon, lefquels accufoient en fecret, déféroient les noms d'autruy & cachoient les leurs & dont la délation tacite eftoit en guyfe de libelle diffamatoire, c'eft-à-dire fans nom, fans autheur, fans caution. Si les embufches les plus dangereufes font celles dont on fe doubte le moins, telles accufations auffi font bien les plus mauvoifes, lefquelles paroiffent tout-à-coup & ne fçait-on d'où elles procèdent. Pour cefte occafion CONSTANTIN les défend très exprès. Et toutefois semble-t-il que nous avons principalement prins le nom de Délateur en cefte fignification, à voir le ftile dont nous ufons, qui eft de contraindre le Procureur du Roy de le nommer qu'en fin de caufe. Nous avons corrigé & addoucy en trois manières ce qu'il y avoit d'odieux & d'exécrable dans la délation. La première, quand nous avons ofté au Délateur la principale charge de l'accufation. Car ne nous fiant point en luy, & l'ayant perpétuellement à fufpeçt puifqu'il accufe fans intereft, nous difpofons autrement de la function du Procureur du Roy en fon endroiçt que de la vraye partie. Où il n'y a qu'un Délateur, le Procureur du Roy y eft principal demandeur & accufateur à la Délation d'un tel; où il y a Partie civile, cefte Partie est demandereffe et accufatrice, & le Procureur du Roy n'y eft que joinçt. Conféquemment, tout ainfi que les eaux qui paffent par l'Alembic, laiffent leur crudité et afpreté, aussi les preuves d'un Délateur, conduictes & dirigées par main tierce, perdent une grande gartie de leur mauvoife préfomption & fufpicion qu'elles ont de foy. Comme l'Advocat en plaidant, dict ce qui eft du faict & relaiffe les paffions de fon client, auffi le Procureur du Roy qui accufe à la délation d'autruy, préfente au Iuge ce qu'il voit partir d'une fincérité, & reiette & fupprime ce qu'il iuge & coignoift eftre trop affecté ; pour le moins le doibt-il faire. La trofiiéme & la plus grande, quand nous leur avons ofté tout prouffict & émolument d'accufer, foit prix, foit réparation honnorable ou profictable ; & au contraire, s'il y fuccombe, pratiquant en luy toutes les admendes, peines & condempnations d'un faux accufateur & calumniateur. Ce n'eft pas à dire qu'il ne demeure touiours quelque chofe defplaifante en la perfonne du Délateur. Car ce qu'on faict fans obligation, fans contrainte &, qui plus eft, fans douleur fe rapporte pluftoft de prime face à quelque intention finiftre qu'à zeile & affection de paix. Ie trouverois cefte qualité eftrange en la perfonne qui tiendroit quelque ranc, finon qu'il déféraft un auffi grand ou plus grand que luy. Car s'il adonnoit à délation à pourfuivre quelque povre homme, on eftime-

roit pluſtoſt qu'il abuſeroit pluſtoſt de ſa
puiſſance pour l'opprimer, qu'il apportaſt &
conferaſt rien de bien au public. Et qui feroit
auſſi trafic & marchandiſe de Délateur à tous
propos (Comme il s'eſt trouvé auiourd'huy une
invention de Délateurs Généraux et à gage des
Partiſans). Ie n'admettrois pas telles accuſations. Car il eſt impoſſible qu'il n'y ait en fin
de la malle façon, là où on recherche tant d'artifices : Iuges, Subſtituts, Greffiers, Délateurs
& Exécuteurs, tous extraordinaires.

46. — De l'accuſateur.

Venons en fin à noſtre iuſte & légitime adverfaire. Iuſques icy ceux qui ſe ſont préparez à
faire la guerre, leur intention a plus eſté d'ennuyer et faſcher l'ennemy que de venir à bon
eſcient au combat. Mais en voicy un maintenant qui ioue des mains en bataille rangée, qui
veut que ſa guerre & ſa victoire ſoient iuſtes :
qui, premier que de la commencer, envoye ſes
héraults, aſſigne iournée, dreſſe ſes compagnies, poſe avant-garde contre avant-garde,
envoye les pourvoyeurs, les gouiats commencer une ſorte de guerre, puis les chevaux
légers & aventuriers aller à l'eſcarmouche,
dreſſe bataille contre bataille, ſonne l'aſſault,
puis la retraicte, lequel finalement fait bonne
guerre & uſe de la fortune honneſtement. Pour-

quoy tant de termes de guerre ? Parce qu'à la
vérité entre l'un & l'autre adverfaire de Palais
ou de Guerre, toute la différence qui y eft n'eft
que des armes : à l'ung l'efpée, à l'autre les loix.
Or, pour continuer cefte comparaifon, ítout
qu'au faiçt des armes, aucuns les prennent pour
leurs querelles et différens propres : les autres
pour celles de leurs voifins, aliez & confédérez :
& parce que ces ennemis là font plus à craindre,
on s'en donne de garde premièrement : auffy,
puifque nous avons déià dict, qu'entre les vrais
accufateurs, les 'uns pourfuyvront l'iniure
qu'ils ont reçeuë, les autres celle d'autruy, il
femble qu'il fera plus féant de parler en premier lieu des parties civilles qui pourfuyvent
leur intereft : & puis nous traitterons des Officiers, lefquels à l'occafion de leurs charges
publiques prennent la caufe de ceux qui n'y
peuvent ou n'y veulent entendre. Car celuy qui
eft là principale partie, eft à mon advis, le premier & plus confidérable. Ie n'ignore pas que
l'opinion vulgaire ne foit : que le Procureur du
Roy en France, eft la partie principale? Mais
le contraire eft peut eftre plus véritable. Tou-
chons ce point cy en paffant, puis nous repren-
drons nos formalitez.

47. — Que la partie civile poursuit l'intérest public, non le sien seul.

Le Procureur du Roy a bien le droict de la vindicte publique, & çà esté sagement & humainement faict de l'avoir planté & subrogé au lieu de ceux, lesquels en Estat populaire, se mesloient d'accuser autruy sans intérest particulier qu'ils eussent. Mais oultre que nostre Loy est propre à la Monarchie, çà esté apporter une grande douceur à la société humaine que de remettre en une personne seule ce qui est simplement du public : oster toutes ces accusations populaires, & la licence vague & indéfinie de se rechercher & entremanger, sous prétexte d'un zelle qu'on doit avoir. Mais que pour cela la partie interessée n'y ait plus de droict : & iaçoit que les functions du Procureur du Roy lui servent beaucoup, que les siennes ne soient que secondes, et comme subsidiaires, c'est ce que ie n'admettrois pas fort aisément : la Partie civile que nous appelons, c'est le vray demandeur et accusateur : le Procureur du Roy n'est que ioinct. Il est vray que la comparaison n'est pas toute semblable : mais la Partie est telle qu'à Rome estoient les accusateurs. Le Procureur du Roy, tel que ceux *quos subscriptores appellabant. Hi, summissius agebant : illi, principes erant in agenda.* Or ne veux-ie pas seulement

dire que le privé aille devant le Fifc, & qu'eu
efgard aux réparations & amendes, l'un foit
mis en ordre premier que l'autre car cela eft
indubitable pour la partie. Et ne veux point
dire auffy que pour donner coup à ce que nous
difons, celuy foit la principale partie, qui accufe
avec plus d'animofité & de douleur : ne ce que dit
CICERO en fes livres *De Legibus: Non poffe graves
effe accufatores, nifi fint voluntarii:* confequem-
ment *ut vidua præficæ antefertur*, qu'auffi la Partie
offencée foit infailliblement préférable à celuy
qui n'en a que pitié ; car il n'y a point pareillement de-doubte, que la Partie civille ne l'emporte par ces raifons. Mais ie dy qu'à, la pourfuyte de la vindicte publique, elle y a le principal droicl & l'authorité la plus iufte. Elle a ce
nom d'Accufateur, qui luy faudra ofter, & ne
luy donner qualité que de Demandeur, s'il
n'avoit droicl de conclure à la vindicte publique,
car c'eft là d'où vient la différence entre Acllion
Accufation. Secondement encore que par
ufance, la partie qui a faicl fes preuves, ne
concluë pas précifément à telle ou à telle
peine exemplaire, fi eft-ce qu'elle conclut à
telle réparation publique qu'il plaira à la
Iuftice ordonner. Tiercement, telles que foyent
fes fins & conclufions, néantmoins fi l'accufé
n'eft condempné en peine digne du criefme,
quelque réparation proficlable qui luy ait efté

adiugée,'nous le recevons à en appeler *à minima*.
D'avantage, fi la partie demandereffe n'avoit
intereft en la punition que nous difons eftre la
Réparation publique : pourquoy pratiquerions-
nous de punir les coulpables au lieu où ils ont
délinqué, adfin que ce foit une confolation aux
parens? C'eft bien la Loy & et le Magiftrat qui
punift, qui exécute & exige les peines. Les
banniffemens & amendes honorables font
peines proprement inventées pour le contentement des familles, & néantmoins ce font peines
publiques, & peines qui touchent au corps. Il y
a plus, fi l'accufateur n'avoit droiaa que de pourfuyvre que fon intéreft pécuniaire, pourquoy
eft-ce, s'il fe trouvoit prévaricateur ou calom-
niateur, feroit-il fubiea felon l'exigence du cas,
à autres peines que pecuniaires ou profiaables?
Car ce feroit excéder le talion, punir corporellement celuy qui n'y conclud point. Et enfin
qui eft caufe que la partie civile eft recevable
par l'Ordonnance à demander que les Gens du
Roy ne voyent rien en fon procès, iufqu'à ce que
fes preuves foyent faiaes, & que tout foit en
Eftat, finon qu'il eft maiftre de la caufe & le
vray demandeur & accufateur? Y a-t-il raifon
que les Procureurs des Seigneurs qui ont Iustice, mais néantmoins tiengnent lieu de privez
puiffent conclure à réparation publique, & que
la vraye Partie n'y foit admiffible? Quoy qu'il

en foit cefte queftion n'eft pas infructueufe, car
d'elle dépend ce que nous demanderons cy après
fi l'intéreft de la Partie fe peut céder, & fi celuy
qui a une fois accufé, peut défifter de fa pourfuite. C'eft donc bien la raifon, puifque par
notre ufance mefme (quoy qu'on die du contraire) la partie civille eft le premier & le plus
certain accufateur (quand il n'y a que le Procureur du Roy il n'y a bien fouvent pas de
Partie) c'eft la raifon (dy-ie) que voulant
traicter de l'accufateur nous traitterons premièrement de la Partie civille, puis du Procureur
fifcal. Ceftuy-là eft affeurement direct, l'autre
utile.

48. — Ce que c'est qu'accuser.

Voyons premièrement ce que c'eft qu'accufer,
de là nous apprendrons à quoy eft teneu l'Accufateur. *Accufat qui in iudicio publico reprehendit,*
arguit. Le définiffant ainfy, nous féparons l'accufateur d'avec ces autres parties dont nous
avons difcouru cy devant. *Produnt atque indicant:*
fed non reprehendunt, neque arguunt. D'avantage,
arguit qui peragit. De façon que celuy qui per-
fifte, qui n'adminiftre témoings, ou qui collude,
n'accufe pas. Et puis: fi ce n'est *in judicio pu-*
blico, c'eft-à-dire, fi ce n'eft pas iuftice, & de
criefme public qu'il accufe: ce n'eft proprement
ne accufer, ne accufation, ny accufateur. Et de

faict les Livres de nos Iuriſcpnſultes, le Tiltre *De accuſalionibus*, n'eſt pas mis pour préface aux criefmes privez, mais aux publics ; & qui plus eſt les offences privées ne s'appellent pas criefmes, mais delictz. Il femble touteffois qu'il défaut encores quelque chofe à notre définition. Car l'Advocat qui parle pour la partie deman-dereffe, *arguit, reprehendit in iudicio publico*, & le faict plus que la partie mefme. Et à la vérité il femble que ces mots : *reus, litigator* ou *adverſa-rius*, eſtoient plus propre à la partie que le mot d'accuſateur.

49. — Des formalitez devant l'accusation et pendant icelle.

En étudiant les formalitez, requifes à Rome en l'accufateur, nous fommes forcés de conf-tater la douceur & humanité des Romains au pris de la rigueur & apreffe de nos procé-dures. Il eſt bien vrai que vulgairement et abu-fivement tout ce qui eſtoit de la délation pre-mière iufques à la fentence & exécution d'icelle s'appeloit & appelle accufation. Mais à parler proprement, entre les Anciens nul n'eſtoit accu-fateur ny accufé : & accufation n'eſtoit encores, finon lorfque les parties venoient à plaider & produire leurs preuves. L'accufé, pendant tout ce qui fe traictoit au milieu, eſtoit bien *inter reos*, & s'appelloit *reus* tout à l'inſtant que fon nom

avoit efté déféré & rapporté au Preteur, mais
il n'eftoit point teneu pour accufé auparavant
cefte conteftation & altercation réciproque. Le
mot *reus* eftoit commun aux Parties *qui de*
quaque re invicem litigabunt. La raifon eft que ce
qui fe prépare auparavant la conteftation, fe
pouvoit & peut encore faire auiourd'huy *de*
plano: on le peut demander & obtenir fans-
mefme ouyr les deux parties. Il n'eftoit donc
pas raifonnable qu'on fuft teneu comme accufé,
par actes qui fe pouvoient faire en fon abfence
& au-defceu. Qu'arrivoit-il de ce ftile? Que
pendant cefte intervalle, ores que le nom de
l'Accufé fuft au Greffe, il eftoit *integri aftus* &
en fa liberté & condition accouftumée, s'il
eftoit en charge publique il la pouvoit exercer
nonobftant; s'il n'y eftoit point encores, il y
pouvoit parvenir. Quant au demandeur il luy
eftoit libre pendant ce temps-là, fe défifter
de l'accufation. Mais ce qui eftoit de plus
notable & doux en cefte façon de prqcéder, qui
eft de ne fe précipiter pas de tenir les hommes
pour accufateurs & accufez, fi toft que le mot
en eft proféré devant le luge, eftoit que les
Parties, & principalement le défendeur, n'eftoient iamais circonvenues, c'eft-à-dire, comme
l'Accufateur venoit l'eftre de degré en degré, &
par intervalles: auffi faifoit l'Accufé : ce qui
leur apportoit un délay de bien adviser où ils

fe mettroient. Pourquoy y falloit-il venir premièrement par Poftulation & Requefte parce
que tel fe fuft peu offrir à molefter autruy,
lequel n'eftoit notoirement accufable ou de
chofe qu'il vouloit meftre à criefme, qui ne
l'eftoit en façon quelconque. Le Préteur en ce
cas n'euft pas reçeu l'Accufatiou. Qui plus eft
on faifoit lors comme une perquifition fommaire. Lors commiffion eftoit octroyée pour
faire appeller la Partie avec des délays différens felon la diftance des lieux. L'affignation
venue, non pas de plaider, mais pour fe
rendre partie, & entendre de quoy : le demandeur en préfence du défendeur pofoit fon faict
& concluoit à ce qu'il vouloit. Cela s'appelloit
le Libelle. Le défendeur pouvoit entrer en
quelques fins de non recevoir ou de non procéder que les Latins appellent *exceptio*. C'eftoient
préparatoires à vuyder. Mais fi la caufe eftoit
néceffairement recevable, & que le défendeur
n'euft autre chofe qu'à confeffer ou nyer : &
de là les Parties à entrer au cours ordinaire
des caufes : lors le Préteur donnoit les délays
de faire les preuves pour venir plaider, & au
lendemain. C'eftoit à ce iour là que l'accufation
proprement commençoit. C'eftoit lorfqu'en bons
termes, l'ung eftoit appelé accufateur, l'autre
accufé.

50. — Du libelle.

La chance a bien tourné. Ce qui eſtoit anciennement le premier eſt auiourd'huy la plus dernière pièce d'un procès criminel, ſçavoir eſt le libelle, ſi bien qu'il faut que l'accuſé reſponde, premier qu'il ſçache ce dont on l'accuſe. D'où vient cela ? Vient-il des Gotz ? Non, car il appert par le treizième article de l'Edict de Theodoric, qu'ils ſuivoient encore l'ancienne façon des Romains. Vient-il d'un vieux ſtile de nos maieurs. Rien moins. Car j'ay eu en main les regiſtres & procédures criminelles faictes l'an M CCCC LXXXII, par devant maiſtre Iehan Belin, Lieutenant général en ce duché d'Aniou, mon biſayeul maternel, où i'y obſerve qu'à toutes les informations par eux faictes & décrétées, eſt attaché le Libelle baillé par la Partie. Et qu'il ſe fiſt ainſi lors, il en appert par l'article C XXII des ordonnances de l'an V. C. XXXIX faictes ſur l'abréviation des procès. Cà doncques eſté monſieur le Chancelier Poyet qui a introduict ceſte façon que nous tenons. L'inſtruction certes qui eſtoit contre les crimineux de lèze-maieſté, il l'a appliquée à tous les criefmes. C'eſt véritablement copper la gorge à l'accuſé que de luy tenir ſecret ce dont on le veut accuſer iuſques à l'inſtant qu'on luy ameine teſmoings. Que peut faire auiour-

d'huy un accuié qu'on conflitue prifonnier,
premier qu'il fçache qu'il y ait charges à l'encontre de luy, ni quelles charges à la requefte
de quy, ny de quel mandement et ordonnance?
Y a-t-il fi habile homme & fi affeuré de son
innocence, lequel s'il eft prins fans y penfer, &
interrogé tout promptement, ne chancelle & ne
die chofe laquelle peut eftre luy préiudicie
grandement foit qu'il nie, foit qu'il confeffe. Il
ne faut point dire que l'accufé au contraire
controuvera des fineffes, des tromperies, des
cavillations, des élongnes pour palier & defguifer la vérité. Car il faut bien trouver des
remèdes à cela : mais non pas telz, dont l'ordonnance & l'application générale puiffe auffi
bien circonvenir l'innocent que furprendre &
prendre au piege le malfaicteur. La façon
ancienne eftoit pareillement plus douce & plus
équitable, pour deux autres raifons.

51. — L'accusé ne pouvait être chargé que du contenu au libelle.

La première que l'accufateur ayant au commencement préfenté fon libelle en préfence de
la Partie, & dict à quoy il concluoit & de quel
criefme il accufoit, ne pouvoit pas, faifant fes
preuves, y comprendre & accumuler d'autres
criefmes : ny quand ce venoit à plaider, interroger ou faire interroger l'accufé, luy produire

& amener tefmoings fus autres faicts : ny ordinairement prendre autres conclufions que les
premières. C'euft efté réduire les accufez au
mefme danger & inconvénient que nous avons
dict.

52. — Si on peut changer de libelle.

S'enfuyroit-il néantmoins que l'accufateur s'il
s'eftoit mefpris ne peuft changer ne varier fon
libelle? La refponfe eft bien aifée, ce nous femble.
Autre chofe eft de changer de criefme, autre de
conclufion, ou de quelque petite circonftance &
non plus. Qui change de criefme, ou qui le fpé-
cifie ou le baptife fi diverfement qu'on peut
dire que ce n'eft pas le premier mis en avant, il
eft fi véritable que l'accufateur ne le pouvoit
faire demourant la première accufation en fon
eftre, que le faifant l'accufé eftoit renvoyé :
Rei nomen abolebatur, dict ULPIEN. Ils pouvoient
bien eftre de rechef accufez, mais c'eftoit une
accufation toute nouvelle, c'eftoit nouveau
procès, & nouveau iugement. Mais s'il n'y
avoit changement que de conclufions, ou de
quelque particulière circonftance du faict, l'accufateur y eftoit reçeu, fans qu'on recommen-
çaft rien au procez, fi au lieu de dures conclufions, il en prenoit de plus douces & plus
humaines? Non, au contraire. Or, fi cela avoit
lieu en l'Accufateur qu'il ne pouvoit pas (finon

comme nous avons dict) changer de libelle, il importoit auffi que l'accufé avoit fes limittes & bornes pour tendre à se iuftifier. Il eftoit contrainct de venir au poinct, c'eft-à-dire, d'infifter à ce dont il eftoit accufé : non pas par loüanges & recommandations d'autres bienfaicts, mandier fon abfolution. Ce n'eft pas répondre au libelle.

53. — Accumulation de crime à quel effet.

Il ne s'enfuit pas touteffois, qu'un homme eftant accufé de certain criefme, on ne repréfentaft aux Iuges fa mauvoife vie paffée, & les autres fautes qu'il avoit faictes pour le rendre plus odieux, plus condempnable et qu'on n'en amenaft quelques fois la preuve. Mais fi le principal criefme n'eftoit prouvé, on ne iugeoit pas le procès par les autres criefmes incidens, finon bien rarement. Auiourd'huy, fi toft qu'il y a décret contre un homme, tant honnefte foit-il, le voyla incontinent accufé. S'il eft en eftat, luy voyla les mains lyées iufques ad ce qu'il fe foit iuftifié, le voyla en telle condition qu'il eft permis de l'accabler de toutes parts, & pour une faute qu'on luy met fus, le rechercher dés fa ieuneffe.

54. — Caution et serment de calomnie.

La feconde utilité procédant de ce ftile romain

eftoit que le Magiftrat, ou celui qui iugeoit, pendant que les peines eftoient arbitraires, & qu'il eftoit libre à l'accufateur *pecuniâ, an capite anquireret*, n'en impofoit iamais de plus grande que celle à laquelle les accufateurs avoient conclud.

Voilà donc la première & principale formalité à laquelle le demandeur eftoit fubiect dès l'entrée de fon accufation, fçavoir eft, de s'inférire & fournir de libelle, car ce n'eft qu'un. Cette infcription emportoit auffi, chez les anciens, qu'il iuroit que ce n'eftoit point par calumnie qu'il accufoit : fe fubmettoit à la peine du calumniateur, s'il ne prouvoit pas les criefmes mis en avant, ce qui s'appelloit, *Iurare in accufationem*. Importoit auffy qu'il bailloit caution de perfifter. Si l'accufateur devoit tenir prifon, nous en parierons cy après. Or la raifon pour laquelle les accufateurs eftoient fubiects à tant de formalitez, eftoit pour les empefcher d'accufer témérairement. Les accufations eftoient publiques, chacun pouvoit accufer, bien qu'il n'euft point d'intereft particulier. Parquoy il eftoit bien raifonnable, adfin que légérement on ne vint à fe ioüer de l'honneur d'autruy qu'on refrénaft les accufateurs par ces fubmiffions étroictes & rigoureufes. Cefte liberté n'eftant point parmy noùs, il y a **eu véritablement apparence de ne rechercher**

point tant de caution à partie qui n'agiſt que
pour iuſte douleur & offence qu'il a reçeuë en
ſa perſonne ou des ſiens. Ceux-là meſme en
droiǊ eſtoient excuſez de calumnie & ſe déſiſ-
toient facilement ſans encourir les peines du
ſenatus-conſulte Turpilien. Mais que nous ne prenions pas meſme le ſerment des parties, il n'y
a point d'apparence en cela. Car ſi beaucoup
auiourd'huy n'en font cas, ce n'eſt pas à dire que
la loi & le Magiſtrat meſpriſent ce que les
hommes profanent.

55. — De l'inscription en faux.

Nous diſons bien vulgairement que nous
avons réſervé les ſolennitez des Anciens en
deux cas : en matière de faux & ès accuſations
contre les magiſtrats & perſonnes illuſtres,
qu'on peut auiourd'huy accuſer pendant leur
charge qui eſt continüe. Mais il me ſemble
quant au premier que nous y gardons plus le
mot de l'inſcription que l'effeǊ ; car nous ne
pratiquons pas ce que die Monſieur le Préſident'LISET qu'en crieſme de faux il y ait inſcription à peine du talion & l'accuſateur en faux
n'eſt non plus teneu de bailler caution que tout
autre. D'avantage, les moyens de faux ne ſe
communiquent point à la partie pour y reſpondre, qui eſt la principale occaſion de l'inſcription, et le libelle s'y baille auſſi bien en fin

de caufe, qu'ès autres criefme. Tout ce qui eft retenu des anciens c'eft qu'on n'y procède point de plain faut par informacion. Il faut premièrement maintenir l'acte de faux, en bailler les moïens & les faire iuger pertinens ou impertinens. Cela apporte bien cefte commodité à la Partie que c'eft à lui à advifer s'il voudra fe défifter de la pièche: ou fi c'eft lui mefme qui l'a fabriquée, à trouver moïen de s'en excufer, dire qu'elle eft nulle & non pas faulfe. Mais n'ayant pas communication des moïens, il peut auffi bien eftre circonvenu en cefte accufation là qu'en une autre. Et quoy? Si *rectà* on apportoit une bonne informacion contre la vérité d'un inftrument mis en avant, laifferoit-on de la décreter? I'ay opinion que la préfentation des charges foit tenuë pour infcription. Nous n'ufons donc principalement que du terme, car s'infcrire en faux ou accufer de faux, c'eft tout un. Et ne voy point d'autre folennité en une accufation de faux, que d'homicide que fi tout acte eft préfumé véritable finon qu'on le maintienne faux, il faut bien que celui qui le veut faire, le die & déduife pourquoy, autrement le iuge n'en pourroit point informer, car il n'en peut deviner les moïens. C'eft autre chofe du meurtre. Quant il apparoift d'iceluy, cela eft fuffifant pour mouvoir le iuge de s'enquérir qui l'a faict & en quelle forte. C'eft donc de la nature du faux que cela procéde, qu'il eſt néceſſaire de premièrement l'alléguer, & en dire les caufes : non point qu'en France il y ayt pluſtoſt inſcription en matière de faux, que qui bailleroit en autre criefme faiⅽts & articles pour informer.

56. — De l'accusation des magistrats.

Quant à l'accufation contre Magiſtrats & Officiers, s'ils font tels qu'ils ſoient Souverains, ou qu'ils reſſortiſſent nüement-ès Cours Souveraines, c'eſt bien la raiſon qu'on le face avec plus de folempnité & de refpeⅽt, & qu'à tout le moins on y garde les formalitez qu'on faiſoit anchiennement à toutes perſonnes privées.

Celuy qui ſe veut rendre Partie ou Délateur contre le Magiſtrat, doibt préſenter Requeſte à la Cour, doibt bailler caution, monſtrer & communiquer les faiⅽtz & articles à Monſieur le Procureur Général du Roy, lui nommer les teſmoings par leſquelz il entend les prouver & iuſtifier. Cela faiⅽt, s'il ſe ioinⅽt, la Cour donne Commiſſion pour informer. L'informacion faiⅽte, rapportée & communiquée audiⅽt ſieur Procureur Général, elle décrette, commeⅽt des Iuges pour l'Inſtruⅽtion. Finalement elle iuge ſelon les perſonnes, ou à la Tournelle, ou en la Grand'Chambre, ou la Cour toute aſſemblée.

Il y a encore beaucoup de chofes préalables
& qui pourroient clorre la bouche à l'accufateur fi elles n'eftoient réglées & accordées premièrement comme elles doibvent.

57. — Si la présence de l'accusé est nécessaire.

En France nous accufons par Procureur ou
Advocat, & ne tenons point la préfence de la
Partie demandereffe pour néceffaire. Si l'accufé demande que l'accufateur vienne en perfonne, nous l'en déboutons.

58. — De plusieurs accusateurs concurrens.

Que feroit-ce s'il fe préfentait plufieurs accufateurs au lieu d'un? comme fi la mère, la
vefve & les enfans ou héritiers vouloient agir?
Peut-il en ce cas-là y avoir de la variéte à l'inftruction? On y recevra plufieurs accufateurs,
mais ils ne feront tous que pour un : ce ne fera
qu'un procez, qu'une accufation, qu'un iugement. Encore que venans à eftre ouyz en l'audience, chacun d'eux peut plaider : ce fera touteffois non plus que fi un feul accufateur le
faifoit par deux, trois, ou quatre Advocatz,
ou à divers iours. Et ce faifant l'Accufé ne fe
peut plaindre d'eftre plus molefté de trois ou
quatre accufateurs, que d'un feul.

59. — Si on peut estre accusé tout à un coup par devant divers iuges.

Mais s'il eftoit queftion de divers faictz peut-on eftre accufé tout en un temps, & par devant divers luges? Ouy, felon le droict commun, mais en la France ou les Iuges ordinaires, quoy que foit, la plus part, font capables de tous delictz ; que plufieurs Délateurs, ou Accufateurs s'y préfentent, nous les admettrons bien tous enfemble : chacun y produict & conclud à fes fins ; mais ce n'eft que tout d'un coup & ce n'eft que devant un feul Iuge. Car nous ne reçevons pas facilement, qu'on puiffe en un mefme temps faire le procés à un accufé, non pas en divers lieux (car pour autre raifon il ne fe peut, qui eft, qu'il ne fçauroit eftre tout en un inftant préfent en divers lieux) mais par devant divers Iuges; & ne diftinguons point fi les criefmes procèdent d'un mefme faict ou de divers : parce que nous tenons que l'accufé feroit trop molefté d'entendre tout à ung coup plufieurs Iuges. Cefte raifon militoit bien entre les Romains, mais non pas tant d'autant que les accufez ne tenoient point prifon fermée ; quoy que ce fuft l'authorité & la puiffance de leurs Préteurs eftant égale; de façon qu'il les falloit recognoiftre & leur obeyr également. En France, s'il y a divers Iuges en

une ville, l'ung elt fupérieur, l'autre inférieur :
li bien que venant le prifonnier à eltre accufé
devant les deux : ou c'elt pour le mefme
criefme : & celuy qui a prévenu en cognoilt ou
celuy feul auquel privativement le faict elt
attribué par l'ordonnance (finon que la perfonne fult Eccléfiaftique : car fi le criefme elt
prévilégié, les deux Iuges en cognoiffent concurremment; ou c'eft pour divers criefmes : & en
ces cas il n'y a point d'inconvénient que l'accufé puiffe eftre traicté en deux ou trois Iurifdictions, comme par devant nous, par devant
le Iuge de la Prévofté, & les Efleuz. Chacun,
pour le criefme qui eft pendant par devant foy,
luy confrontera tefmoings : finon qu'un des
criefmes feut fi grief qu'il peut eftre iugé en
dernier reffort. Car le cas venant à eftre vérifie,
parce que l'accufé ne fçauroit mourir deux fois,
nous, qui pouvons iuger en quelques cas fans
appel, pourrions bien faire apporter de devant
le Prevoft, ce qui eft pendant par devant luy.
Et quant à ce qui feroit aux Efleuz, parce que
leur Iuridiction & la noftre n'ont rien de commun, faire feulement compulfer autant de ce
qui feroit par devers eux, non pour interrompre leur cognoiffance, mais pour fortifier la
noftre. Tout de mefme feroit il, fy contre l'ac·
cufé y avoit d'autres charges en autre Province. On les peut bien compulfer, mais on ne

peut pas contraindre celuy qui ne fe veut
rendre Partie par devant nous de les apporter.
Or, quand nous avons dict, que plufieurs accufateurs font receuz entre nous, cela s'entend,
s'ils ont tous femblable intereft, ou chacun
d'eux, le fien à part, comme avoient les trois
Procureurs du Roy de trois Parlemens contre
le chancelier Poyet. Car autrement la préfé-
rance y va felon le degré & ordre des fucceffions, iaçoit que ce ne foit pas fe porter héritier, que pourfuivre la mort de celui dont on
eft capable de l'eftre. Quant aux Délateurs, rien
n'empefche, qu'à l'exemple des Accufateurs
populaires, plufieurs n'y foient receuz, finon
que l'un d'eux fuft fuppofé par l'Accufé comme
nous dirons tantoft plus amplement parlant
des ceffionnaires.

60. — Si la partie civille et le délateur peuvent agir ensemble.

Deux chofes ay-ie veu arriver devant Nous,
qui fervent bien au propos où nous fommes.
En l'une on demandoit fi quand il y a Partie
civile, on y peut admettre un Délateur. En
l'autre, fi le plus proche parent ayant accordé
avec l'accufé, ou ne voulant plus agir, celui qui
lui fuccède, peut entrer en ieu & fe rendre
Partie, comme eftoit l'autre, ou euft peu eftre
s'il euft voulu, ou bien s'il n'y eft recevable

qu'en qualité de Délateur. Il y a bien différence des deux. Car la Partie a réparation, ceftuy-ci, non. Quand à la première demande, parce qu'il m'apparoiffoit que la vraye Partie colludoit, et iaçoit qu'elle demeuraft en caufe, qu'elle avoit neantmoins cédé & tranfporté fes actions. ou ne s'eftoit préfentée qu'aprez le Délateur, ie receu les deux. Sans ces confidérations le Délateur n'eftoit admiffible. Car à quelle raifon un Délateur, qui n'eft que partie fubfidiaire, quand la vraye & naturelle faict fon debvoir, de quelle couleur peut-il couvrir fon animofité, puis qu'il y a qui pourfuit, & le public, & le particulier intereft? La Loy ne doibt pas faire ouverture aux vengeances & paffions fi manifeftes.

61. — Au plus proche feul appartient d'accuser.

Quant à la feconde queftion, ie fuivy l'opinion d'Imbert, qui ne donne qualité d'accufateur qu'au plus proche, car à la fin nous recevrons des accufations fans nombre. Le tiers en voudroit faire autant, au défaut du fecond, le quart du tiers, & ainfi d'ordre. Nous ne demeurerions pas ès termes des raifons que nous avons dictes, pourquoy en France, nous ne recevons Accufateur, que celuy qui eft fondé au plus vray & plus légitime intereft. Que celuy la agiffe ou non, il femble *tanquam confumpto iure,*

9

qu'il cloſt le pas à tous autres de ſe rendre iamais, tant qu'il vit, Parties civilles. S'il a accuſé, *quia ſemel de eadem re actumeſt*. S'il a accordé,
car il a diſpoſé de l'intéreſt appartenant au
privé. S'il a meſpriſé & l'un & l'autre, parce
qu'il ſemble en ce cas l'avoir remis, & tant qu'il
eſt et qu'il ſe peut raviſer. Ceſte faculté de ſe
porter Partie civile, réſide en luy, et ne va par
dévolution à autruy. C'eſt un droict perſonnel,
un droict de ſanc & droict d'affection qui appartient bien au plus proche, & *more ſucceſſio-
nem : ſed non perſonà ſubducta*. Autre choſe eſt .de
pluſieurs qui ſont en pareil degré. Car le puiſné
accuſe *ſuo iure*, ſoit que l'aiſné le face auſſi ou le
meſpriſe.

Il n'y a que le crieſme d'Adultère que nous
avons tellement réduict à l'inſtar des crieſmes
privez (hors mis la peine et procédure extraordinaire) qu'il a cela de particulier, que nous
ne pouvons recevoir Accuſateur que le Mary,
non pas le Père, non pas le Procureur du Roy :
tant s'en faut que pluſieurs y ſoyent admis,
ou l'un en une qualité & l'autre en l'autre.

Beaucoup de mauvoiſes odeurs, en effect,
laiſſées quoy, n'offencent point : irritées & re-
müées, engendrent mille inconvéniens, ainſi
eſt-il du mariage. Qui en reçoit les plaintes &
les rapports, il n'y en a point de ſy accordant
que la noiſe ne s'y engendre.

Hors ces criefmes, s'il arrive que nous rece-
vions plufieurs Délateurs ou Accufateurs, ou
l'un en une qualité, l'autre en l'autre, nous
n'en ferons néantmoins qu'un procès. Tout fe
pourfuivra & fe terminera conioinctement,
c'eft-à-dire, que les délaiz & règlemens feront
communs, & qu'il n'y aura enfin qu'un Iugement, portant adiudication à chacun felon fon
intereft particulier. Mais les auditions, récol-
mens & confrontations fe peuvent bien diftinguer, & le faict faire, s'il y a apparence que
l'ung produife tefmoings pour la charge, l'autre pour la defcharge. Tel peut eftre produit
par le Demandeur que le délateur reiettera : &
au contraire. Si bien qu'il eft néceffaire en ce
cas là de féparer les procédures.

62. — Si un seul en peut accuser plusieurs.

Voyons maintenant le contraire, fi ung peut
& pouvoit anchiennement en accufer plufieurs,
& s'il n'y avoit point de différence que ce fuft
pour divers criefmes, devant divers Iuges, & à
diverfes fois : ou au contraire, d'en accufer plufieurs l'un après l'autre, il y a moins de doubte,
finon que l'Antiquité gardoit en cela, plus d'hon-
nefteté & civilité que nous ne faison Car adfin
qu'on ne fuft point veu & eftimé faire meftier
& marchandife d'en vouloir à autruy, il fe trouvoit peu, entre les Romains (pour le moins de-

vant *Auguſte*) que de pluſieurs, voir coulpables
de meſme criefme, un ſeul ayt entreprins les
accuſer tous. Si depuis il s'eſt faiⱥ autrement,
ça n'a eſté qu'en ung cas : ſçavoir eſt, n'a eſté
l'accuſateur pourſuyvoit ſon iniure particulière, et qu'il ſuſt queſtion de divers criefmes.
Il pouvoit alors faire pourſuite de deux ou
trois iniures au plus que luy ou les ſiens euſſent receus. Mais où il n'eſtoit queſtion
que d'un meſme criefme & que pluſieurs en
fuſſent coulpables, reſte à ſçavoir ſi tous n'eſtoient pas tenuz pour un ſeul & ſy à un inſtant
on les pouvoit accuſer devant un meſme Iuge :
& luy, prononcer contre eux par une ſeule ſentence & iugement. Il ſemble que ceſte queſtion
ſoit ridicule tant il eſt maintenant vulgaire
qu'il ſe faiⱥ & ſe pratique ainſy.

63. — Des crimes qui en touchent deux.

Entre les anciens, les complices eſtoient bien
traiⱥés par devant les meſmes Iuges, *propter
cauſa conjunctionem*, mais c'eſtoit conſécutive-
ment & d'ordre. Certes, s'il y avoit apparence
d'en uſer comme nous faiſons maintenant,
c'eſtoit ès criefmes *quæ communia, aut duplicia
appellantur*, comme en adultère ou en inceſte,
mais ſeulement ſous les Empereurs.

64. — Tous crimes sont personnels.

On les iugeoit ſéparément, car c'eſt choſe

certaine en criefme, que *tot rei funt, tot facta, quot perfonæ.* Le criefme de l'un n'eft point le criefme de l'autre. Tous criefmes font perfonnels, foient les délinquans complices ou non complices, le criefme féparé ou connexe : fi bien que quand la loi défendoit de ne pourfuyvre que deux accufez en mefme temps, cela avoit lieu en tous coulpables. Et, où il eftoit permis d'en mettre deux en procès, c'eftoit pour divers criefmes & devant divers Iuges. Que par devant un mefme Iuge on ne fift pas le procès conioinctement aux complices, il femble que les anciens en prenoient la principale raifon fur la maxime, qu'ils tenoient pour defhonnefte et inhumain de fe bander à en faire périr ou mourir plufieurs tout à un inftant.

Il n'y a apparence qu'ils ufoient de ce ftile, parce qu'il eftoit plus commode aux parties, & particulièrement plus doux & plus favorable aux accufez. Plus commode, car l'accufateur faifoit bien mieux fes preuves, les vifant comme plufieurs flèches à un mefme but, que les efpandant et les diffipant çà et là.

65. — Les raisons pourquoi les complices ne se traittoient pas conioinctement.

Et, au contraire, comme l'atteinte eft plus aifée à éviter, mirant en plufieurs lieux, auffy divers accufez fe fauvent bien mieux qu'un

feul. Si l'un fe deffend mal, l'autre le fait plus
dextrement. Il appelle, il récufe les Iuges, reproche, met fai¢tz en avant. Ce qui ferviroit
néceffairement tant à luy qu'à fes complices.
Car où la preuve & procédure eft connexe, on
ne peut plus la divifer. N'eft-il pas tout certain
que chacun des coaccufez euft eu à part fes re-
iect'ons, fortitions & fubfortitions? Les Iuges
qu'un euft reçeus, l'autre les euft blafmez : &
felon le nombre des accufez il ne fe fuft point
à la parfin trouvé des Iuges. Comme auiour-
d'huy, qui eft récufé par un des complices ne
l'eft pas feulement pour luy feul, mais pour tous.
La raifon? Parce que la caufe de plufieurs accufez : & ne peut-on pas y eftre Iuge, en partie,
en partie non. Quant aux preuves, s'il .'y eft
qu'un qui vérifie fa reproche, le tefmoing euft-
il efté entier en partie, & en partie infirmé?.
L'appel de l'un n'euft-il pas fufpendu le iugement & exécution de tous? Il fe faict ainfy néceffairement parmy nous ayant reçeu & admis
ftile contraire aux anciens. Or, de peur que ce
mefme inconvénient n'advint à y avoir plufieurs accufateurs, auffi bien que plufieurs accufez, c'eft pourquoy il me femble qu'on ordonnoit entr'eux, *quis accufator, quis fubfcriptor effet :*
adfin que tous, par ce moïen, ne fuffent qu'un,
& que les délaiz, les reiections & fubfortitions,
les preuves & les reproches de l'accufateur.

fuffent celles des adhérans, qu'un feul récufaft ou appelaft, non plufieurs. C'eftoit la plainte du Chancelier POYET, qu'on lui euft baillé trois Procureurs du Roy pour l'accufer. Mais encore qu'ils euffent efté prins de trois divers Parlemens, ils ne repréfentoient que le Procureur général & fes deux Advocatz, qui tous reftoient excufez de rien faire ni procurer contre luy. Si bien qu'ils demourèrent tous trois.

Davantage, les procès fe faifoyent & inftruifoient publiquement. Il falloit donc de deux choses l'une, ou que le tefmoing fuft ouy & examiné en préfence de plufieurs accufez, & à eux tous confronté en bloc ou féparément. Si en bloc & par forme de tourbe, la confrontation euft efté nulle, & fe fuffent les accufés inftruicts & advertiz l'un l'autre. Si féparément, ce n'euft pas efté un procez, mais plufieurs. Car qu'il foit tant en un fac qu'on voudra, touteffois divers interrogatoires & confrontations diverfes, font pluralité d'accufations, & pluralité de iugemens. Venez à les traitter enfemble, elles fe deftruisent réciproquement & s'empefchent. Au contraire pourfuyvez-les de rang en rang, elles s'efclairciffent et aydent. Le premier iugement fert de préiugé au fecond, les deux, au tiers, & ainfi d'ordre. Voilà pourquoy ils évitoient cefte connexité d'accusez.

66. — Le temps apporte douceur aux accusés.

Mais la plus belle raifon de ce ftyle ancien
eftoit : qu'en chofes douteufes nous devons
pluftoft favorifer aux accufez, qu'aux accufateurs, regarder plus à l'innocence, pitié &
humanité, qu'à la charge. Or qu'il y a-il de fi
dangereux pour les accufez, qu'à l'inftant d'un
criefme fameux, faire le procès à plufieurs &
les iuger tous conioinctement? La chaleur, la
cholère, l'indignation y eftant encores, pouffe
non-feulement les Parties, mais tefmoings,
mais les Iuges, mais l'Auditoire. Toutes chofes
avecque le temps paffent bien plus atrempe-
ment & humainement qu'à la chaulde. Ne
voyons-nous pas iufques à une matinée d'intervalle l'une eftre plus doulce, l'autre plus dangereufe? Toute celebrité eft ennemie de confeil. D'où cognoiftrons nous mieux les inconvéniens de ces accufations connexes & gemi-
nées, qu'en ce qui fe paffa pour les complices
de Iunius? *Recenti invidià*, luy & deux ou trois
furent puniz d'arrachepied. Ceux qui vindrent
aprez,& mefmes Cluentius, parce que peu à peu
l'affaire s'attiédiffoit furent abfoulz. Ce qu'à
l'inftant on trouvoit incrédible, que celuy qui
avoit efté condemné euft baille argent : le tour
des accufations, c'eft-à-dire, le temps, le monf-
tra et le iuftifia.

D'où vient donc que notre inftruction eft du
tout autre? Et qu'il eft fi commun de faire
procès conioinftement? Cela eft veneu de ce
que en toutes caufes criminelles nous avons
prins la façon des criefmes de Leze-Maiefté, &
lors encores qu'ils fe pourfuyoient plus extraordinairement.

**67. — L'instruction de la cause de plusieurs
complices estoit une: l'action et accusation
diverse.**

Mais quoy? Quand anchiennement on ne faifoit le procès aux complices, que fucceffivement,
les tefmoings eftoient-ils produicts, ouys, &
confrontez autant de fois qu'il fe préfentoit de
complices? N'eftoit-ce pas une ouverture aux
variations, fubornations & inductions? Recom-
mençoit on un autre procès fi nouveau qu'il
falluft derechef ufer de nouvelle poftulation,
délation, nouveau libelle, nouvelle inquifition
& nouveaux Iuges? Certes tout ce qui fe faifoit
contre accufez du mefme criefme, c'eftoit bien
action, accufation en iugement divers, mais ce
n'eftoit qu'une caufe, ce n'eftoit proprement
qu'un procez. A cefte occafion (comme nous
avons dict parlant des récufations) & adfin que
le tout fuft mieux entendu, l'accufation avoit
ce privilège en telles caufes conioinctes, qu'il
pouvoit demander au Préteur (& l'obtenoit) que

tous les mefmes Iuges demeuraffent & que fans
attendre le tour de rolle, ils vaquaffent avecques
luy à ouyr & décider la caufe des complices &
alliez en ce faifant, il n'y avoit non plus d'inconvénient que les mefmes tefmoings fuffent
confrontez deux & trois fois, comme auiour-
d'huy de les retenir cinq ou fix iours en Ville,
pour eftre huy confrontez à l'ung, & demain
à l'autre. Quant à l'audition & examen elle
avoit efté une fois faicte devant les Iuges, de
façon que fans crainte de fubornation & variations elle valoit en toutes les premières, fe-
condes & tierces accufations, comme auiour-
d'hui un récollement faict contre un vaut contre
tous. L'inftruction de la caufe de plufieurs complices eftoit une, l'action & l'accufation diverfes.
Quant aux complices ils affiftoient au procès
de leurs compagnons & le premier récufoit,
refpondoit & reprochoit pour tous.

Mais fi l'accufateur ne reprenoit point l'accufation des complices, que long temps aprez,
comme celle de Cluentius, en ce cas là, bien
que les fentences données contre les complices
& alliez y ferviffent de préiugé, & que la dépofition des tefmoings décidez demeuraft, adfin
qu'en ce cas là *teftimoniis ageretur non teftibus*. Il
eft bien certain que lors la caufe ayant efté
difcontinuée, il falloit venir à nouveau Préteur,
à nouveaux iuges, nouvelle inquifition & au·

dition : tout ainſy que auiourd'huy de deux meurtriers l'un fut maintenant appréhendé, l'autre ſix ans après.

Or que nous ſervira d'avoir congneu ceſte ancienne façon, qui nous ſeroit peu propre, veu l'inſtruction ſecrette dont nous uſons : & qu'attendu la malice & la ruſe ordinaire des accuſez, rien ne leur apporte rien tant d'impunité que la longueur ? Il nous apprendra que ſi nous faiſons le procez à pluſieurs coulpables d'un meſme faict, il faut moins uſer de précipitation & accélération, que s'il n'y en avoit qu'un. Secondement, que nous ne pouvons pas contraindre l'accuſation encommencée à ſurſoir iuſques à ce qu'ils ſoyent tous prins & appréhendez. Tiercement, que ſi le procez d'eux tous eſtoit de bonne fortune inſtruict, nous ne les devons pas touiours condempner enſamblement, mais les iuger l'ung aprez l'autre, & commencer au plus chargé, adfin que les teſtaments des premiers apportent plus de certitude & de lumière pour les ſeconds. Si nous n'en euſſions naguères ainſy uſé, l'un s'en alloit iugé à mort, auquel les priſons furent ouvertes, par ce que le premier confeſſa le faict à l'exécution & perſiſta avec bonnes raiſons qu'il eſtoit ſeul coulpable & non pas l'autre.

Voylà nos combatans qui ſeroient bien en eſtat de venir aux mains, ſi on vouloit. Mais

parce qu'ils ne font pas tous généreux, ou qu'ils
peuvent venir à accord, comme nous avons
dict, continuons ce que nous avons propofé.
Peuvent-ils fe retirer fans rien faire ? C'eft à
dire le demandeur fe défifter, ou céder & tranfporter fes actions : le défendeur rendre les armes & donner caufe gaignée à la Partie ? Le
peut-il corrompre, ou accorder & tranfiger
avecque luy ? C'eft icy qu'il nous vient à traiter
du Ceffionnaire s'il eft tel que nous le devions
mettre au rang des iuftes & légitimes accufateurs, ou fi les procédures faictes avec luy font
nulles, comme faictes avec Partie qui ne l'eft pas
à la vérité, mais qui collude. Ceux qui combatent en Tournoy s'exercent pluftoft, qu'ils ne
combatent. Ainfy pourroit-on dire, que le Ceffionnaire, lequel n'accufe que pour abfoudre,
n'accufe pas, *operam locat.*

68. — Si on peut être contrainct se rendre partie.

Mais auparavant que de fçavoir fi celuy qui
a entré en champ de bataille & s'eft rendu
Partie, puiffe trouffer bagage, fe retirer & ofter
de la préffe par ceffion, accord ou défiftement,
pour mieux difcourir de tout cela il nous faut
demander, fi eftant toutes chofes entières, on
peut eftre contrainct fe rendre Partie. Car beaucoup de chofes encommencées font deformois
de néceffité, lefquelles d'elles eftoient à faire,

giroient en arbitration & volonté. Et ſi du commencement elles eſtoient forcées & néceſſitées, il y auroit bien plus d'argument qu'elles le feroient encores aprez : conſéquemment que l'accuſateur ne pourroit plus ſe déſiſter, accorder honneſtement, ni céder & tranſporter ſes actions. Ce diſcours touche la formalité & ſolennité de l'Inſtruction. Car aprez l'accord ou le déſiſtement, s'il ſe faiſoit de la procédure, vraye ou imaginaire, ne pourroit on pas demander ſy elle ſeroit nulle ou bien valable? Or nous ne dirons point que nul ne peut eſtre teneu directement ni préciſément d'accuſer, s'il veut encourir les nottes, peines & amendes pour n'en rien faire. Car encores que l'homme libre ne puiſſe eſtre néceſſairement teneu à ce qui eſt & giſt en faict, touteffois c'eſt bien y eſtre contrainct, quand l'alternative y eſt touchée : le faire, ou à faulte de ce, ſubir inconvénient. Nous diſtinguerons donc pour le faire brief, ou l'iniure nous touche à noſtre particulier, ou en public. En particulier, ou à noſtre propre perſonne ou des noſtres. Noſtre perſonne : privée, ou, en charge publique. Des noſtres ou tels auſquels nous ne devons qu'amitié, ou bien qui ayant puiſſance ou obligation ſur nous. Si en public : il n'y a que ceſte diſte diſtinction; ſi nous ſommes privez ou en eſtat. Quand l'offence n'eſt faicte qu'à nous, ou qu'il n'y a autre ſpé-

cialité qui l'agrave : iaçoît que par une longue
chefne elle donne iufqu'au public, il n'y euft
touteffois iamais rien qui nous peuft forcer &
aftreindre d'en faire pourfuitte, ne inftance
iudiciaire. Il eft bien vray que le dire de Te-
rence eft infaillible, qu'endurant une iniure, on
s'en provoque & apprefte une autre, & qu'il y
a de la fordidité et pufillanimité à l'endurer. Il
n'y a que la perfonne Eccléfiaftique, à laquelle
feule (difent Arcadius et Honorius) la fainéteté
faiét que pardonner foit glorieux. Toutes fois
que nos aétions foient libres, & que nous foyons
plus faciles à réconciliation qu'à procez, cela en
la fociété humaine eft plus confidérable que
toute autre chofe. Ny faiét rien qu'il y ait du
public entremeflé. Car les Loix y ont donné
ordre en octroyant des accufations ou délations
publiques, & encore en eftabliffant des officiers
fpéciaux, lefquels en défaut & négligence des
perfonnes privées, fiffent recherche et pourfuitte des criefmes.

69. — Du magistrat mesprisant son iniure.

Mais fi le bleffé eftoit perfonne publique ou
bien, qu'eftant privé, l'iniure fuft faiéte à ceux
aufquels il fuft eftroitement obligé ou par bienfait ou par la loy les Anciens y eftoient bien
plus cérémonieux que nous ne fommes. Car
quant au magiftrat, s'il mefprifoit la ven-

geance du tort qu'on luy euſt faiſt, principalement faiſant ſa charge, il eſtoit luy-meſme
tenu *acÉlione imminuli magiſtratûs, ac veluti
leſœ maieſtatis*, diſt *Aſconius*. S'il eſtoit perſonne
privée, mais telle qu'il deuſt honneur, re-
cognoiſſance, obeyſſance ou office à celuy qui
a eſté offencé ou homicidé, l'accuſation luy
eſtoit quelquefois ſi néceſſaire, qu'oultre la
perte qu'il pouvoit encourir en ſes biens à
faute de l'entreprendre, & le criefme qu'il con-
traſtoit *inultæ morlis*, la négligence d'agir le
pouvoit rendre ſuſpeſt du meſme criefme dont
le meurtrier du défunſt eſtoit teneu, ou luy en
cauſer & former un autre. Comme quoy? La
pudicité de la femme eſt en la proteſtion & ſau-
vegarde de ſon mary : ſi elle fuſt venûe à eſtre
polluée, & qu'il ne l'euſt répudiée & accuſée
auſſiy toſt il eſtoit tenu *lenocinii*. Si l'héritier ne
ſe fut rendu Partie, on luy oſtoit la ſucceſſion
comme ingrat et indigne d'icelle. Il y avoit pareille raiſon du Patron ayant ſuccédé au libertin. Si le parent, ſi le tuteur euſt mépriſé le
rapt commis en ſa pupille, il eſtoit luy-meſme
puny. Quant à la femme, ſy elle euſt meſpriſé
la mort de ſon mary, le mary de ſa femme, le
fils de ſes père & mère, oultre la privation qui
y eſtoit de leurs légitimes paſtions conventions, ne les tenoit-on pas ſuſpeſts & partici-
pans du parricide?

70. — Si la personne publique est tenue d'accuser.

Mais nous, nous fommes fi aheurtez à ce brocard que le Procureur du Roy feul ayt le fait de la police & difcipline publique, quelque cas qui fe prefente, nous ne contraignons que celuy-là d'accufer, difons oultre que ce n'eft pas du bienfait de l'homme, mais de la Loy, que l'héritier a les biens qui lui adviennent, conféquemment que c'eft affez s'il dénonce le criefme et en faict plainde. Mais ne fe rendre partie, que les fraiz en font fi grans, les longueurs fi odieufes, qu'il feroit plus dur d'y aftraindre les hommes, qu'inhumain et defhonnefte de les nourrir en un mefpris & nonchalance d'une iufte et honnefte vindide. Que cefte taciturnité & négligence n'eft pas touiours argument de participation et complicité. Quoy donc? Tout ce que nous faifons eft de hocher la bride aux parties intéreffées, c'eft-à-dire les appeler pour venir dire s'ils fe veulent rendre Partie, amener & adminiftrer preuves : mefmement, fi le coulpable eft en prifon : & au cas qu'ils ne le veulent faire, les contraindre de configner tant par faifie de biens que par corps. Car puifqu'il y a néanmoins chofe qu'on leur peut iuftement imputer, fçavoir eft, inofficiofité et ingratitude : il n'y point d'inconvénient qu'ils n'y puiffent eftre tenus par détention &

empriſonnement de leurs perſonnes ſi notoirement ils ont de quoy. M. le préſident LISET, en
ſa pratique civile et criminelle, le tient ainſy.
Quant à l'Adultère, l'Egliſe a tant recommandé
la réconciliation, qu'elle a oſté l'infâmie au
mary de retenir ſa femme qui a forfaiɕ, &
conſéquemment levé & oſté la néceſſité de
l'accuser. Que ſi celuy qui eſt offencé, eſt en
charge publique : s'il acquiert bien encores auiourd'huy une réputation d'un homme mol et
quaſi indigne d'eſtre en Eſtat. Mais parce que
c'eſt là le vray cas auquel le Procureur du Roy
doibt prendre la cauſe pour luy : parce que
l'iniure faiɕe en luy, eſt faiɕe au public : nous
ne pouvons rien bonnement imputer au Magiſtrat s'il n'oſe, ou ne ſe veut rendre Partie en
ſon propre privé nom.

Il eſt certain que celuy qui n'eſt en eſtat
n'eſt teneu d'accuſer ny déférer s'il ne luy
plaiſt. Il eſt bien teneu quelquefois de révéler
ce qu'il ſçoit, ſi la choſe touche le Prince ou la
République, mais cela ne s'appelle pas accuſer.
Or, ſi le magiſtrat y eſt obligé, c'eſt qui eſt plus
à conſidérer. Véritablement, il ne faiɕ pas ſon
devoir s'il l'oublie ou le meſpriſe.

74. — Quand le procureur du Roy est tenu de nommer son délateur.

Pour noſtre regard, les gens du Roy, s'ils ne

faifoient pourfuitte des criefmes, ils fe ren-
doient eux-mefmes coulpables : & fi les accufez
fe trouvoient apertement eftre innocens, le
Procureur du Roy eft teneu de nommer fon délateur, afin de defpens, dommages & intérefts
pour la partie. Autrement il en refpondroit en
fon privé nom. Mais il n'eft teneu le nommer
qu'en fin de caufe & en cas d'abfolution pure
& fimple : non pas fi l'accufé est feulement réglé
à l'ordinaire, ou envoyé iufques à nouveau
mandement : bien que l'ordonnance du Roy
Charles IX, faiéte à Orléans, ie die que ce doibt
eftre en fin de caufe, voyons néantmoins fi la
décifion en eft iufte. Prenons le cas qu'elle fuft
à faire, et nous préfentons pour en difputer. Ie
dy que le Procureur du Roy le doibt nommer
dès le commencement du procès. Primes, parce
que c'eft chofe pernicieufe que d'admettre des
délateurs fecrets. Car de dire que cefte punition & condempnation du délateur fe fera auffy
bien quand on le nommera en fin de caufe qu'au
commencement, & que l'accufé n'a point intéreft de fçavoir qui il eft, que lorfqu'il a iugement à fon prouffiét, ce font raifons ny véritables, ny pertinentes. Car pour parvenir à l'abfolution, fi la qualité de délateur y faiét beaucoup,
fi elle peut deftruire toute la foy & vérifimili-
tude du criefme, il s'enfuit que tenant le délateur fecret, fa calumnie eft plus couverte &

conféquemment moins punie. D'avantage y a
il raifon en cela que la préfence de l'accufateur
fuft anciennement néceffaire, & que la feule
nomination du délateur, ne le foit point? L'accufé n'a-t-il pas intéreft que les délays de luy
produire tefmoings foient limitez? Ils ne fe li-
mitent iamais qu'au Procureur du Roy, au lieu
qu'avec le délateur on fera facilement arreft
de preuves.

72. — Que par mesme iugement il faut prononcer de la calomnie.

Mais voicy une raifon à laquelle il n'y a point
de refponce. Si vous ne nommez le Délateur
qu'en fin de caufe, prononcerez-vous, par
mefme Iugement, de l'innocence de l'accufé &
de la calomnie du demandeur? ou pour le moins
le iour mefme ou le lendemain? Or tous les
anciens difent'qu'il le faut ainfi faire.

Or cela ne fe peut que s'il eft nommé auparavant le Iugement. L'eftant après, l'accufé pert
la preuve que toute l'action & l'accufation produict. Il pert ce contentement de voir en un
inftant la chance tournée fus fa Partie. Et pour
un procés vuydé, il entre en un autre. Car c'eft
à recommencer, la nomination non faicte.

Pourquoy eft-ce que la condition d'un Délateur qui eft odieux, feroit meilleure que de
l'Accufateur? Qu'adviendra-t-il fi le Procureur

du Roy avait receu un Délateur incogneu &
infolvable ? Si celuy qui a efté nommé par le
Procureur du Roy entre en dénégation : nie &
défavoüe fon feing & efcripture ? Oultre la première accufation ne feroient point en fin deux
nouveaux procez, l'un contre ce Délateur, l'autre contre le Procureur du Roy en fon privé
nom ? Si les Anciens ont reietté cette procédure en matière civile, qu'après le Iuge on
commençaft l'action de calumnie, la recevrions-
nous au criminel ? Mais quoy ? ce Délateur fecret, ou il baille caution ou n'en baille point.
S'il n'eft tenu d'en bailler, c'eft par un recours
fruftratoire tourmenter autruy impunément.
S'il en baille, il n'eft plus fecret : l'acte de fa
caution eft public, conféquemment commun
aux deux Parties. Voudrions-nous dire que
ceft acte & élection de domicile fuft fecret entre
le Procureur du Roy & son Délateur ? Le Procureur feroit acte de Partie privée. Voudrions-
nous dire pareillement que ce Délateur deuft
eftre caché au Iuge pendant l'inftruction ? c'eft
certes à luy d'avoir l'œil ouvert de tous coftez,
& de confidérer de quel artifice toute l'action
& accufation fe traitte, ce qui a pouffé l'accufateur à entreprendre telle pourfuite. S'il le
fçait & qu'il foit requis d'en donner acte le
peut-il iuftement refufer ? Nous avons requis
la présence de l'accufateur de peur que le Iuge

& l'Accufé fuffent circonvenuz : le Procureur
du Roy ne le peut-il point eftre s'il n'y a que
luy qui doive fçavoir qui eft Délateur ? Mais
brief : tout procez faict avec partie fourde &
gardée en manche n'eft pas procez : font embufches, font chauffetrappes. Faut-il qu'il y ait
quelque chofe licite en Iuftice contre l'honneur,
contre la vie, contre les biens; fi ce n'eft ron-
dement, ouvertement, & en public ? Cela eft
indigne de la candeur, fincérité & relligion de
la Iuftice, qu'il s'y face rien à couvert. A quelle
fin ie vous prie ce recellement de Partie ? Eft-ce
adfin que l'accufé foit opprimé & enfoncé plus
aifément ? Que ceft accufateur muet le face
avec moins de danger & plus d'impunité ? Eft-ce
de peur que l'accufé le corrompe ou le pour-
fuyve d'appoinctement ? Ces raifons ne font
honneftes ny à confidérer. Quand l'accufateur
s'eft délaiffé ou que les parties ont tranfigé,
c'eft bien lors qu'il faut demander fi tels actes
font fouftenables, & ce qu'ils importent. S'ils
importent confeffion à l'accufé : turpitude à
l'accufateur. Mais il ne s'enfuyt pas pour un
inconvénient que l'ordre & eftabliffement de
la Iuftice ne foit & ne doive eftre iufte & efgal.
Ce n'eft pas l'eftre, que de combattre en té-
nèbres, eftre affailly, fentir les coups & ne fçavoir d'où ils procèdent. Car ce n'eft pas du Procureur du Roy puifqu'un autre les luy fug-

gère. Finalment : puis que ce Délateur fecret faiᓀ les frais (autrement ne le feroit-il pas) pourquoy fera-t-il cogneu aux tefmoings, aux Sergens, aux Advocatz, aux Greffiers, au Procureur du Roy & aux Iuges : & que l'accufé l'ignore feul ?

73.— En quel cas le Procureur du Roy n'est point tenu de nommer le délateur.

Il peut arriver toutes fois que le Procureur du Roy n'ayt Delateur ne inftigateur que son devoir. Car ainfi que le Iuge peut procéder de fon office, auffi le Procureur du Roy peuft accufer fans Partie, foit plaintive, foit délative ou accufatrice. Comme quoy ? En feditions populaires, en flagrant déliᓀz, & en voyant le faiᓀ à l'œil, & la chofe parlant de foy, on peut par occafion prendre & faifir au corps tous les premiers venuz, tous les domeftiques, tous les voifins : & en telz autres cas qu'on cognoift mieux quand ils fe font préfentez, qu'il n'eft pas facile d'en faire reigle : le Procureur du Roy n'eft point teneu là de nommer un Délateur, ne au commencement, ny à la fin, puifque véritablement il n'en a point. Mais fus tout, il fe faudroit bien donner de garde de mettre les caufes Fifcales en ce ranc la. Comme pour exemple s'il eftoit queftion de faire recherche contre les Thréforiers, Ufuriers, ou Faux Nobles. Si celuy qui eſt ià extraordinairement eſtably Procureur du Roy en cẹſte cauſe, vouloit encores, pour plus licentieuſement ſe ioüer de l'honneur & des facultez d'autrui : eſtre ſans bride, & avoir ce privilège de n'eſtre teneu nommer ſes Délateurs & inſtigateurs, ou ceùx-là ne ſe treoveroient coulpables: il faudroit mettre le ganivet en ſes lettres. Car ſoubz un bon Prince, & où la iuſtice a lieu, la condition du Fiſc doibt eſtre pire que du privé. Mais s'il eſtoit queſtion de la propre perſonne du Prince, parce qu'il n'y a rien de plus ſacré, i'admettrois que tant qu'on eſtimeroit tous complices avoir eſté avérez & deſcouverts qu'il y auroit apparence, s'il s'en trouvoit un mal accuſé, de ne nommer point le Délateur, iuſque à ce que toute la queſtion & inquiſition fuſt parfaiⱶe, de peur que le Délateur fut déſtourné ou aſſaſſiné par les complices & que les preuves ſe dépeⱳiſent ou deſtournaſſent en ce faiſant. Mais ce qui eſt ſi ſpécial en tel crieſme ne doibt pas eſtre tiré en exemple.

74.— Si les privez accusateurs se peuvent désister.

Maintenant c'eſt à voir, ſi ayant eſté une fois intentée, la continuation eſt déformais facile ; ſi l'accuſateur privé ſe pouvoit & peut déſiſter, s'il peut tranſiger, céder & tranſporter ſes actions. Car il y avoit anciennement de la forma-

lité à fe délaiffer de fa pourfuite & au cas que
nous ‘trouvions que le Ceffionnaire fuft reçe-
vable Partie, & que l'abus qui y eft, eft tolérable. Encores nous faut-il voir, s'il a toutes les
prééminences de fon cédant ; s'il n'eft non plus
teneu de bailler caution que luy : à quoy il peut
conclure ; s'il peut appeler *a minima*, et ainfi des
autres formalitez.

75.— Iusques à contestation en caufe on pouvoit se désister.

En France il eft d'autant plus libre de fe défifter, que le Procureur du Roy demeure touiours partie, & ne nous refte des anciennes formalitez que le confentement de l'accufé y eft
requis. Car s'il veut infifter, à ce que pour fe
iuftifier avecque luy, & avoir réparation de fon
honneur, l'accufateur demeure en caufe, il eft
contrainct d'y demeurer. Cela avons nous de
plus honnefte que les Romains, que nous ne
diftinguons pas fi la caufe eft conteftée ou ne
l'eft point. Car dès qu'il y a mandement obtenu pour informer ou informacions mifes à la
Cour ; n'y éuft-il point de décret, & ne fuft-il
point exécuté, tout homme qui eft foucieux de
fa renommée eft recevable à faire dire que ceft
impetrant amenera fes tefmoings, autrement
qu'il n'y fera plus reçeu, ains condempné en
telle réparation et amende qu'il apartiendra.

Certes il y a de la générofité a ne fe iuftifier point par diffimulation ou connivence, principalement fi la perfonne eft en qualité. Car fi en l'abfolution qui n'a paffé que d'une ou de deux voix, ou voix pareilles, la tache ou la cicatrice demeure, que feroit-ce ne fe dire innocent que par un acquiefcement & défiftement de l'accufateur?

Depuis qu'un criefme eft mis fur un homme d'honneur, luy & le public ont intéreft qu'il foit puny, s'il eft véritable : l'impofteur & le calumniateur, s'il eft faux. D'avantage on a intéreft d'eftre une fois iuftifié adfin de ne pouvoir plus eftre recherché par autre pour mefme faict. Car l'accufateur qui défifte, qui accorde & cède fes droits : s'il y a iugement, faict place à l'autre qui veut reprendre & refriquer le mefme criefme. C'eft donc lors que les accufations font néceffaires, quand aprez avoir efté proiectées, ou encommencées, l'accufé ne confent point à l'abolition.

De cefte queftion fi l'accufateur peut fe défifter fuyt l'autre, s'il peut tranfiger & accorder. Elle n'eft pas auffi hors du traitté de nos formalitez, car l'accord eft receu, la queftion peut eftre, fi iceluy fait & paffé, il fe peut éncores traitter & manier quelque chofe en la caufe, foit avec le Procureur du Roy ou autre partie nouvelle. Si au contraire l'accord eft

prohibé, foit eu général, ou en quelque cas
particulier : comme quand pour l'importance
de ce qui s'offre, nous faifons expreffes défenfes aux Parties d'accorder : & que le Iuge voye
néantmoins en effect que l'accufateur perde &
oublie l'ardeur & animofité d'accufer : brief,
qu'il collude : c'eft lors auffi qu'il eft bien à
confidérer, pourquoy nous retiendrons l'accufateur en qualité : & s'y fera de fa main que le
Procureur du Roy, & le Iuge admettront les
tefmoings. Il a toufiours efté infâme aux Parties de tranfiger de criefme public, *pretio non
precibus.* Mais anciennement plus à l'accufateur
qu'à l'Accufé.

' Auiourd'huy tout à l'oppofite. Rien ne demeure au milieu, fors le défiftement ou l'abolition folennelle. Oultre l'intéreft public, qui
rompt toute tranfaction : oultre la parole de
Dieu, qui la défend : *Non accipietis pretium ab
eo qui reus eft fanguinis, ftatim & ipfe morietur :*
l'une & l'autre Partie confeffe fa turpitude :
l'accusateur, la calomnie, l'accufé, fon délict.
Quant à l'accusateur, il y engageoit perpétuellement fon honneur. Mais à l'accufé, s'il y alloit
de fa vie, iaçoit qu'il ne luy fuft-on plus licite
de tranfiger, toutes fois on lui pardonnoit de
l'avoir faict. Il n'eftoit pas teneu, en ce cas là,
pro confeffo aut convictio. Si autre le vouloit accufer, il falloit néantmoins luy amener tef-

moings & le convaincre, fans tirer preuve ni
conféquence de ceft accord. Hors ce péril de
mort ils tenoient pour maxime que qui tran-
fige de fon honneur n'eft pas digne. Mais en
France nous fommes fi eflongnez de ce droiɕ
là, pour cefte raifon vulgaire, que le Procureur
du Roy a feul en main la vindiɕe publique
qu'il n'y a infâmie, perte ni incommodité à la
partie civile de tranfiger, car il ne transige que
fon intéreft, & que tout au contraire c'eft pleine
preuve contre l'Accufé, tant capital foit le criefme. La tranfaɕion de foy eft bien nulle,
car nonobftant icellé, l'accufateur qui a tranfigé, peut agir, & l'accufé eftre traiɕé & pour-
fuivy comme devant. Mais la preuve qui en
réfulte, comme d'un inftrument cancellé fe confidère.

76. — Des cessions.

Qu'ont faiɕ nos Praɕiciens? Ils ont penfé
trouver un remède, par lequel, quand les parties feroient d'accord, l'accufateur ne peuft
plus agir, ou ne peuft eftre reprins de prévarication & collufion : ne imputé à l'accufé,
qu'en tranfigeant il fe feuft confeffé & recogneu coulpable. Ce remède eft, l'accufateur cédant fon action à un tiers avec lequel l'accufé
colludant déformois, fe peut iuftifier fans
danger. Voyons donc ce dernier point & pri-

mes ce que l'accufateur peuft céder. Nous difons qu'il y a différence de criefme & conféquemment d'actions. Quant aux criefmes : ou
ils font tels qu'ils engendrent deux actions fé-
parées, l'une criminelle, l'autre civile : ou rien
que l'extraordinaire. De ceux-cy encores : ou
les actions tendent à quelque reftitution & ré-
intégration de ce qui a efté à l'accufateur, ou à
le feule vindicte & animadverfion publique.
Des criefmes privez nous n'en parlerons pas.
Quant au premier : ores qu'il y euft bien apparence de dire, fi le demandeur avoit faict choi.
& élection d'agir extraordinairement que lors
il ne peuft pas céder fes actions, pour les raifons que nous dirons cy après; toutes fois puifqu'à là vérité il luy eftoit loifible de fe pourvoir civilement, permettons qu'en ce cas-là,
comme auffy ès accufations *quæ rem familiarem
cum crimine perfequuntur*, comme *de falfis, repe-
tundarum, peculatus, vi bonorum raptorum*, parce
qu'il y a quelque chofe féparé du public, &
pour lequel on peut agir civilement, ou crimi-
nellement, permettons que le demandeur puiffe
de fes droictz &, actions faire ce qu'il verra.
Mais où l'action ne tient qu'à la vindicte que
peut céder l'accufateur? L'homme libre occis,
la pudicité violée, reçoit-elle prix & eftima-
tion?

77.—Qu'anciennement on n'adiugeoit point de réparation aux parties.

Anciennement on n'adiugeoit point de réparation aux parties. Sous l'empereur Adrien il commença à s'en trouver quelques uns auxquels avec la punition publique ou de mort ou de banniffement on adioufta réparation civile aux demandeurs & accufateurs.

78. — Tout cessionnaire est prévaricateur.

Ce qui nous faiçt néantmoins infifter que ces ceffions ne devroient point avoir lieu, c'eft que tout ceffionnaire n'eft autre qu'un prévaricateur manifefte : c'eft que, nul ne tranfporte fes droiçtz qu'aux amis & familiers de l'accufé, c'eft que ces ceffions ne fe firent iamais que les parties ne fuffent d'accord, c'eft qu'elles ne fe font iamais gratis, c'eft que le prix en foit touiours de la bourfe de l'accufé, non du ceffionnaire. Qu'advint-il de cela ? Le ceffionnaire laiffe prendre à l'accufé tel Iuge que bon luy famble, faiçt renvoyer la caufe où il luy plaift, deftourne les preuves, confeffe les faiçtz de fa Partie, luy amène tefmoings pariures qui fe defdifent, ou font mine & contenance de ne poinçt congnoiftre l'accufé. S'ils fe congnoiffent, & ont quelque confcience de varier, confeffent plus de reproches que l'accufé ne leur en al-

lègue. Brief, adfin qùe la befongne foit encores
mieux faiˆte, fouffre que l'accufé foit abfoult,
luy condamné en tous les defpens, dommages
& intérefts, & le jour mefme en prend quit-
tance. Le plus grand mal eft encores, qu'aprez
telle réfolution (s'il n'y a lieu d'appel) on n'eft
plus receu à rechercher l'Accufé. La prévarication profite, non feulement aux complices,
mais à ceux qui l'ont braffée. Prévarication
n'eft plus criefme. Car d'autant que le Procureur du Roy eft touiours ioinˆt en caufe, on
préfume que toutes chofes paffent folennellement & que s'il y avoit de la tergiverfation ou
prévarication il y réfifteroit. Au lieu qu'à
Rome, qui euft voulu de rechef appeller l'accufé du mefme criefme dont il euft efté abfoult,
prouvant au préalable que le premier avoit
prévariqué, il y eftoit reçu, icy non. Ils ne tenoient iamais pour chofe iugée, chofe qui l'euft
efté avec contradiˆteur iniufte. Puis qu'il y a en
ces fineffes, & inventions de fe iuftifier tant de
voyes illicites, tant d'infamie, qu'il faille pour
le bien faire, que le Iuge, l'accufateur & les
tefmoings foyent corrompuz, què tous facent
profeffion de pariure, de falfité & prévarication,
pourquoy recevons-nous ces ceffions? Mais que
ce foit la Loy mefme qui les fuggère aux plaideurs, que ce foit le Magiftrat qui y connive,
qui diffimule à ces illufions & t ›mperies, (car

qui eft le Iuge qui n'y voye le iour au travers?)
que la Iuftice ferve de mafque : comment cela
fe peut-il excufer? Peut-on dire qu'il eft utile
que les crimineux ayent des moïens indirects
& defhonneftes pour fe fauver & développer
d'affaires?

Il n'en faut iamais propofer que de licites.
Tout ainfy qu'en la guerre, la victoire eft hon-
teufe qu'on a emportée par trahifon, infidélité
& tromperie : auffy en la Iuftice, celle qu'on
a obtenuë par la féduction & fubordination de
la Partie & des tefmoings. Mais ce n'eft pas le
proufict du particulier qu'il faut confidérer :
c'eft du public. Eft-il raisonnable que l'intéreft
qu'on a ioinct & uny au public, foit en commerce, fans le vouloir & confentement du public? Il y a plufieurs occafions iuftes, pourquoy
l'accufateur s'il veut fe défifter, y puiffe & doive
eftre reçeu. Mais fi c'eftoit pour avoir efté corrompu, gaigné & pratiqué par argent, *abolitio
non admittebatur.* Du refte la ceffion n'eft favorable que bien conduite. Et comment le feroit-
elle autrement, que l'ayant obtenuë par fraude
& par intelligence, elle n'eft feure ny bonne aux
accufez? La mefme Partie peuft intervenir, &,
nonobftant fa ceffion, plaider & agir, comme
auparavant. Pourquoy cela? Parce que ce qui
eft nul, faict contre le bien public & bonnes
mœurs, n'oblige point. Qui l'empefcheroit? Se-

roit-ce l'accufé? Il ne peut alléguer cefte ceffion qui n'eft pas faiéte avec luy. Il ne la peut pas mefme fçavoir, qu'il ne confeffe que c'eft luy qui l'a pratiquée. Peut-il dire qu'il a plus d'intéreft d'eftre accufé par un ceffionnaire que par le vray demandeur & accufateur? Ce feroit alléguer fa turpitude : & prefcher publiquement qu'il n'a moyen de fe iuftifier, qu'ayant pour adverfe Partie ung qui le flate. Seroit-il le · Ceffionnaire? Quel intéreft y a-t-il? Il a intéreft pour les deniers qu'il a financés, et non plus, quand ce feroit véritablement luy qui les euft tiré & conté de fes coffres. Il s'enfuit donc que le cédant en luy rendant fes deniers, fera touiours reçeu à accufer, & s'il ne luy faudra point de Lettres pour y eftre reçeu, puifqu'il agift contre celuy avec lequel il n'a rien faiét direétement. Si le Iuge peut ordonner de fon office (diét IMBERT) que l'accufateur demeure en caufe nonobftant fa ceffion, l'accufateur ne peut il pas luy-mefme s'y préfenter?

79. — Que l'accusateur nonobstant sa cession peut accuser.

Quant en tout événement la ceffion tiendroit, pour ce qu'il y a d'intéreft pécuniaire, & que celuy qui l'allègue fuft bien fondé à infifter & dire que la réparation civile, fi aucune eft, luy

appartient, ce qu'il y a de iufte douleur en l'accufateur, de légitime paffion & affection (qui
ne fe peut tranfporter), n'eft-il pas fuffifant,
pour le déclarer bien recevable, à demourer
toufiours en caufe, et y faire office de iufte et
roide accufateur? Faudroit-il lettres de reftitution pour chofe qui n'eft point cédée? *In hac di-*
vinatione, où il feroit queftion de fçavoir lequel
des deux feroit plus idoine à accufer, le cédant
ou le ceffionnaire, préféreroit-on ceftuy-cy? Si
on veut dire que la vraye partie ayant une fois
cédé fes droicts, a dépofé cefte qualité d'agir
avec iufte douleur, & que déformois elle collu-
dera auffi bien que fon ceffionnaire : il eft certain qu'on ne fçauroit donner ordre à tous inconvéniens. Il fuffit que cefte partie-là foit plus
préférable que l'autre & que la préfomption ne
foit pas que celuy qui eft offencé collude bien
aifément : au lieu que le ceffionnaire en fait
profeffion & n'eft introduict que pour cela. Il
s'y offre, il s'y préfente de fon bon gré, où, quant
au povre cédant, la préfomption ordinaire eft
que ce qu'il en faict, c'eft par contrainôte. Qui
doubte que toutes parties offenfées, fi elles ef-
timoyent pouvoir avoir bonne & briefve iuftice & à peu de fraiz, qu'ils ne la demandaf-
fent & préféraffent une honnefte & iufte vengeance, à tout lucre? Véritablement, qui ofe la

la demander auiourd'huy, tant il eſt difficile au
povre & au médiocre d'avoir iuſtice du plus
puiſſant! Non pas que ce ſoit touſiours la faute
du magiſtrat : ains pour les menées que font
les riches, deſtournant les teſmoings, intimidant leurs Parties, les conſommans & atté-
dians de longueurs & de deſpenſes. Il ne faut
plus tant de raiſons, puiſque nous avons l'exemple, & l'auctorité de noz ſupérieurs : leſquels
aux Grans Iours de Poictiers, receurent toutes
perſonnes à accuſer, nonobſtant ceſſions qu'ils
euſſent faictes, & qui plus eſt, ſans aucune mention des ceſſionnaires, adiugèrent les réparations aux cédans. Une choſe que i'ai ouy dire
pour souſtenir ces ceſſions, qu'attendu que
la Iuſtice eſt maintenant ſi couſteuſe, il eſt
plus utile que le povre homme, qui eſt obligé
d'accorder, y entende, & pour quelque bonne
femme dont il nourrira ſa famille, cède & tranſ-
porte ſes droictz, qu'il perde tout, ſoit batu,
puis paye l'amende. Ne ſe peut il pas auſſy
faire que ce ſoit quelque autre puiſſant & fort
qui prenne les droictz de ce povre homme, ſans
colluſion, ſans faintiſe, & qui de bonne foy
pourſuyve le crieſme? Certes Solon (dict Demos-
thènes contre Androtion) avoit en faveur des
povres donné pluſieurs moïens de ſe pourveoir
contre ceux qui les avoient offencés, ſçavoir

eft,. par action civille ou pour accufation, &
celle-cy encore, dont la peine fuft corporelle ou
pécuniaire, adfin que les grandes amendes &
peines que peuvent encourir ceux qui accufent
& y fuccombent, ne les empefchaffent de fe réclamer à Iuftice. Qui plus eft, premier eft d'intenter action quelconque, il leur permettoit de
prendre argent pour le meurtre. Mais cefte
confidération eft contre la Loy. Secondement,
c'eft tirer de la raifon d'un inconvénient, auquel il faudroit plus toft donner remède,
ou confeffer haut & clair que la Iuftice n'eft
faicte que contre les povres, fans toucher
& attaindre aux grans. Il ne faut iamais faire
ouverture à chofe mauvoife, car ordinairement
un mal attire l'autre. D'avantage de deux maux
il faut toufiours éviter le plus mauvois. Or,
eft-il bien plus expédient, quelque chofe que
dict Solon, que le povre ne refente aucun émolument du criefme commis en luy ou en fa famille : que le coulpable ayt cefte voye de fe iuftifier iniuftement. Si l Procureur du Roy ne
faict fon devoir, s'il ne fe prefente quelque Partie puiffante, n'eft-il pas plus utile que ce
brave vive toufiours en crainête, traifne perpétuellement fon lyen, & n'ofe fe trouver en
païs de Grands Iours, que luy donner des
moïens pour faire accroire que le défunct avoit

grand tort? Quand la povre Partie perdra fa
réparation à faute de la demander, fera fa
faute : & fi elle ne perdra rien en cela, car la
réparation n'eft pas *in bonis*. Touteffois ce remède y eft. Car encores que nous n'ayons
Partie que le Procureur du Roy, nous déclarons
les biens du condamné affectez aux perfonnes
intéreffées.

80. — Que le cessionnaire est délateur.

Quant à dire qu'il ne peut trouver des Ceffionnaires qui ne colludent point, cela eft fi
rare, que pour ung, il ne faut pas mettre la
planche à mille qui en abufent. Si ceft un a
quelque zèle au public, ou inimitié légitime
contre celuy qui a délinqué, ne fe peut-il pas
bien rendre Délateur, s'il n'y a partie? S'il y en
a le fecourir, luy fubminiftrer aux fraiz? Et
s'il a peur qu'il accorde, exciter l'office du Procureur du Roy : voire fe ioindre et rendre Délateur en la mefme caufe? Il n'eft point néceffaire pour mieux conduire fon Accufation
d'acheter les droictz d'autruy. Si c'eft pour éviter ce nom de Délateur & la calumnie à laquelle la Partie eft plus fubiecte que le demandeur eft accufateur, au lieu duquel il eftime
eftre, ayant fes droictz, Ie dy, foubz le meilleur
advis d'un chacun, que tout homme qui vient

fpontanément s'offrir, & fe ietter en un procès qui appartient proprement à autruy, eft délateur. Le ceffionnaire eft de ceux-là. Secondement pour monftrer que l'intéreft du vray accufateur eft inceffible, & que le ceffionnaire n'eft point au lieu de fon cédant : voyons la différence des deux, non point en ce que les directes demeurent toufiours, mais en la fubftance & validité de leurs droictz. Car auffi bien, puifque nous tolerons ces ceffions, il faut voir les formalitez du Ceffionnaire. Primes, s'il avoit doubte qu'il fut folvable, ie ne ferois pas difficulté d'ordonner qu'il bailleroit caution. Car ce n'eft pas au criefme qu'il a fpécial intereft : ce n'eft qu'aux deniers qu'il auroit en tout évenement débourfez. Secondement, pour cefte mefme raifon nous ne luy adiugeons point de réparation, ains le prix feulement de fa ceffion, pour le plus, fans luy donner le nom de réparation civile : conféquemment fans exécution ny contraincte par corps. Si le condamné demande à faire ceffion de biens, il y fera reçeu contre lui : où il ne le feroit point contre l'accufateur : parce que fon intéreft procède du criefme commis en luy : fon intereft eft ioinct & annexé au public. Mais celui du ceffionnaire & procède *ex contractu*, *non ex caufà maleficii*. Que fi en fin de caufe l'accufation fe trouvoit faulfe, Ie ne ferois pas

12

d'advis de l'excufer de la calumnie, comme on euft pu faire l'accufateur. Car la iufte douleur peut couvrir & excufer ceftuy-cy. Mais au Cef-fionnaire, puifqu'il y va de fanc froid, on luy doibt imputer s'il ne l'eft plus fongneufement informé fi l'accufé eftoit coulpable. Il nous fau-droit maintenant, felon la partitiou que nous avions faicte, traitter icy de l'accufé, lequel quitteroit les armes, & fans fe défendre donne-roit caufe gaignée à fa Partie. Mais au troifiefme livre nous en parlerons en fon ordre.

LIVRE TROISIEME.

PREMIERE PARTIE

DE L'ACCUSÉ.

1. — De l'accusé.

Accusé vient maintenant en fon ordre, 'tout ainfy que qui euft traiclé des cérémonies & introïtes des facrifices, & du facrificateur puis après s'enfuivront l'Hoftie à préfenter & à mener à l'autel. Auffi aprez le criefme, le Iuge & l'accufateur, repréfentons à Iuftice noftre accufé et le pofons au beau milieu du barreau, preft à expédier fon délict : ou en fe fubftituant, d'y fubftituer fa Partie, comme le mouton, pour Ifaac, la biche, pour Iphigénie. Car fi au lieu de s'offrir, ou attendre l'yffüe, il fe cachoit, ou rompoit les prifons, il faudroit lors voir, fi paffant oultre, nous le pourrions punir par figure, & faire comme les Sacrificateurs anciens, lefquels au lieu de tuer & immoler ce dont ils ne pouvoient point fournir n'en facrifioient que l'imaige.

2. — L'accusé doit être mandé.

En ceſte repréſentation des Parties, la différence qui y eſt notable eſt que l'accuſateur ſe
préſente de ſon bon gré & vient au Iuge, ſans
mandement. L'accuſé, quelque délation, infer-
macion & ordonnance qui y puiſſe eſtre, n'eſt
teneu comparoir, s'il n'y a pour cela exploiĉt &
adiournement. S'il eſt queſtion de crieſme, il
eſt néceſſaire que nos Huiſſiers aient le décret
entre les mains.

3. — Ou se doit bailler l'adiournement.

Voïons maintenant ou doiĉt eſtre appelé
l'accuſé s'il eſt néceſſaire que ce ſoit à perſonne
ou s'il ſuffit au domicile, & au cas qu'il n'en
euſt poinĉt, ou qu'il l'euſt hors le Roïaume,
quelle forme il y faut tenir. Tout ainſi que s'il
eſtoit queſtion de denoncer la guerre au Prince
ou à la République, il ne ſeroit pas néceſſaire
que la dénonciation ſe feiſt à la perſonne méſme
du Roy, ou des principaux Magiſtrats mais
ſuffiroit que ce fuſt à la garniſon la plus proche.
Auſſy n'eſt-il pas néceſſaire que l'adiournement
ſoit faiĉt en la perſonne de l'accuſé, autrement
il ſeroit en la puiſſance des malfaiĉtteurs d'é-
viter les aiournemens par fuites & latitations.
Le miniſtre auroit également excuſe de ſa col-

lufion ou négligence : & puis feroit donner des prétextes d'entrer ès maifons par force, non feulement de celuy qu'on diroit prévenu, mais d'un chacun, prétendant que celuy qu'on voudroit adiourner s'y eftoit retiré & recelé.

4 §. — Entrée ès maison dangereuse.

Or n'y a-t-il rien de fi dangereux que de permettre telles entrées, vifitacions & perquifitions! Moyfe au XXIIII du *Deuteronome* l'a défendu. Et nos Loix, l'ont rapporté à iniure.

Si en ces recherches & vifitacions il s y commeçtoit du fcandale ou de la force, qui l'attefteroit? Quel fecours y auroit-il au contraire quand celuy que les Romains difoient eftre *tutissimum perfugium* feroit ofté? Certes les Anciens y eftoient plus cérémonieux que nous, car avec eux logeoit la Liberté. En un feul cas il eftoit permis d'entrer en la maifon d'autruy : s'il eftoit queftion de rechercher ceux qui defroboient les eaux des fontaines publiques. Et bien, s'il y a décret de prife de corps, & que celuy qui eft accufé ferme fes portes, ufe de rébellion & de réfiftence : que fa maifon ou de celuy encores qui le retire, puiffe eftre forcée & rafée : qui plus eft qu'on le prenne, s'il eft expédient, iufque fus l'autel. Mais s'il n'eft queftion que d'un fimple adiournement perfon-

nel c'eft affez qu'on le face au domicile. Quoy
donc ? s'il n'en a point ou fi depuis le criefme il
s'eft allé tenir hors le Roïaume ?

**5. — Si l'accusé demeure hors le royaume comme
il le faut aiourner.**

Au premier cas, nous l'adiournerons à fon
de trompe & par affiches. Au fecond l'Huiffier
iufques fur la frontière & regardant fur le païs
voyfin, en préfence de fes recors, adiourne à
haute voix celuy qui luy eft mandé, parlant au
premier des eftrangers qui fe préfente: finon
iette fon exploiét en leurs terres, à ce que le
premier venu le ramaffe, & le faiét fçavoir fi
bon luy femble. Cèla fe faiét en cefte manière
pour deux raifons : Primes, pour éviter la force
dont on pourroit ufer contre l'Huiffier. La feconde, parce que nul fans congé, n'a pouvoir
hors de fon territoire. Nous avons diét oultre
cela, depuis le criefme. Car fi l'accufé n'avoit
délinqué en ce Roïaume & qu'il fuft demourant
ailleurs, nous n'aurions plus de Iuridiétion fur
luy. Mais fi c'eftoit, l'accufation ià intentée,
qu'il fe fuft retiré hors du Roïaume ce feroit
fuite & abfence illégitime : non pas mutation
de domicile : de façon qu'en ce cas l'adiournement vaudroit, faiét où il eftoit au temps du
criefme. Mais oultre cela il le faudroit faire à

fon de trompe, au lieu où le délict a efté commis. Brief, l'adiourné qu'il eft, faut qu'il obéyffe
& fe préfente au iour : faut, la caufe appellée,
qu'il refponde : autrement procéderoit-on par
contumace. Mais une caufe l'empefcheroit s'il
venoit homme qui l'excufaft ? Car c'eft ià aucunement obéyr que de demander délay &
autre affignation d'obéyr.

6. — De l'exoine.

Difons doncques icy quelque mot des exoines,
non point quelles caufes y eftoient receues (car
cela dépend de la matière, & puis il eft vulgaire
que, quand l'accufation eft admiffible, nous admettons feulement la maladie), mais difons de
la formalité de les préfenter & admettre.

Les Anciens n'avoient donc point toutes les
folennitez que nous avons. Qu'il falle que l'exoniateur foit ouy par ferment, iure qu'il eft veneu
exprès, qu'il a veu l'accufé malade, & en telle
indifpofition qu'il ne puiffe venir à pied ny à
cheval, fans dangier de fa perfonne, & que
commiffion foit octroyée aux Parties pour informer, à l'accufé de fes faictz, à l'accufateur &
au Procureur du Roy, de la faulfe exoine.
Pourquoy cela ? Parce que leur exoine n'emportoit qu'un fecond délay d'obéyr. *Dies diffifus
efto.* Leurs premieres ordonnances, ny le profit

de leurs défaux ne tendoient à prife de corps,
ny faifie de biens. Et finalement, leurs peines
n'eftoient qu'argent ou exil, fi bien que le public ny le particulier n'avoient pas grand intéreft que l'accufé s'offrift, ou non. Car pour la
contumace il s'enfuyvoit Iugement autant valable que s'il euft efté donné Parties ouyes.
D'avantage les accufations chez les Anciens fe
traittans & inftruifans publiquement, les accufés euffent efté fi honteux d'ufer des fuittes &
eflongnemens qu'on recherche auiourd'huy, par
le moïen ces exoines, qu'ils aimoient mieux
comparoir, ou, dès la première affignation
s'exiler eux mefmes s'ils fe fentoient coulpables, que de fe faire excufer de maladie, ou
autre çaufe qui fuft fufpecte.

Mais en France, où les defguifemens font fi
communs, que la plus part de la luftice n'eft
qu'en procédures & incidens, où les emprifon-
nemens, & punitions corporelles, font couftu-
mières, il a bien efté néceffaire de prendre & le
mot, & la forme des Grecs, c'eft-à-dire le Iu-
rement folennel, & oultre cela les autres formalitez que nous avons dictes, & néantmoins,
avecque toutes ces cautions là, elles ne tournent
plus qu'en ftile. De cent mille exoines, pas une
vraye. Ce font autant de pariures, & en bon
langage, autaut de délays & élongnes, que les

accufez pratiquent ainfy, pour cependant corrompre, ou fatiguer leur adverfaire, gafter &
divertir leurs preuves, ou s'ils veulent fuyr, le
faire plus feurement. On ne peut pourtant point
refufer l'exoine de maladie, car ce feroit impofer à noftre fragilité & humanité, une condition trop dure, que nous contraindre de poftpo-
fer noftre vie, noftre fanté à affaires communes
& réparables. Ce feroit, qui plus eft, ofter la
défence aux accufez, que de la leur enioindre
lorfqu'ils n'en pourroient point commodément
ufer. Y auroit-il apparence qu'en la difcipline
militaire l'excufe de maladie fut admiffible, &
qu'elle ne le fuft point au Palais?

Si en tranfportant & enlevant les accufez,
ils expiroient entre les mains des Huiffiers, ce
feroit indirectement les punir premier que
d'eftre convaincuz & fententiez. Puis qu'au
contraire, on eflargit les prifonniers pour maladies : la mefme caufe n'empefcheroit-elle
point leur capture & emprifonnement?

7. — Reméde contre l'abus des exoines.

Quoy donc remède aux abuz? Primes, ie ne
trouve pas fuffifant que l'exoniateur prefte
feul le ferment : qu'il eft veneu exprès, &
que l'accufé foit tellement malade qu'il ne
puiffe venir à pié ni à cheval. Car puis qu'il

vient pour l'accufé, & que ce doit eftre luy qui
l'envoye pour une feconde forme de fubmiffion
& obéiffance, il me fembleroit que l'exoniateur
devroit venir avecques procuration du malade,
pour iurer & affirmer en fon Ame, que fon excufe eft véritable. Et fi nous voulions prendre
l'exemple de ces Augures où il falloit que trois
d'entre eux iuraffent la maladie, non un feul,
il y auroit apparence, qu'il en devroit venir
deux pour exonier : un domeftique & un voifin. Car qui doubte, que le fils iure pour le
père? le ferviteur pour le maiftre? Secondement, ie défirerois que la procuration & affir-
mation de l'énonciateur exprimaft le lieu & la
maifon où feroit l'accufé. Davantage : qu'à
l'inftant de l'adiournement perfonnel, le malade baillaft caution par devant les plus pro-
chains luges des lieux, de fe rendre en l'eftat,
fi toft que fa fanté le permettroit, ou qu'il fuft
autrement ordonné. Que fans voir l'acte de
telle caution, nulle exoine ne fuft receuë. Car
quelle plus grande illufion peut-il eftre, que
s'excufer de maladie, & fe latiter cependant?
Que durant ces exoines, les Iuges ignorent en
quel lieu, & en quelle maifon foit le malade?
Qui fe faict ainfy aifément tranfporter çà & là
n'eft pas malade. Le Iuge, dit M. le Préfident
Liset, doibt nonobftant la maladie de l'accufé,

confidérer s'il luy baillera gardes en fa maifon ou s'il le fera mener ès plus proches prifons, ou du tout l'enlever & apporter devers luy, felon le plus ou moins de danger qui y pourra eftre. Comment fe feroit cela finon que nous gardions ès exoines, la folennité & formalité que nous difons? Il n'y faudroit point en ce faifant d'autre preuve, la chofe parleroit d'elle-mefme. Un feul inconvénient y auroyt, quand les ma-lades fe diroient eftre en places fortes. Mais pour y fatiffaire il y aura apparence de dire que l'exoine en ce cas là n'euft point de lieu, car quelque grand feigneur qu'on puiffe eftre, fitoft qu'on fe voit tiré & appellé en Iuftice il faudroit defloyer de ces Chafteaux & fe faire porter au village pour fe rendre de facile con-vention, fubiect & obeyffant aux Loix. Tout ainfy, que la ftipulation qui eft en la volunté & option du debiteur, n'oblige point. Auffy, l'accufé qui eft en eftat de n'obeyr, s'il ne luy plaift, ne doibt avoir excufe qui lui profite. L'authorité, la puiffance feroit en la Partie, non au Iuge. Mais, parce que noftre Nobleffe ne s'accorderoit pas volontiers à ce defloge-ment, il femble qu'il feroit très-expédient, outre la caution à laquelle on fe pourroit adreffer pour le Iuge, à faute de repréfenter fon malade, qu'on différaft bien le Iugement

définitif, dedans le premier ou fecond délay qui
feroit donné à l'occafion de l'exoine, mais que
cependant on paffaft oultre à l'inftruction.
Laifferoit-il en fin donner & affeoir iugement fans comparoir? Qu'on razaft & con-
fifcaft les maisons. Certes il y auroit mefme apparence de le faire ainfi en tous cas, & contre
toutes perfonnes, à la charge de furfeoir &
différer le iugement. Et ce pour deux raifons.
La première afin que les preuves ne dépérif-
fent. La feconde pour ne pas différer oultre
mefure la procédure & par fuite la sentence.

8. — Si l'accufé peut comparoir par procureur.

Mais paffons oultre à noftre Inftruction. Nous
ne demanderons point icy, fi l'accufé peut comparoir par Procureur, car nous traitterons plus
tard cefte queftion. Nous tiendrons pour certain en ceft endroict que la préfence de l'accufé
eft néceffaire, s'il eft tel qu'il fe puiffe eftre.
Mais parce qu'il y en a, defquels la préfence
vaut auffi peu que l'abfence. Comme quoy?
Pofons le cas que le mineur de quatorze ans, la
fourd & muet de nature, foyent accufez : ne
faudra-t-il point de Procureur à ceux-là? Ce
que l'accufation fera avec eux, & ce que le Iuge
y ordonnera, fera-il valable, comme faict avec
la Partie légitime & fuffifante pour fe défendre?

Affeurément il faudra lors y adioufter un Tuteur ou curateur.

9. — Si en peut décréter sans charge et commencer par la capture.

Mais on dira : vous décrétez adiournement perfonnel, ou ordonnez que l'accufé fera prins & amené en Iuftice, & nous n'avons point encore ouy qu'il y ayt charges, ne informacion contre luy. Le Iuge peut-il ordonner qu'il comparoiftra fans qu'au préalable il y ait charges? Non, felon le ftile dont nous ufons. Car oultre la plainte qu'on nous apporte, il faut, premier que de decréter, eftre aucunement informé que la plainte ne foit pas vaine. Non fi avant que la vérité fe voye à l'œil. Car il ne refteroit plus qu'à iuger. Mais affez pour mouvoir & induire le Iuge. Le flagrant délict eft excepté.

10.— Partie formée.

Mais quoy? Si hors ce cas là l'accufateur offroit entrer en prifon fermée iufques ad ce qu'il euft recouvert les charges : le Iuge pourroit-il point ordonner que l'accufé y entrera? Véritablement il n'y a pas long-tems qu'il fe faifoit, & tel accufateur s'appeloit (dict Imbert), Partie formée. Mais nous ne pratiquons plus cela. Et fi ie l'ay iamais veu arriver qu'une fois pour des eftrangers incongneuz qui firent cefte offre.

13

11. — Qu'il est dur de commencer par emprisonnement.

Mais pour revenir à noſtre premier propos : quelques charges & informacions qu'on puiſſe faire au préalable, s'il n'y alloit que d'un adiournement perſonnel il n'y auroit pas grand inconvénient de l'ordonner. Car c'eſt la moindre choſe qu'on doyve à Iuſtice, que de comparoir quand il eſt dict. Eſtant Advocat en la Cour, i'ay touiours veu qu'il eſtoit dangereux de conclure en l'appel d'un adiournement ſimple. Mais d'y décréter de priſe de corps & commencer par la capture, c'eſt choſe que les Anciens n'euſſent pas trouvée iuſte, non ſeulement en la ville, & contre les citoyens Romains, mais partout. Il faut premièrement ouyr les Parties & voir s'ils ſe submettront aux Loix. Si ce n'euſt eſté choſe maudite, eſt-il vray-semblable que Verrès euſt obmis à en uſer ainſi en ſa Province? Sçavoir eſt, d'empriſonner de plain bout, ſous prétexte d'une informacion de deux teſmoings, & par ce moïen empeſcher que ceux auſquels il en vouloit, au lieu de comparoir par devant luy, s'enfuiſſent à Rome, comme feiſt Sthenius Thermitanus pour là faire leur plainéte de ſes cruautez & iniuſtices? Sur la ſeule plainte de l'accuſateur ils mandoient l'accuſé s'il comparoiſſoit & faiſoit dénégation du

faict, le Préteur ordonnoit que les Parties infor-
meroient. De prifon : nulles nouveles, qu'il n'y
euft fentence diffinitive, finon qu'il fuft queftion de l'Eftat. Car en tels criefmes la feule dénonciation vaut charge. Mais ce cas là excepté,
une informacion faicte à part, faicte en fecret,
faicte au defçeu des Parties, eft-ce chofe valable
& légitime pour y ordonner prinfe de corps.

18. — Informacion, pourquoy elle s'appelle ainfi.

I'ay appris de feu Monfieur de Lefrat, Pre-
fident au Parlement de Bretaigne, que s'eftant
autrefois préfenté à Paris pour eftre reçeu à
l'eftat de Préfident Préfidial à ce fiège, feu
Monfeigneur le premier Préfident de Thou luy
demanda ce qu'eftoit informacion & pourquoy
on l'appeloyt ainfi. Qu'enfin ledit fieur de Thou,
dict que la particule *in*, en ce mot, fignifioit
privation, parce que la preuve qu'on en tire,
eft preuve fans forme, & qui n'a toutes fes parties entières pour y croire & affeoir un bon iugement. Que dirons-nous après un tel & fi
excellent perfonnage? Mais bien : cefte façon
de décréter fus telle quelle preuve manque &
informe, foit aucunement tolérable, quand ce
feroit le iuge mefme qui fift cefte audition &
informacion fommaire. Mais que ce foit fus
l'examen & inquifition faicte par un fergent, par

un miniftre dont la foy, la vérité & la créance
dépend du récollement & répétition qu'en faict
le iuge : & qui le faict le plus fouvent fans mandement : il ne fe peut point qu'il n'y ait de la
rigueur en cela. Y a-t-il defpens, dommages
& intéreft qui fuffifent pour réparer la honte
& le vitupère de la prifon? On dira que qui ne
commencera à la capture, perdra fon mal-faic-
teur, que les preuves feront diverties & qu'il
n'y aura finalement point d'exemple. Nous
refpondrons à cela cy-après. Ie diray feulement en ceft endroit : que les anciens faifoient
meilleure iuftice que nous : & s'ils n'avoyent
point tant de prifons, tant de tortures ny de
fupplices. Comment cela? Quiconque eftoit
condamné par contumace l'eftoit toufiours.
Tant y a que leur pratique nous doibt apprendre, de ne décréter pas légèrement prinfe de
corps, principalement contre perfonnes notables : finon que nous euffions nous mefmes
vacqué à l'audition ou récollé auparavant les
tefmoings.

13. — Des récriminations.

Continuons. Nos Parties, quelque long ou
court chemin qu'elles ayent pris, en fin venües
devant le Iuge, ne peut-il rien encores fe préfenter qui les empefche d'entrer en jeu? Que

feroit-ce fi l'accufé vouloyt luy mefme récriminer? ou difoit qu'il a ià efté préveneu du
mefme criefme & en avoit efté renvoyé : conféquemment qu'il ne pourroit eftre deux fois repris : y auroit-il rien en cela qui fuft contre les
formes & le ftile? Quant au premier, il fe peut
entendre de deux fortes. L'une, fi au contraire
il deviendroit accufateur, & l'accufateur accufé.
L'autre, fi les Parties pourroient eftre concurremment accufateurs & accufez l'un contre
l'autre. Car fi l'accufé accufoit un tiers , il n'y a
rien en cela qui concerne l'Inftruction. La queftion feroit feulement s'il le pourroit faire.

14. — L'accusé par forme d'exception peut accuser.

Mais en ce que nous avons propofé, il nous
faut diftinguer ou c'eft le mefme criefme que
l'accufé veut rétorquer ou un autre. Si c'eft le
mefme, lors proprement la récrimination n'a
point de lieu, car dans un procès il ne doibt y
avoir qu'un accufé. Or ce feroient deux accufations, deux procès, deux iugemens. Et quand
cela fe préfente (dict QUINTILIEN aprez CELSE &
APOLLODORUS), il faut par néceffité préférer
l'une des accufations & furfévir fur l'autre.
Mais de préférer en ce cas celle de l'Accufé ce
feroit contre droict, de pouvoir accufer autruy

premier que de fe iuftifier. Quoy doncque? Eft-il
interdift à l'accufé de dire qu'au contraire c'eft
l'accufateur qui a commis le criefme dont il
l'accufé? Ne feroit-ce pas plus bravement &
feurement faict, *vertere crimen in adverfarium*,
que de s'aheurter à une négation pure & fimple.
Et puis, n'arrive-t-il pas fouvent que celuy qui
a tort devance l'autre? Il ne luy fera pas défendu. Mais puis qu'il a efté le premier accufé,
il ne le fera plus par forme d'accufation, mais
d'exception & de défence, tout ainfi que de ce
qui eft dict par récufation ou par reproche.

Cefte formalité n'eft pas fans importance. Car
qui accufe pour fe défendre n'accufe pas. Il eft
exempt de l'infcription & de tout ce a quoy eft
fubiect l'accufateur comme dict mefme le pape
INNOCENT III au Tiltre des accufations. Ainfi,
la folennité faict qu'une mefme chofe n'eft pas
valable, fi elle eft faicte directement, & fi indirectement elle eft bonne. Or ce que deffus a lieu
finon que la prévention euft efté calomnieufe-
ment dreffée & d'induftrie, pour fe couvrir du
mefme criefme.

C'eft lors que la prudence du Iuge eft bien
requife pour difcerner laquelle des accufations
doibt furfeoir. Mais quoy? s'il y eft trompé dès
le commencement & qu'au beau milieu de la
caufe la vérité vienne paroiftre, fçavoir eft, que

celuy qui accuse soit le coulpable : la formalité qu'il a une fois réglée, l'empeschera-t-il de reprendre un autre biais : de dire, que qui estoit accusateur sera accusé, & au contraire? Elle ne l'empeschera point, car toutes les formalitez de la iustice ne tendent qu'à la vérité. Conséquemment tout ainsi que le marinier qui dresse tousiours l'éguille là où il va, tourne néantmoins la peautre maintenant çà, maintenant là, selon les vents, ainsi fera le iuge, de ses formalitez. Il les dirigera & accommodera au flambeau qui est sus la tour, c'est à dire à la vérité qu'il recherche.

Si c'est d'autre criesme dont l'accusé veuille agir contre celuy qui l'a prévenu, il faut pareillement que nous usions de distinction. Ou le criesme est connexe, ou différent. S'il est connexe, comme est ordinairement toute rixe, ce n'est pas récrimination ce cas là. Car chacun estant offencé en mesme acte & en mesme tems, il a iuste occasion d'accuser : & accusent autant directement l'un que l'autre. Ce néantmoins il faut encores considérer l'agression, ou l'atrocité. Car tant qu'il se peut faire, les accusations réciproques sont à fuyr. Si l'une est plus griesve, elle prendra traict, l'autre non. Si elles sont esgales, ou à peu près, l'agression, si elle est obscure, la cause, par quelque droict de compenfation, femblera plus civille qu'e criminelle, fi bien que le réglement en l'ordinaire y fera plus propre. Mais fi le criefme eſt du tout autre : Ulpien dict réfolument en ce faict là, *Is qui reus factus eſt, purgare fe debet : nec antè poteſt accufare, quàm fuerit excufatus. Conſtitutionibus enim obſervatur, ut non relatione criminum : fed innocentiâ reus purgatur.* C'eſt (dict Æschinés en l'oraison contre Timarque) chofe pernicieufe de recevoir à récriminer. Les efprits des iuges font diftraictz & divertiz çà & là, fi bien qu'en fin de caufe, ils ne puniffent ny accufé ny accufateur. La diverfité des faictz, la différence des preuves, n'emporteroit que confufion. Ce néantmoins les Anciens ont ufé de récriminations pendant long tems.

Auiourd'huy nous ufons plus fouvent de ces accufations & concertations réciproques, qu'il n'eſt pas certainement utile ne iuſte. Car *fi non intereſt actionum, litigantium intereſt.* Il est bien difficile que une mefme perfonne puiffe entendre à accufer, & fe purger : à affaillir & fe défendre. Le combat iudiciaire ne fe rapporte pas à celui des Gladiateurs, lefquels tout à un inſtant fe couvrent & frappent. Il fent fon Académie, fon Efchole, où celuy qui eſt fur le banc ne difpute pas, mais réfout. Confondre les functions des parties, les faire venir tantoſt à

droicte, tantoſt à feneſtre ; & ores en habit d'accuſé, ores d'accuſateur, c'eſt empeſchement aux
Parties : obſcurité pour les preuves : difficulté
& ambiguité pour les iuges. Ainſy que bouil-
lans de courroux, nous nous ruons plus bruti-
vement pour frapper, que nous ne nous tenons
diſcrettement ſur nos gardes, ſi bien que nous
nous enferrons meſme le plus ſouvent, le ſem-
blable arriveroit à celuy qui ſe penſeroit bien
défendre, & accuſer conionctement, veu que
où nous uſons de ces Anticatégories, la procédure, l'Audition, récollement & confrontation
de teſmoings, ne ſont point diſtinctes. Les
ſacqs ou les cayers le ſont bien, non l'action.
Les parties peſle meſle produiſent & reprochent
teſmoings, ſont interrogez, & interrogent. Comment peut on bien entendre à tant de choſes ?
Ce ſeroit donc auiourd'huy l'intéreſt & *Partium
& actionum* qu'on n'en uſaſt pas ainſi. Et de faict
ce n'eſt qu'entre Iuges & Officiers que nous
avons veu practiquer ces accuſations & inqui-
ſitions géminées, leſquels ſe recherchans de leur
devoir ſont plus Délateurs, que Parties civilles.

15. — De ceux lesquels accuses nouvellement ont esté condamnés pour crime, duquel ils avoient esté absouz.

Refte le fecond cas où nous avons demandé, fi celuy lequel a ià efté accufé du mefme criefme, & abfoult, peut chlore la bouche du demandeur & de là prendre excufe & occafion légitime de fuyr pour une feconde fois la courfe & lutte iudiciaire. Il femble que cefte queftion dépende plus de la matière des criefmes, que de leur formalité & cérémonie. Car qu'une accufation foit reçeüe ou reiettée, il n'importe rien à validité ou invalidité de l'Inftruction. Faire deux fois un procès, ce peut bien eftre tort & grief à l'accufé, non pas Vice. Et, s'il y a plus, c'eft, veu qu'en noftre France le Procureur du Roy eft ioinct en toutes accufations, il femble que le cas ceffe, auquel anciennement la répétition eftoit reçeuë, fçavoir eft, s'il y avoit évidente preuve que le premier accufateur euft prevariqué. Car le Procureur du Roy eft, ou doibt eftre, le vray obfervateur & garde que l'accufateur ne collude, & eft toufiours la vraye Partie pour la vindicte & animadverfion publique, conféquemment pourroit on bien dire que cefte queftion eft fruftratoire : ioinct que par autre raifon, qui eft, que voyes de nullité n'ont point

de lieu parmy nous : on ne fçauroit eftre reçeu
à accufer contre l'authorité d'un premier iugement, finon qu'on fe pourvoye premièrement
par appel, ou par autre remède extraordinaire.
Et lors ſ la première accufation ceffe, la feconde n'eft plus feconde, elle eft première. Touteffois pource que c'eft des rufes les plus fubtiles que pratiquent ceux lefquels, tant coupables foient-ils, fe veulent iuftifier à leur aife :
qui eft de plufieurs recevables Parties en choifir une, avecque laquelle ils le facent commo-
dénent : & puis aprez en vertu de leur iugement exclure tous autres qui s'offriroient,
comme fi aprez filz ou le frère, venoit la Vefve.
Et qu'oultre cela quand, par quelque moïen que
ce fuft la feconde accufation feroit reçeuë : fi
derechef on reproduifoit les mefmes tefmoings :
la difficulté pourroit eftre s'ils feroient reçeuz,
& l'accufé recevable à alléguer autres & fe-
condes reproches, ce qui infailliblement touche
l'Inftruction, & que quand bien divers iuges,
fucceffivement ou conioinctement pourraient à
un mefme accufé faire le procez fur le mefme
criefme fi un feul le faifoit il fembleroit pef-
cher ès formes : ou n'exclure pas fon compagnon qu'il ne congneuts du mefme criefme, il
n'eft pas hors de propos que nous en difions
quelque chofe en paffant. Primes fi c'eft

celuy mefme qui deià avoit accufé, & perdu
fa caufe, ou non du tout obtenu ce qu'il défi-
roit, qu'on y vouluft venir de rechef : il eft
évident qu'il n'y feroit point reçeu *Actum age-*
ret. Il n'y auroit iamais d'arreft à preuves.
L'accufé ne feroit oncques en patience, & fi ce
feroit rompre l'authorité des chofes iugées,
& donner lieu à corruption & fubordination
de tefmoings. Que fi au moïen de l'appel on
iuge deux fois, ce n'eft qu'un procès qui fe re-
voit. S'il s'eft fait quelquefois au contraire, ça
efté extraordinaire ou par main fouvéraine.
I'en ai appris de feu mondict fieur le Préfident
DE LESRAT un exemple bien mémorable. Un
gentilhomme Breton avoit efté accufé de fra-
tricide & abfoult. Long tems aprez, fon ferviteur, condempné à mort pour autre criefme,
fe décharge de celuy-ci & apporte de la preuve
fi claire contre fon maiftre, qu'il eft reprins,
convaincu & exécuté. La Cour le fit comme par
révifion, non le premier iuge.

Quand nous avons dict qu'on ne peut reprendre l'accufé du mefme criefme, nous l'entendons
quand ce criefme dépendroit de divers faictz.
Pofez le cas qu'il euft efté accufé de concuffion,
d'ufure ou d'autre faict qui fe vérifie par plufieurs actes. S'enfuyvroit-il, qu'aprez qu'il y
auroit eu fentence & arreft on le peut accufer

de nouveau, foubz prétexte qu'on apporteroit de la preuve d'autres ufures ou concuffions que les premières? Il arriva devant nous qu'un homme fuft accufé d'eftre Ligueur. On amena force tef-moings contre luy. Finalement, fentence & ar-reft confirmatif, par laquelle il fuft condamné en moindre peine que fon co-accufé. Lors qu'il voulut fortir, pour obéyr à fon banniffement, la Partie, qui avoit envie de le faire pendre comme fon compagnon, produict foubz le nom du Procureur du Roy, nouvelles preuves, & luy veut encores faire faire fon procès pour faictz & actes dè Ligue, commis auparavant. Ie trouve cela eftrange, & ne voulus admettre cefte fe-conde animofité. Ne fervoit de rien que c'eftoit foubz le nom du procureur du Roy : car primes il nous apparoiffoit de la vérité. Secondement, le Procureur du Roy avoit eu auffi bien fes dé-lays, que la Partie, & avoit efté l'accufé puny fur fes conclufions.

16. — En quel estat doit estre l'accusé pendant le procez.

Ce que deffus dépefché, & ne reftant plus rien ce me femble, concernant la formalité, qui peuft empefcher l'accufé de venir au combat, l'accu-fateur ayant propofé fa demande, & l'accufé fes refponfes, deniant ou atténuant le criefme,

14

ce qui fuyvroit à voir, feroit en quel eftat doibt eftre l'accufé durant ce conflict. Mais nous avons ià dict que cefte formalité eft indifférente. Ouy véritablement à quy demandera fy pour la forme il eft de néceffité que l'accufé, fi toft qu'il a efté prévenu, doive eftre en quelque autre eftat & condition qu'auparavant, foit de prifon fermée, foit par ville, foit en garde d'Huiffiers ou de Magiftrats, & foit à fa caution ou d'autruy. Car il n'eft pas vray femblable, fi l'accufé changeoit d'accouftrement, qu'il ne changeaft auffi de condition : c'eft-à-dire qu'il luy fuft libre d'aller & de venir comme devant. Laiffons l'évènement du procès que l'on dira eftre illufoire : fi l'accufé ayant une fois comparu n'eft retenu en tel eftat qu'on en puiffe fournir. Ne parlons que de l'Inftruction. Seroit-il raifonnable qu'il fuft libre à l'accufé d'expier fa partie? De détourner, menacer & intimider fes tefmoings? Brief, de defcouvrir & apprendre toutes fes preuves ? Laiffer la facilité d'une chofe, c'eft la permettre. Quelle différence y auroit-il entre l'accufateur & l'accufé, fi leur condition eftoit efgale? Mais celle de l'Accufateur feroit bien pire, qu'il fuft fubiect à l'infcription & caution *de exercendâ lite*, & que l'accufé de fa part n'affeuraft Iuftice de fa perfonne.

Nous lifons dans nos Annales que le Roy

Philippe-Augufte, par le teftament qu'il fift, allant en la Terre Sainête, ordonna qu'on ne procèderoit point par capture & emprifon-nement, fi on pouvoit bailler caution : finon qu'il fuft queftion de meurtre, rapt, homicide ou trahifon. S'il y avoit des inconvéniens au contraire, véritablement il y en a là & ailleurs lefquels il faut néceffairement endurer, quand cela? s'ils font tels qu'ils foient bonnement propres & naturels à ce qui s'offre. N'eft-ce pas là le vray. effeêt & naturel de la guerre, de fouftraire les forces à fon ennemy, & par toutes les rufes qu'il eft poffible le fubiuguer? Pour prendre une ville d'affault, après avoir faiêt les approches, de tirer aux défences, & les ab-batre? Si pareillement l'accufé, faiêt tout ce qu'il peut pour fe défendre : s'il employe tous fes moyens pour fafcher & molefter fon adver-faire, il ne faiêt que ce que Partie à Partie, en-nemy à ennemy faiêt d'ordinaire. Moïennant qu'il ne commeête rien d'illicite, qu'il n'ayt point recours à la force, aux falfifications & corrup-tions, tous autres artifices font excufables. L'accufateur craint-il que l'accufé lui deftourne fes preuves? S'en donne la garde. S'il peut qu'il s'infinue ès bonnes grâces des Iuges? Qu'il le face de fon cofté. Si la piété excufe les enfans, les femmes, les ferviteurs, de cacher & receler

leurs pères, leurs marys, & leurs maiftres accufez : qui plus eft d'avoir brifé quelqueffois les
prifons pour les en tirer : de les penfer & ali-
menter, iaçoit qu'il fuft eftroiétement défendu :
peut-il eftre trouvé mauvois en la perfonne
mefme de l'accufé qu'il face pour foy tout ce
qu'il pourra? Et puis quel intéreft y a-il, qu'il
le face luy-mefme, ou par perfonnes inter-
pofées.

17. — Qu'il n'est pas possible ne iuste de remédier à tous inconvéniens.

Il n'y a prifon qui puiffe empefcher que l'accufé ne braffe tout ce qu'il pourra par ferviteurs, folliciteurs, par amis, pour gafter les
preuves de fa Partie. Pour eftre en liberté, encores ne fçauroit on faire tout de foy-mefme.
Et fi les pratiques qu'on peut faire en telles
manières, ne fiéent pas à les faire foy-mefme.
Le tiers eft plus propre. S'il faiét mal, on le défavoüe : s'il faiét bien, on en fent le prouffiét :
& l'accufé n'a point cefte honte qu'on luy puiffe
dire qu'on l'a veu pratiquant & corrompant
les tefmoings. Or, qui voudroit ofter cefte faculté & puiffance aux parens, aux amis, Procureurs & Solliciteurs, de s'entremettre là où
le fanc, la nature & le devoir les convie : ce fe-

roit tyrannie & cruauté manifeste. Mais ce qui
est plus pertinent en cecy, est, qu'en tous cas,
ces inconveniens sont réciproques : & qu'il n'est
pas iuste ny équitable, que l'accusateur ayt plus
de moïens de circonvenir l'accusé, que l'accusé
l'accusateur : qu'il soit loisible au demandeur de
parler à ses tesmoings, les interroger, les amener, les produire, & que ce soit un *nefas* pour
l'accusé? Tant s'en faut qu'il ne sçeust point anciennement qui estoient les tesmoings de l'accusateur, que (comme nous dirons cy après)
l'accusateur ne dénonçoit le tesmoignage à personne, & ne faisoit extraicts ny collations, que
l'accusé, ou autre pour luy, ne fust présent : &
en iugement, les Parties avoient chacun *in suis
subselliis*, les tesmoings qu'ils produisoient. Mais
pour ce que l'accusé sçeust, de quel tesmoignage
l'accusateur se voulust servir, il ne s'ensuyvoit
pas qu'il apprint ce que les tesmoings avoient
en l'âme. Celuy qui les produisoit y estoit luy-
mesme trompé le plus souvent, dit QUINTILIEN
au cinquiesme de son Institution. Certes les Romains, iusques soubz les Empereurs bien avant,
ont trouvé si inique que les accusez tinssent prison & que l'accusateur eust plus de commodité
à assaillir que l'accusé à se défendre, que s'ils
en sont venuz la quelquefois de le pratiquer en
la personne de l'accusé, ils l'ont faict aussi en la

perfonne de l'accufateur, adfin que la condition
fuſt égale.

18.— Inimitiez pour avoir porté tesmoignage.

Il y a de nombreux exemples de hayne &
contention entre l'accufé & les teſmoings de
l'accufateur, mais s'enfuyt-il doncques de là,
qu'il ne ſaille iamais porter teſmoignage, ou
qu'il le ſaille touſiours de néceſſité? Et puis :
ores que les parties euſſent mauvoiſes inten-
tions, & que la cholère & la paſſion les tranſ-
portaſt, l'honneur, la conſcience, la loy, retient
ceux deſquels il ſe voudroit illégitimement
ayder. Tout ainſi qu'aprez que les ſoldats ont
faiĉt leurs monſtres, & faiĉt le ferment, il dépend de leur fidélité ou infidélité de bien combattre ou de fuyr, auſſy faiĉt-il du iuge & du
teſmoing, de conſerver leur relligion ou d'y
faillir. Mais pour cela les Parties doivent-ils
eſtre ou mieux, ou pirement traiĉtées? Il ne
s'enfuit pas. Chacun reſpond de ſa faute, non
de celle d'autruy.

19. — D'où est venu que la prison soit commune.

Or la priſon a commencé peu à peu à eſtre
ſous les Empereurs, ſous les Roys, ſi ordinaire
aux accuſez (fors que Iuſtinien en la CXXXIIII
Conſtitution en a diſpenſé les femmes) qu'on la

peut quafi mettre auiourd'hui entre les forma-
litéz les plus requifes. Il fe faiĉt, ne fçay comment, que de ce qui eft quelques fois le plus
beau & le plus raifonnable à difcourir, l'ufage
en eft toutes fois peu profitable. C'eft peut-
eftre comme de viandes. Les plus délicates &
plus légières ne font pas les meilleures pour
l'ordinaire, auffi eft-il des loix & ordonnances,
les plus fpécieufes, ne font pas quelquefois les
plus utilcs. Ou il en eft ainfi comme des remèdes, diĉt Iustinien en la CXI Conftitution,
l'expérience en eft plus certaine que l'ordonnance. Comme en la queftion qui fe préfente :
les criefmes pullulent tant : les peines, quelques capitales qu'elles foient, apportent fi peu
de crainte : les rufes, les chicquaneries font fi
communes : les iugemens, fi révocables : les
contumaces, fi ridicules & fi aifées à mettre au
néant, qu'il a efté néceffaire pour la feureté publique, laiffer les exemples des hommes libres,
& fe fervir ceux des ennemis iurez, des vaga-
bonds, des efclaves, pour lefquels avoient efté
inventées les prifons, les queftions, les gibetz.
Toutes nos autres raïfons, foient donc fi belles
& bonnes que l'on voudra : ainfi que le ftyle de
noftre iuftice eft compofé : l'expérience nous
montre, que fi les accufez ne tiennent prifon, il
eft impoffible d'en convaincre pas un. Il n'y a

Tefmoing qui ofe parler, ny iugement qui ne foit illufoire. La prifon facilite les preuves, a efcript CALLISTRATÈS. Mais ce que l'empereur Hadrianus avoit permis en cas d'incendie, ruine & naufrage, fçavoir eft de commencer par la capture fur la fimple informacion & doléance des Complaignans, nous avons efté contrainctz, pour ces dernières raifons le pratiquer en tous criefmes. Et ce que Valens & Valentinien avoient ordonné, que tout homme qui feroit prévenu de criefme public, euft des gardes, fauf en inftruifant le procez à ordonner quelles, nous l'adaptons aux prifons clofes, parce qu'il n'y a meilleur moyen entre nous de parvenir à la vérité & affeurer la iuftice des criminels, que celuy-là. Et puis, ce ne font plus les Parties qui inftruifent leurs accufations, mais les Iuges. De façon que les inconvéniens de pratiquer les tefmoings ne font plus tels qu'entre les Romains. Pourtant s'il eftoit queftion auiourd'huy de criefme public, & que nous euffions faict la confrontation hors la prifon : la Cour cafferoit nos procédures, & fi nous élargiffions légèrement les accufez, elle s'en prendroit à nous en nos privez noms. Si le cas eft que la peine corporelle puiffe enfuyvir, la prifon fera de néceffité : finon arbitraire & indifférente.

DEUXIEME PARTIE.

DES PREUVES.

20. — Des delaiz d'informer.

C'EST affez parlé de l'Accufé. Venons aux preuves, c'eft-à-dire aux formalités d'icelles pour eftre iufte. Car elles pourroient eftre vrayes cent & cent fois, que fi la folenni.é & cérimonie leur défailloit, elles feroient néantmoins annulées & reiettées. Primes à qui appartient de faire les preuves? Néceffairement au demandeur.

21. — Commission pour informer et en ayde de droict.

Mais deux chofes y font requifes, qu'il y ayt permiffion d'informer & tems & délay pour ce faire, finon elles feroyent nulles. Car d'un cofté l'authorité manqueroit : de l'autre il n'y auroit ne fin ne borne. Ce ne feroient que furprifes, fi lorfque la Partie ne fe doubte de rien, & qu'il n'a plus de iour ny d'affignation pour plaider, il fe pouvoit encores à fon préiudice faire & édifier chofe non iufticiable.

Si les preuves eftoient faictes autrement, comme nous avons dict, elles feroient nulles. De là vient que beaucoup de Iuges font fi relligieux, qu'ils ne voudroient pas récoller, ou confronter un tefmoing, quoy que ce foyt, y adioufter foy, s'il avoit efté ouy fans mande‐ ment. Toutes fois, en beaucoup de lieux, l'u‐ faige & le ftile gàgne au contraire. Mais d'adioufter foy à lettres & efcripts quelconques, s'il n'y a eu compulfoire & compulfion faicte avecque partie préfente ou appellée; il ne fe faict point encore. Quant au délay, il ef‐ toit ordinairement donné tel que le demandoit l'accufateur. Car c'eftoit à luy de voir en com‐ bien de tems il pourroit faire & parfaire fes preuves. Touteffois il ne s'enfuit pas qu'il l'euft demandé fi long, que ce fuft évidemment pour molefter l'accufé & le tenir perpétuellement en procez, qu'on le luy euft octroyé tel.

Anciennement les deux Parties faifoient leurs preuves concurremment. On n'interloquoit point pour dire que l'accufé informeroit de fes faictz iuftificatifs & de reproches. Parquoy il eftoit néceffaire que le mandement d'informer & amener tefmoings, de compulfer & faire ex‐ traicts, fuft commun. Or, cefte informacion & inquifition, qu'eftoit-ce? Eftoit-ce qu'un fergent ou commiffaire allaft çà & là fur les lieux ouyr

des tefmoings avec un adioinct? Et puis rap-
portaſt le tout clos & fcellé, ne fçachant ny l'accufateur, ce qu'auroient dict fes tefmoings, ny
l'accufé ce dont ils auroient efté requis alen-
contre de luy? Ce n'eſtoit point cela. L'accufateur mefme ou fon advocat, eſtoit porteur du
mandement. En vertu d'iceluy, il déclaroit aux
perfonnes, & en prenoit acte, qu'il vouloit fe
fervir de leur tefmoignage : & leur bailloit affignation de comparoir, au iour donné aux parties pour en venir. Il compulfoit, faififfoit &
collationnoit tout ce dont il fe vouloit ayder, &
inſtruire fon accufation.

22. — Des saisies, scels et inventaires.

Voyons premièrement des preuves littérales,
parce qu'elles font les plus certaines. L'accufateur avoit pouvoir & commiffion de compulfer,
faire extraicts, *vidimus* & collation : pouvoir &
faculté d'entrer en la maifon de l'accufé, & des
fiens : d'y faire perquifition, fçeller, inventorier,
faifir & enlever tout ce qui pouvoit fervir à
l'accufation.

Or, ce dont l'accufateur fe vouloit ayder,
l'ayant trouvé en la maifon de fon accufé, il en
pouvoit tranfporter aucunes chofes : autres,
non. Il pouvoit tranfporter les tablettes, les pa-
piers-iournaux, les régiftres, felon la vocation

dont eftoit l'accufé, à la charge, que s'il en avoit affaire, il eftoit teneu les luy repréfenter toutef-fois & quantes, ou bien l'accufé les pouvoit tranfcrire, & retenir copies collationnées, s'il luy plaifoit.

Il ne pouvoit tranfporter les meubles & hardes. Il les fçelloit, & en conftituoit l'accufé dépofitaire de Iuftice. Il les luy laiffoit à la charge de les repréfenter, finon que ce fuft chofe, laquelle fervant au procés, peut eftre facilement immuée.

23. — Qu'il y a des choses en saisissant et inventoriant qu'il ne faut veoir ny ouvrir.

En ces vifitations & perquifitions il y avoit de la confidération & difcrétion. Car les lettres d'entre mary & femme, d'entre amis & de chofes privées, ne s'ouvroient, & ne fe monf-troient point. Que fi en procédant à ces perqui-fitions & collations il furvenoit du différent, ils avoient incontinent recours au Magiftrat des lieux. Mais quoy? N'eft-ce pas chofe dure & très dangereufe que telle permiffion d'entrer & fouiller ès-maifons? Eft-il raifonnable que l'ac-cufateur s'inftruife & équippe des armes pro-pres de fon adverfaire? Bien plus en matière criminelle où il y va de l'intéreft public & où c'eft un fecond criefme, ou fufpicion d'iceluy,

que de ne repréſenter ce dont un chacun bien
vivant en ſa maiſon & en ſa charge, devroit
venir au devant pour ſe purger & ſe iuſtifier,
ceſte perquiſition eſtoit tenuë ſi iuſte & ſi raiſonnable, que où l'accuſé euſt détourné ſes ſer-
viteurs, les tablettes & papiers iournaux de ſa
maiſon, l'accuſàteur avoit droiɑ̂ & aɑ̂ion de
demander qu'il les repréſenta & de le faire
ouyr par ſerment s'il les avoit, ou délaiſſé par
dol.

Or les Anciens donnoient ces permiſſions &
voyes d'inſtruire les accuſations, encores qu'il
n'y euſt charge ny informacion préalable. Et
nous, nous nɷ le faiſons point ſinon avec quelque cognoiſſance de cauſe, c'eſt à dire informacion précédente. Et touteffois il y a auiour-
d'huy plus de danger à octroyer telles permiſſions, qu'il n'y avoit anchiennement. Car elles
ſe baillent ordinairement à des ſergents Archers & telz autres moins qualifiez Officiers :
leſquelz coutumièrement volent tout ce qu'il y
a de plus précieux & riche dans les maiſons.
Ouy, mais n'y avoit-il pas moins d'apparence
que ce fuſt la Partie meſme qui fiſt ſes exploitz
en la maiſon de ſon adverſaire? L'inimitié qui
les pouſſoit, ne pouvoit-elle pas cauſer perte de
biens, ſuppoſitions, rixes & meurtres entre
eux?

15

24. — Que les deux parties estoient présentes à l'instruction.

Il faut icy nous demander fi lés deux Parties eftoient prefentes à cefte perquifition & inquifition, & qui intervenoient entre eux pour empefcher ces inconveniens. Primes, il eft certain qu'à Rome les deux Parties ou Procureurs pour eux eftoient préfens à tout ceft acte, & avoient chafcun d'eux, prés de fon compagnon gens pour obferver & apprendre tout ce qu'ils faifoient : empefcher & donner ordre qu'il ne paffaft rien entre eux, qui ne deuft eftre. Tout ainfy que quand nous avons réglé les Parties en procez ordinaire, ils ne préfentent tefmoings, ne font extraictz ny collation quelconques qu'il n'y ayt intimation baillée & que les Parties ou autre pour eux, n'y fuffent préfens.

25.—Si les parties sçavoient ce que les tesmoings devoient déposer pour et contre eux.

Ce poinct vuydé de la préfence des Parties & de leurs gardes, fervira & à la preuve littérale & à celle-cy qui nous refte, qui eft des tefmoings. Or primes, ce que l'accufé fçavoit, pour eftre préfent aux dénonciations & adiournement, quels tefmoings l'accufateur auroit à l'encontre de luy, n'inféroit pas, qu'il fceuft ce qu'ils au-

roient à dire & dépofer, non plus qu'auiour-
d'huy pour affifter à la Iurande, les Parties ne
fçavent pas pour ce plus toft la dépofition, &
intention des tefmoings. Ils ne le fçavent, qu'a-
près la publication des enqueftes. La Partie
mefme qui les produict, bien qu'elle fe foit en-
quife de ce qu'ils fçavent, premier que de leur
bailler iour n'eftoit & n'eft pas touiours affeu-
rée de ce qu'ils diront, comparoiffans devant
le Iuge foit volontairement foit involontaire-
ment. Quelqueffois au lieu de luy fervir ils luy
nuyfent. Certes, il advint une fois devant moy,
qu'un tefmoin adiourné, pour dépofer fur des
faictz, voulut dire tout le contraire : & au lieu
de charger celuy contre lequel on le produifoit,
vouloit parler contre celuy qui l'amenoit. S'il
n'euft voulu qu'aler alentour du pot, ie l'euffe
ouy. Mais de dire totalement contre celuy qui
le produifoit, i'eu opinion qu'il avoit efté corrompu : & me fembla que la partie adverfe le
devoit produire fi elle vouloit : non pas que ie
le deuffe ouyr fur faictz totalement contraires.
Brief, foit que l'accufé fçache, ou non, ce que
veut dire le tefmoing, la religion des tefmoings
& la punition deftinée à ceux qui les corrom-
poient réfifte à l'inconvénient & peur qui y peut
eftre. Et en tout événement, le péril eft réciproque. Ce font les rufes, les fineffes, & menées

& follicitations des Parties, defquelles, comme
en la Guerre, ils fe doivent garder, fy bon leur
famble. Mais de dire, qu'enfin de perpétuellement ignorer ce que diront les tefmoings, &
qu'un feul ne puiffe iamais eftre féduit ny corrompu par l'accufé, il ne faille pas, mefme auparavant la confrontation, qu'il entende qu'ils
foyent : ce feroit entrer en la rigueur & auftérité
que M. le Chancelier Poyet à introduit*e par
l'ordonnance de V. C. XXXIX.`

26.— De l'adiournement des tesmoings.

En ce qui touche l'adiournement des tefmoings il nous fuffit que le tefmoing foit adiourné. Encores s'il y a faute d'adiournement,
nous difons que le récollement & la confrontation couvre cela. Les Romains y eftoient plus
cérémonieux que nous. Ils eftimoient que c'eftoit une partie de l'humanité, quand il y alloit
de la vie & de l'honneur, de ne charger ny accufer autruy que par contrainéte, & que celuy
apportoit plus de créance & de fidélité avecque
foy qui y venoit moins volontiers. Qui a-il plus
à confidérer au tefmoing, *quam ne cupidus teftimo-
nium dicat.* C'eftoit mefme la feureté des tefmoings d'eftre forcez à deppofer, & iufques à
là de céler ce qu'ils diroient. Car en le faifant
ainfy, les accufez n'ont point occafion de rien

machiner, ny attenter contre eux. La préſumption eſt touiours, que celuy qui vient en Iugement oultre ſon gré, ne nuyra pas, ou le fera
le plus réſervement qu'il luy ſera poſſible. Au
contraire, s'offrir & ſe produire, c'eſt monſtrer
de l'affeċtion & plus condamner, que dépoſer.

27. — Des tesmoings défaillans.

Mais quoy? Si le teſmoin ne venoit : Anciennement l'aage & la maladie le pouvoient ex-
cuser : la dignité, non. Et ſi elle ne pouvoit pas
faire que le Iuge fuſt teneu d'aller en ſa maiſon
pour l'ouyr. Cela avoit bien lieu en matière civille : mais en crieſme, où la confrontation eſt
néceſſaire, & ioinċt que les procez s'inſtrui-
ſoient & iugeoient en public, il euſt fallu que le
Iuge euſt meiné avecque ſoy le priſonnier &
Aſſeſſeurs, pour faire le procez en lieu privé.
Cela n'euſt eſté ſeur, ni honneſte. Mais auiour-
d'huy que l'inſtruċtion ſe faiċt par un ou deux
pour le plus : qu'elle ſe faiċt en ſecret : & que
ce n'eſt pas devant l'accuſé, que la première dépoſition & audition ſe rend, il n'y a rien qui
répugne que le Iuge ne puiſſe aller par devant le teſmoin pour l'ouyr, voire mener
l'accuſé, s'il eſt malade, ſinon que le tranſ-
port en fuſt dangereux & difficile. Car en ce cas,

plus toſt réglerons nous les Parties en procez ordinaire : qu'en attendant la reconvaleſcence des teſmoings tenir un accuſé ſi longuemerl priſonnier. Cependant il eſt vulgaire que le teſ· moing n'ayant exoine valable, eſtoit contrainčt de venir, par amendes, faiſie, vente & exploytation de ſes biens : ces amendes applicables les unes au fisc, les autres à la Partie. Auiourd'huy nous paſſons plus oultre. Car ſy la déſobeyſſance eſt trop grande, nous ordonnons que le teſmoing fera prins & mené, & ſi on ne peut l'appréhender, faiſie de biens.

28. ⤙ Si on peut tirer la vérité du tesmoing autrement que par serment.

Le teſmoing venu qu'il eſt, il ne deſpend plus que de ſa conſcience, s'il veut dire ou nyer la vérité. On peut bien, ne le vouluſt-il point (ſinon qu'il ſoit de ceux que la loy excuſe) l'adiourner pour deppoſer vérité. Mais nul ne dičt ce qu'il ſçait, s'il ne luy plaiſt. Toute la ſolennité qu'avoient les Anciens de le luy faire vouloir & n'y rien déguiſer, c'eſtoit le ſerment (& n'employoient la queſtion que contre les eſclaves, & s'ils les euſſent ouyz & examinez autrement, n'y adiouſtoient point de foy). L'ayant preſté, s'il diſoit ne rien ſçavoir il en eſtoit quitte. On ne recherchoit point de pariure.

C'eftoit & eft autre chofe s'il avait entré en tefmoignage. Car y a bien différence de céler la
vérité, & de ne deppofer point du tout : ou de
deppofer faux. Ceftuy-cy ne fe doibt iamais
faire. C'eft ce que dict Périclès, qu'il falloit
eftre amy iufqu'aux Autels. Mais où il n'y
a point de particulière obligation qui nous commande de révéler ce que nous fçavons : & où
de la taciturnité on ne collige une participation
& confcience : nul n'eft teneu qu'autant qu'il
craint d'offencer Dieu en fon âme, d'ayder autruy de fon tefmoignage. Parquoy fy le. ferment ne l'y aftraint, la Loy ne s'eftend pas
plus oultre. Qui fçait que Dieu, s'il eft pariure.

29. — La forme du serment.

La forme de ce ferment eft telle qu'eftoit la
Religion de chaque Païs. S'il iure auparavant
ou aprez la dépofition, c'eft chofe indifférente.
Auiourd'huy il faut lever la main au ciel. Quant
au Preftre il iure autrement que le Lay, fçavoir
eft, la main mife fur la poictrine, iure par fes
fainctes Ordres. Ils ne lièvent point la main ou
ne la mettent point fur l'Autel, fur les Évangiles, fur le *Corpus Domini : ne* (disent les Pères
*in Concilio Triburienfi) manus, per quam corpus &
sanguis Chrifti conficitur, iuramento polluatur.* Mais

i'ay opinion que c'eſt pour méttre quelque différence entre le clerc & le Lay, plus qu'autrement. Car la langue, autant ou plus que la
main, faict le corps de Noſtre Seigneur : & c'eſt
le cœur & la conſcience qu'il faut pluſtoſt
craindre & éviter de fouiller, que les mains.

30. — Des censures et monitions ecclésiastiques.

Les Eccléſiaſtiques parce qu'ils n'avoient
point d'autre contraincte, uſent de cenſure &
excommunication. Nous y avons pareillement
recours, & n'y a rien ſy vulgaire auiourd'huy,
que pour avoir preuve & révélation du criefme
pourſuyvy, ou à pourſuyvir par devant nous,
aller aux monitions & cenſures Eccléſiaſtiques.
(Quand les teſmoings manquent on a recours aux
monitoires). Avons-nous point quelque remarque aux Anciens, qu'à ces fins ils ſoient allez
mandier à leurs Pontifes telles imprécations &
malédictions, contre tous ceux & celles, etc.
I'ay opinion que non. C'eſtoit contre le coulpable convaihcu & condamné, qu'ils en uſoient:
comme firent les Athéniens contre Cylon &
ſes complices, contre Alcibiadès. Et véritablement admettons, ſi on veut, à l'endroict de
l'accuſé, toutes façons de parvenir à la vérité :
employons y les eaux amères, le fer rouge, les
eaux bouillantes, le bras Sainct-Antoine, voir

la magie, s'il le faut ainſy dire, qui ſont néceſſairement choſes vaines & que le pape Eſ-
tienne V a défendües : comme la Cour de Parlement ſiégeant à Tours, de picquer ou ietter à
l'eau, pour ſy la Partie eſt ſenſible ou inſen-
ſible, ſi la perſonne va à fons, ou nage ſur l'eau,
cognoiſtre s'il eſt ſorcier. Mais le faire contre
ceux qui n'ont délinqué, à quel propos? Nous
avons dict que ce n'eſt pas crieſme, de vouloir
charger autruy de ſon teſmoignage. Pourquoy
donc l'euſſent-ils maudict & anathématiſé pour
cela?

· Qui a baillé ſa révélation devant le Curé,
n'eſt pas teneu de perſiſter devant le Iuge, s'il
ne luy plaiſt. Il eſt quitte, en ſe purgeant par
ſerment. A quelle fin donc une fulmination ſi
extravagante? Euſſent-ils ſoubz une clauſe générale, prononcé & iugé exécrables pluſieurs
entr'autres, leſquels par leurs Loix n'eſtoient
contraignables de teſmoigner ? D'avantage,
telles cenſures leur euſſent ſemblé ridicules, eſtant vagues & indéfinies. Le moyen qu'ils tenoient pour venir à cognoiſſance de quelque
crieſme fort ſignalé, eſtoit de faire dire publiquement, qu'ils pardonnoient & donnoient pris
à celuy lequel le premier ſe viendroit accuſer.
Mais d'allécher des teſmoignages à pris d'argent, ou par crainte d'eſtre puniz devant Dieu

ou devant les homes ils ne le firent iamais, que
ie puiſſe trouver. Comme c'eſt criefme à l'accuſé de corrompre les teſmoings de ſa Partie,
aſſuy feroit-ce à l'accuſateur de les forcer,
marchander & achepter. Ils ne feroient plus
ſes teſmoings, mais ſes aſſociez, ſes partiſans.
Les Anciens, en fin eſtoyent plus curieux de
leur Religion, que nous ne ſommes. Ils pré-
voyoient bien, que s'ils ſe ſervoyent de tels
glaives ſpirituels pour menaces & dénonciations aux teſmoings, qu'on en feroit finalement
comme nous, c'eſt-à-dire qu'on les employroit à
toutes playes, ſi bien qu'on viendroit toſt à
les meſpriser. Un maquignon pria le bon Hila-
rion, de faire tant par ſes oraiſons, que les
chevaux de ſes compagnons n'emportaſſent pas
deſſus les ſiens, le pris & honneur de la courſe.
*Ineptum viſum eſt venerando ſeni, in huiuſmodi nugis
orationem perdere*, dict SAINCT-HIEROSME. Il vaudroit donc mieux laiſſer là nos cenſures & monitions Eccleſiaſtiques que d'en uſer comme ce
chevaucheur. Car le public n'a point tant d'intéreſt, à avérer & vérifier un criefme, qu'il remporte de détriment par la profanation & pollu-
tion des choſes ſainctes. Uſons en donc pour
le moins rarement, non pour faire valoir des
Greffes & gardons l'ordonnance à l'eſtroict. S'il
eſt queſtion de criefme & ſcandale public, eſ-

pargnons les, & faifons tous les iours inhibitions & défences de les octroyer fans permiffion du Iuge Lay. Contre les Preftres, & pour ce qui fera pendant par devant eux facent comme ils voudront : mais contre nos iurifdiciables, ce n'eft pas la raifon qu'ils y entreprennent rien fans noftre permiffion & congé. C'eft donc l'obiect de la Religion que l'on préfente aux tefmoings.

31. — Que la honte nous retient plus que le serment.

Mais i'ay grand peur, que ce qui nous retient, ou incite le plus à céler, ou dire la vérité, foit l'opinion & eftime en laquelle nous défirons, ou craignons d'eftre : brief, l'honneur & le blafme pluftoft que la piété.

32. — Qu'il est quelquefois plus honneste de mentir que de dire vray.

Car fi nous confidérons feulement le pariure, combien fe trouve il d'exemples, où les tefmoings ont remporté plus de loüange à mentir qu'à dire vray! Que dict HORATIUS d'Hypermeftra, fille de Danaüs?

Una de multis face nuptiali
Digna, periurum fuit in parentem

Splendide mendax, & in omne virgo
Nobilis ævum.

Où l'office & le devoir combattent contre la vérité, il n'y a ferment qui excufe l'ingratitude.
Qui pourroit oüyr le fils dépofer contre le père,
le ferviteur contre fon maiftre : le mary & la
femme, le tuteur & le pupil, le maiftre & le dif-
ciple, l'ung contre l'autre : voire le parent, le
voifin, le familier ordinaire? Quand la parole retombe au defhonneur de celuy mefme qui la profère, ne voyons nous pas que le menfonge y eft
plus honnefte que l'affertion? Les Athéniens
auroient-ils érigé une ftatüe à Leœna, l'amou-
reufe d'Harmodius & d'Ariftogiton, en forme de
Lyonne fans langue, finon qu'ils haut-loüoient
en elle, que ny ferment, ny torture ne l'avoient
peu induire à rien dire contre eux? Iaçoit que
la Théologie mefme die, le menfonge eftre licite en quelques cas. L'abbé Dorothée, *Doc-*
trina VIII, en récite un exemple. Sainct Martin, l'évefque, eft auffy de cet avis dans fon
Traitté fur les quattre vertuz cardinales. Or,
ce qui repréfentoit plus devant les yeux ceft
honneur, ou defhonneur au tefmoing : & conféquemment le forçoit plus que nos cenfures &
monitoires, à vouloir dire ou cacher la vérité,
c'eftoit (ce me femble) la façon qu'avoient les
anciens de deppofer en public, qui a une infinité

d'efcoutans, iuges & tefmoings de fes actions :
il craint bien d'avantage d'y faire faute, qu'en
privé & devant deux ou trois feulement.

33. — Si le tesmoing peut envoyer sa déposition par écrit sans comparoir.

Eft-il néceffaire que le tefmoing vienne en
perfonne? Ne peut-il pas envoyer fa dépofition
par efcript? Et fy ainfy eft qu'il doive venir,
eft-il de néceffité que ce foit devant le iuge? Si
le fergent l'a ouy : le faut-il néceffairement re-
coller, premier que d'eftre confronté à l'accufé?
S'il meurt ce pendant, que devient fa dépofition ià rendüe? Y aura-on quelque efgard, puifque le tefmoing ne peut plus eftre repréfenté ny
amèné devant l'accufé? Ce font-là queftions fort
triviales auiourd'huy. Ce nonobftant, voyons
où eft fondé tout ce ftile & fi les anciens avoient
quelque chofe de remarquable en cela.

34. — S'il faut iuger testibus, non testimoniis.

Le premier poinct tombe en cefte queftion, fi
en matière criminelle on doit iuger feulement
teftibus, non teftimoniis. Anchiennement, après
que les premiers iuges avoient dict, *Ampliùs*, ou
iugé compérendination, les feconds iuges qui
venoient aprez, n'euffent peu iuger fur les premières actions, finon qu'ils euffent faict revenir

16

les tefmoings. Et nous avons de nombreux exemples de ce..

On recevoit quelquefois le tefmoignage de celui qui ne pouvoit eftre diftraict de fa function. Pofez qu'il fuft Gouverneur de Province ou Capitaine d'une place forte, qu'il ne peuft, ne deuft abandonner durant la guerre. Il y a Loy de cela expreffe en noz livres. Et touteffois en ces cas d'abfence ou de maladie, nul n'eftoit teneu de bailler fa dépofition par efcript, s'il ne vouloit, dict QUINTILIEN, néantmoins il eft bien certain que les anciens n'adiouftoient pas grande foy à telles dépofitions muettes. Nous fuyvons ceft exemple, & n'adiouftons point de foy au tefmoing, qui n'a efté ouy par le iuge, & qui plus eft confronté : finon, que pendant la demeure & fuitte de l'accufé, le tefmoing fuft décédé.

35. — Des dépositions rendues devant le sergent.

Quoy donc? s'il n'avoit déppofé que devant le Sergent, le récollement eft-il néceffaire, premier qu'on le confronte, ou premier que fa dépofition s'il eft décédé puiffe fervir? Que plus eft : pouvons nous eftre contrainctz de rendre nos dépofitions par devant autre que le Iuge? Ie fuis d'opinion que nul ne doibt venir à révélation devant le Curé ou Vicaire, ny de dépofer

par devant le Sergent, s'il ne luy plaiſt. Ce sera
aſſez quand il dira à la publication du moni-
toire, ou au Sergent, quoy qu'il ſçache, ou ne
ſçache rien du faict, qu'il le dira devant le Iuge
s'il y eſt appellé. Les plus ſages & plus adviſez
doivent ainſy faire. Car ils ne déſobéyſſent point
& cependant leur dépoſition eſt ſecrette. Recevoir la dépoſition d'un homme, c'eſt office de
Iuge, non d'Appariteur. Le Sergent n'eſt creu
que de ſon exploict : ſi on luy a faict quelque
offre, quelque reſponſe; qu'il l'infère tant qu'il
voudra, il n'en eſt pas creu (ſinon qu'il fuſt ſi
adviſé que de la faire ſigner) parce que ſon office ne giſt qu'en un pur miniſtère & exécution
de ce qui luy eſt commandé de faire. Qui luy ré-
ſiſteroit faiſant autrement, ne commectroit rébellion ny force. Il ne peut & ne doibt entrer
en cognoiſſance de cauſe : & de luy, on n'inter-
iette point d'appel. Il faut que celuy qui oyt le
teſmoin, ayt iuriſdiction contentieuſe, droict &
auctorité de le iuger de ce qu'il aura dict & allégué pardevant luy, quand bien il le voudroit
révoquer.

36. — Si on se peut desdire de ce qu'on a dict par devant le sergent.

Or eſt-il que le teſmoin qui a deppoſé devant
le Sergent euſt-il ſigné ſa dépoſition, venant à

eftre récollée par le Iuge, fe dédiû impunément
rétraûe & change fa dépofition, comme il luy
plaift. Elle n'eft point arguée de faux, pour
avoir le tefmoing autrement deppofé devant le
Iuge que devant le Sergent. Pourquoy cela?
Parce que, ce que le tefmoing a diû & figné devant le Sergent n'oblige point. Ce n'eft point
efcriture authentique, mais purement privée,
faiûe en l'abfence des deux Parties conféquemment révocable à volonté. Si cette variation
n'eftoit permife, à quelle fin le tefmoing ouy par
ie Sergent feroit-il fubieû à eftre récollé, l'autre
non? Car on ne récolle poinû les tefmoings
examinez par le Iuge, finon qu'on lui euft ofté
la caufe comme à Iuge fufpeû, ou' qu'il y euft fi
long tems que le tefmoing euft dépofé, qu'il fuft
très vray-famblable qu'il en euft perdu toute
mémoire. De mefme les informacions & auditions faiûes par les Prévofts des Marefchaux &
leurs Lieutenans font fubieûes à récollement
pour trois raifons. La première, parce qu'ils ne
font pas proprement Iuges. La feconde, que
leurs Eftatz ne portent point, que ce doivent
eftre gens de doûrine. La Troifiefme, que beaucoup d'entre eux en informant, ne tendent qu'à
rendre le faiû de leur Iurifdiûion. Que faut-il
donc dire à plus forte raifon de ces Sergens, qui
n'ont force, marque ny appellation de Iuge?

Bien que la préfomption eft facile que c'eft par
fubornation & induction que les tefmoings dé-
difent à plat. les déclarations faictes devant le
Sergent ou fon adioinct, ce néantmoins, en
toutes ces informations faictes par tels Miniftres
nous ny voyons guères que mentéries. Pourquoy cela? ce font perfonnes viles & merce-
naires qui n'informent que pour celuy qui les
paye : qui oyent plufieurs tefmoings fus un
mouie : & qui preftent bien fouvent leur feing
& leur confcience aux Parties. Ne feroit-ce
point dangereux de décréter prife de corps fur
une telle preuve inconftante & variable? N'eft-
ce pas un grief irréparable tenir l'accufé prifonnier fous la dépofition de deux ou trois, lefquels
lors que ce viendra au récollement, fe dédiront
ou diront, qui, plus eft n'avoir rien entièrement
pofé du contenu? L'Informacion c'eft le fondement du procès. Partant il feroit expédient
(dict M. le Préfident LISET) que ce fuffent les
Iuges qui les fiffent, non les Sergens : principalement en chofe grave. Cette informacion étant
l'œuvre d'un Sergent & de fon Adioinct, gens
capables dit IMBERT L. III Ch. XIII nᵒ 13 de le
faire « graffe ou maigre » felon le défir de la
partie pourfuivante. En toutes ces informacions
faictes par tels Miniftres nous n'y voyons guères
que menteries.

Néantmoins, ce qui faict que nous tolérons les informacions faictes par le fergent, eft parce que nous alléguons que les magiftrats ne font pas fur les lieux, & que fy à l'inftant il ne fe trouvoit telle quelle preuve du faict tout feroit incontinent diverty. Au lieu que quand le tef-moing a une fois rendu fa dépofition par de-vant le fergent, le Iuge continue plus aifement, & le tefmoing craint aucunement de fe dédire. Soit ainfy. Mais je voudrois donc que cefte au-dition fuft bien faicte : & que ny l'Examinateur ny le tefmoing ne peuffent faillir, ni varier par aprez. Si eft ce que cefte excufe n'eft pas fort pertinente. Car en France il y a tant de Iuges par les Provinces, tant d'Officiers Royaux, tant de fubalternes, qu'il eft bien aife d'y avoir re-cours. Ie permettrois véritablement au fergent qui eft demourant fus les lieux, de pouvoir informer en flagrant délict (il y eft teneu, qui plus eft, & eft là eftably, pour ceft effect) & vou-drois qu'à l'inftant, s'il avoit peu arrefter le malfaicteur, qu'il l'amenaft au magiftrat avec-que les tefmoings qu'il auroit ouys. Mais hors ce cas là, rien autre chofe, qu'exécuter ce qui luy feroit ordonné. Ne font-ils pas une mar-chandife de leurs informacions? Les vendent aux Parties? Les communiquent aux accufez? Et ne les apportent ny envoyent aux Iuges,

finon qu'ils foient adiournez pour ceft effeĉt?
Si on veut dire que ce feroient doubles fraiz
aux parties, d'amener leurs tefmoings pour
eftre ouys, & qu'ils retournent encore pour
eftre confrontez. Je refpons, que ce font inconveniens non confidérables. Veritablement à
Rome les tefmoings ne venoient qu'une fois,
puifqu'ils ne deppofoient qu'à l'inftant qu'ils
eftoient préfentez aux accufez. Mais puis que
nous avons un autre ftile, ce n'eft pas la def-
pence qui eft à craindre : c'eft l'oppreffion, c'eft
l'iniuftice & abuz qui en peut naiftre : fi pour
la variation du tefmoing, fa dépofition n'eft plus
à charge : c'eft néant moins libelle diffamatoire,
c'eft un opprobre venu à tel effeĉt, que, qui vi-
voit en reputation eft devenu accufé, qui eftoit
libre a efté emprifonné. Il y a criefme de dol,
d'iniure & de calumnie. Il n'eft pas licite en
quelque façon que ce foit, fe iouër ainfi de
l'honneur & réputation d'autruy.

37. — Du recollement.

Il n'eft pas toutes fois à obmettre, que nous
diftinguons la Repétition ou Récollement. La
Répétition fe faiĉt à l'inftant de l'audition,
quiconque foit celuy qui ayt ouy le tefmoing,
c'eft à dire qu'on luy relift fa dépofition
pour entendre fi on l'a recueillie comme

il l'a dicte. Mais le Recollement, nous le prenons pour une confirmation de ce qui eft apporté devant le Iuge, qu'on relift au tefmoing,
afin qu'il die s'il fe fouvient de telle dépofition,
s'il l'a rendue comme elle eft, & s'il y veut perfifter. Certes la confrontation iugée, il n'y a
déformois rien tant à craindre, que fi l'accufateur veut ameiner d'autres tefmoings que ceux
qui avoient efté ouys premièrement, il les face
ouyr par un fergent, & qu'il les ameine après
cela devant le Iuge pour eftre recollez & confrontez. Ne peut-il pas arriver que ce foit luy,
qui ayant un fergent en main les ayt ouys?
C'eft leur faire dire ce qui luy plaift & les obli-
ger à perfifter. Car tous ne fçavent pas qu'ils
peuvent varier devant le Iuge.

38. — De la confrontation littérale.

Or le recolement faict, refte la confrontation :
Sinon, fi la mort du tefmoing eft intervenüe,
nous pratiquons que la dépofition demeure.
Nous demandons à l'accufé s'il a autrefois
cogneu un tel, de telle qualité, & qui demouroit en tel lieu : & quelles reproches il auroit,
s'il eftoit vivant & préfent devant luy. Cela
faict nous lifons la dépofition du défunct, &
ceft acte nous l'appelons Confrontation littérale. Nous traitterons icy ce poinct, iaçoit que

nous ne parlions encores que du récollement,
parce que c'eft la répétition ou l'audition première que nous déclarons à l'encontre du contumax, valoir confrontation : & laquelle audition, en cas que le tefmoing fut décedé, peut
valoir feule, fans confrontation ni recollement.
Ie ne trouve point d'exemple en tous les Anciens, de cefte façon que nous venons de dire.
Mais ce qu'ils gardoient lors, foit que le tefmoing fuft décedé auparavant l'accufation, ou
durant icelle, eftoient qu'ils recevoient le tefmoignage de l'avoir ouy dire de luy. Ce qui
s'entendoit d'un ouy dire de certaine perfonne,
car le tefmoignage vague, & qui n'eft fondé que
fur une rumeur, ils ne le receurent iamais.
S'il fe trouve fouvent que ceux-là fe trompent,
ou mentent, qui dépofent avoir veu & le bien
fçavoir, quelle foy adioufteroit-on à celuy qui
dict ce, dont il n'a fcience quelconque?

Or, que l'une ou l'autre forme plaife le plus,
fçavoir eft, d'ufer de confrontation litérale ou
d'un tefmoignage par ouy dire, il eft bien certain qu'elle n'avoit & ne doibt pas avoir grande
authorité en iugeant, furtout en noftre ftile ou
l'accufé ne voit rien devant lui que du papier
qui rougit & ne tremble pas.

39. — Du tesmoignage ex auditione.

Toutes fois, il y a apparence de quelque peu
plus d'énergie & d'affeurance au tefmoignage
ex auditu qu'en ce muet & litéral tefmoignage.
Car premièrement les Anciens pouvoient en
ufer en lieu d'Examen à Futur. Quant à nous
l'examen à futur n'a point lieu en matière criminelle, car ne recevant point d'excufes ni
d'exceptions, pourquoy on ne nous puiffe accuser toutes fois & quantes foyons préfens ou
abfens, privez ou en charge publique, fi la
preuve fe déperift, nous l'imputons à l'accufateur qui a peu intenter fon action plus toft. Secondement, cefte façon des Anciens fent plus fa
procédure criminelle, qui gift principalement
en confrontation de tefmoings, foit qu'ils ayent
veu, ou ouy dire à tel. Tous tefmoings peuvent
rendre fi bonnes ou fi frivolles raifons, foit de
leur chef, foit de celuy dont ils rapportent la
declaration ou atteftation que leur dire peut apporter quelque lumiere. Mais où il n'y a qu'un
efcrift privé, quelle réplique, quelle explication
en peut efpérer? Pour le faire brief, veu les ri-
gueurs que nous tenons aux accufez, & que la
façon que avons reçeuë contre eux eft telle qui
fe pratiquoit aux plus crimineux de leze-maiefté, ça efté très humainement faict de reietter

en récompenfe, tous ces tefmoignages par ouy dire, ces tefmoignages baillez en absence, *quæ non dixerint præfentes, ac fuperfliles* : Ces examens à futur : & encores toutes ces efpèces de confrontations litérales, pour en parler en général. Ce n'eft qu'en un cas qu'elles font bonnes, & fe faut bien garder de les recevoir autrement. Elles valent *in odium contumaciæ*, comme il eft fort bien dict en l'ordonnance du Roy François I, fur l'abréviation des procès, article CXXXV, c'eft-à-dire que fi le tefmoing qui avoit rendu, non pas une révélation devant le Curé, mais fa dépofition devant le Iuge, ou devant le Sergent commis quant ad ce (car autrement la répétition eft néceffaire, porte l'article) vient à décéder après le décret & contumace de l'accufé, la preuve qui eftoit commencée contre luy, demeure au procès, fans préiudice des reproches de l'accufé. Car autrement il feroit en fa puiffance, de n'obeyr point iufques à ce qu'il fceuft que la principale charge qui eftoit contre luy feuft perduë & efvanoüye.

40. — Si les tesmoings peuvent être confrontés l'un à l'autre.

Ce que nous avons plus à voir, premier que d'amener les tefmoings devant l'accufé (qui eft la vraye confrontation), c'eft fy oyant ou récollant les tefmoings, on peut, fans entrer eu infcription de faux (car alors ils ne feroient plus tefmoings, mais accufez), les confronter l'ung a l'autre, c'eft à dire, s'ils ne s'accordent, les faire venir tous enfemble, ou plufieurs à la fois, leur lire là leurs dépofitions, adfin qu'en préfence les uns des autres, ils rendent raifon de ce en quoy ils font différens, & où ils s'accordent. l'euffe eftimé cefte demande eftrange, finon que i'ay veu un Iuge de cour fouveraine, homme notable, ufer de cefte confrontation que nous difons. Car qu'eft-ce qu'il y a de plus à la défence de l'accufé, que la variation & difcordance des tefmoignages? C'eft la purger à fon préiudice, que de confronter ainfy les tefmoings refpectivement. C'eft ofter au défendeur l'induftrie & artifice permis de droiɛt, de pouvoir par interrogatoires furprendre la falfité ou affection des tefmoings. On peut bien les redemander & ouyr feparement deux fois, trois fois, pour voir s'ils fe defdiront ou perfifteront en ce qu'ils font varians : fans leur dire & fpécifier qu'ils le foyent. Mais le faire en la préfence les uns des autres, & par la lecture des dépofitions d'autruy, leur cotter & apprendre leurs variations & contradictions, adfin qu'ils viennent tous à s'accorder, & charger d'un pié plus vivement : c'eft (ce me famble) faire office d'accufateur, non de Iuge : c'eſt ne chercher qu'à condamner, non à abſoudre. Où il y a eu tant de facilité pour circonvenir l'innocence, faut-il défendre ceſte pratique ſi extraordinaire ſus la ſeule préſumption que le Iuge n'y voudroit pas malverſer, & que ce qu'il en faict n'eſt que pour chercher la vérité? Et touteffois le principal danger n'eſt pas en luy, mais aux teſmoings. Ce ſeroit une coniuration, non pas une répétition ou récollement. Que ſi ceſte confrontation entre teſmoings eſt légitime pour les unir, confrontons les donc déformois aux accuſez en tourbe, non un à un. Car il n'y aura pas plus d'inconvénient à l'un qu'à l'autre. De pluſieurs barbiers, pluſieurs expers, ſergens & recors qui vérifient leur rapport, ou procès verbal, encores faiſons nous difficulté de les ouyr tous enſemble, principalement ſi leur dire vient à la charge, & qu'il ſoit expedient ou néceſſaire de les confronter aux accuſez. Le ferons nous, à plus forte raiſon, aux teſmoings qui ſont préſens chacun pour ſa conſcience, non comme expers, pour conférer & raporter ce qui eſt de leur art? Ie deſirerois donc bien ſçavoir les raiſons qui pourroient eſtre au contraire.

TROISIÈME PARTIE.

DE L'AUDIENCE.

41. — De la manière de procéder à l'audience.

Attendant que nous les apprendrons, nos Parties ont affez batu aux champs pour amaf-fer & faire leurs preuves, ramenons les en Iugement pour les ouyr. Audiançons la caufe. Or chacun eftant en la place qu'il doibt, entrons à bon efcient au combat. Obfervons d'abord que noftre ftile eft tel qu'il faut que l'accufé parle par fa bouche.

Venons à ce qui eft le plus néceffaire, fçavoir eft aux interrogatoires, auditions, récollement, reproches & confrontations des tefmoings. Voyons à qui c'eft de les faire, s'il eft plus expédient que toutes ces actions fe facent en fecret qu'en public. Et enfin, s'il eft befoing, nous parlerons de cette playdoirie & oraifon continuë, puis qu'auffy bien il a obtenu qu'elle tiendroit le dernier lieu de l'Inftruction. Ce faifant il ne nous reftera plus que le Iugement interlocutoire ou deffinitif. Or qu'eft-ce que nous avons dict, à

qui c'eſt de faire les interrogatoires, auditions &
confrontations de teſmoings? appartient il à
autres qu'aux Iuges? Sɪ ɴous ᴀᴘᴘʀouvoɴs ʟᴇ
ᴄoɴᴛʀᴀɪʀᴇ soɴᴛ-ᴄᴇ ᴘoɪɴᴛ ᴘʟus ᴛosᴛ ɪᴍᴀɢɪɴᴀ-
ᴛɪoɴs ɴouvᴇʟʟᴇs ǫuᴇ ɴous ᴀᴘᴘoʀᴛoɴs ǫuᴇ
ᴘʀoᴘʀᴇs ᴇᴛ vʀᴀɪs ᴛʀᴀɪᴛᴛᴇᴢ ᴅᴇ ʟᴀ ɪusᴛɪᴄᴇ. Cᴇ
sᴇʀᴀ'ᴄᴇ ǫuᴇ ʟ'oɴ vouᴅʀᴀ. Tᴀɴᴛ ɪʟ ʏ ᴀ ǫuᴇ ɴous
ɴ'ᴇsᴄʀɪvoɴs ᴘoɪɴᴄᴛ ᴘouʀ ᴇsᴛʀᴇ ᴀuᴛʜᴇuʀs ᴅ'uɴᴇ
ɴouvᴇʟʟᴇ ᴘʀᴀᴛɪǫuᴇ, ɴʏ ᴘouʀ ᴍᴇᴛᴛʀᴇ ᴇɴ
ᴀvᴀɴᴛ ᴅᴇs ᴀʀᴛɪғɪᴄᴇs ᴇᴛ suʙᴛɪʟɪᴛᴇᴢ ᴅᴇ ᴘʟᴀɪᴅᴇʀ.
C'ᴇsᴛ ᴘouʀ ʟᴇ ᴄoɴᴛᴇɴᴛᴇᴍᴇɴᴛ ᴅᴇ ɴosᴛʀᴇ ᴇsᴘʀɪᴛ
ǫuᴇ ɴous ᴅɪsᴄouʀoɴs suʀ ᴄᴇ ǫuɪ sᴇᴍʙʟᴇ ᴀuᴛʀᴇ-
ᴍᴇɴᴛ ᴇsᴛʀᴇ ʟᴇ ᴘʟus ᴛʀɪvɪᴀʟ ᴀu Pᴀʟᴀɪs. S'ɪʟ
s'ʏ ᴛʀouvᴇ ǫuᴇʟǫuᴇ ᴄʜosᴇ ᴅᴇ ʙoɴ, oɴ ʟᴇ
ᴘʀᴇɴᴅʀᴀ: sɪ ᴛʀoᴘ ᴇsʟoɴɢɴé ᴅᴇ ɴosᴛʀᴇ vɪᴀɢᴇ;
ɪʟ ᴍᴇ suғғɪsᴛ ǫu'oɴ ᴄoɢɴoɪssᴇ ᴀ ǫuoʏ ɪᴇ ᴘᴀssᴇ
ᴍoɴ ᴛᴇᴍs ᴘᴇɴᴅᴀɴᴛ ᴄᴇs ᴛʀouʙʟᴇs.

42. — De l'interrogatoire des accusés.

Ie dy que ce qu'il avoit de plus beau en l'Inſtruction criminelle des Anciens, eſtoit que l'action d'interroger les Parties, deſpendoit d'eux-
meſmes ou de leurs Advocatz, non pas des Iuges.
Que c'eſtoit l'accuſateur qui interrogeoit l'accuſé: & l'accuſé l'accuſateur. Des teſmoings à
ſamblable. Si cela eſt véritable, c'eſt bien avoir
changé de formalité, veu que la noſtre eſt ſi

contraire, que fi áutre que le Iuge avoit interrogé l'accufé, & s'il l'avoit faiᵈ en préfence de
la Partie : tout feroit perdu. Le povre Iuge
auroit immédiatement un *venial*. Or à tous périls & fortunes (mais il n'y a point d'appel de
ce qui fe diᵈ en l'eftude), iuftifions premièrement que la forme des Anciens fuft telle que
nous la propofons : & puis nous confidérerons
laquelle des deux eft la meilleure : & en tout
événement, fi de l'ancienne il n'y a point chofe
que nous puiffions accomoder à la noftre.

La définition que nous avons donnée d'Asco-
nius, que ceftoit d'eftre accufé, prouve ce (que
nous difons. *Quid eſt reum fieri, niſi apud Prætorem legibus interrogari? Cum enim in ius ventum
eſſet, accuſator dicebat reo apud Prætore‌m : Aio te
ſiculos ſpoliaſſe, ſi negaſſet,* etc. Il diᵈ par deux
fois *apud Prætorem* pour montrer que ce n'eftoit
pas le Preteur qui interrogeoit, mais l'accufateur, féant & préfidant le Preteur. Ciceron en
l'Oraifon *pro Rofcio* nous apprend en oultre qu'il
n'eftoit pas permis aux Parties de s'interrompre
quand ils ufoient de plaidoirie continuë. Mais
(pour le faire brief) Quintilien le diᵈ apperte-
ment & traitte tout ce lieu cy au fecond chapitre du livre IX. Quant aux Grecs, ils en
ufoient de mefme. Mais que vous famblera il
fi nous difons qu'il y a apparence, quelque

forme que nous ayons maintenant qu'au tems paffé nous en faifions de mefme? Ce qui me le faict coniecturer, c'eft à la manière de procéder, ce que nous retenons encores auiourd'huy, *faict par devant nous.* Ça iaçoit que nous ayons nous mefmes vacqué à quelque acte iudiciaire, nous ne difons pas *par nous.*

43.—S'il est plus expédient que les interrogatoires se fassent par les iuges que par les parties.

Çà efté auffi une queftion fort débattuë dans l'Antiquité, lequel eftoit plus féant & plus raifonnable, que ce fuffent les Iuges qui interogeaffent & examinaffent ou les Parties. La raifon de ceux qui difoient que ce n'eftoit pas befogne de Iuge eft que de le faire, c'eft pluftoft advocacer que iuger; voire pluftoft acte de Partie que d'Advocat. Car l'interrogatoire, pour eftre bon, fe doibt faire captieufement & fubtilement; y venir tantoft de droict fil, tantoft en biaifant : maintenant en cholère, maintenant doulcement : qui font toutes queftions d'adverfaire, ou de fophifte : non de Iuge ou de Magiftrat. La rufe, en celuy-là, c'eft prudence, c'eft gentilleffe. Mais au Iuge : que peut-elle eftre, qu'animofité ou paffion? Certes felon que l'interrogatoire eft urgent, ou mol, il attire à foy des refponces qui nuyfent ou qui profitent, qui referment la playe, ou qui l'entament.

Ces interrogatoires ne peuvent pas bien con-venir à celuy qui doibt eftre neutre ou mi-toyen entre l'accufateur & l'accufé, comme dict Constantin. Et d'y tenir une médiocrité : il eft bien difficile. C'eft pourquoy beaucoup d'An-ciens ont eftimé que le Iuge ne devoit rien ap-porter de fon cru, que l'attention, l'audience, & puis en fin fon iugement. Et de faict la charge eft affez onéreufe & fubiecte à affez de hargnes, fans luy adioufter une function que les Parties mefme peuvent mieux faire. Infor-mer, interroger, ouyr, examiner, chercher la vérité en toutes fortes, par rufes, fineffes, dex-téritez ou autrement, font chofes qui gifent en faict, en follicitation, argumentation & dili-gence : conféquemment propres aux Parties. Mettez vous le Iuge à ces opérations & actions? C'eft tout ainfi que qui euft tiré le Sénateur, ou le chevalier Romain du lieu où il eftoit féant au Théâtre, & l'euft pofé avecque les comédiens fur l'efchaffaut. Auffy, au lieu que c'eft au Iuge, monté en fon tribunal, d'obferver de quel cofté eft le bon droict, par les plaidoiers, con-teftations, & altercations des Parties, lefquels fe picquans & efchauffant l'un l'autre, vien-nent à laiffer aller des paroles & geftes qui les découvrent : c'eſt le faire deſcendre au barreau & en l'oyant quereller, diſputer & conteſter avecque les accuſez, l'expoſer luy-meſme au babil, ou à la calumnie de tout le peuple. S'il va lentement, il eſt gagné ou eſt malhabile.

Voilà donc pour ceſte opinion. Pour ceux qui eſtoient d'advis contraire, PLATON dict qu'il ne faut pas que le Iuge ſoit muet, & planté & érigé en ſon ſiége, comme une idole qui n'ayt rien en luy, que des aureilles. Il veut qu'il face comme l'arbitre, lequel pour mieux appoincter les Parties & mieux entendre la vérité de leur différend, les interroge l'un après l'autre, qui à part, qui enſemble & leur demande meſme des choſes qu'ils n'ont point dictes. Que le Iuge ne peut autrement bien inſtruire ſa relligion & conſcience, ny parvenir à une vérité pure & ſimple. Tout ce que les Preſtres, ou leurs Advocatz, diſent & font, n'eſt que fard, n'eſt que deſguiſement, n'eſt qu'artifice. Ils peuvent le plus ſouvent ou de malice, ou de peur, ſoit de cholère, ſoit d'ignorance, céler ou oublier ce qui eſt le principal au procez. Pourquoy eſt-ce donc que le iuge qui eſt ſans paſſion, ny affection, comme probablement ſont tous hommes auſquels les affaires ne touchent point, n'accomplira mieux ces interrogatoires & auditions que les Parties? APULÉE loüe ſouvent le proconſul Maximus des

fages demandes & interrogatoires qu'il avoit
faict à fon accufateur & aux tefmoings. C'est
d'où vient la Conftitution de Dioclétien, *Ut
quæ defunt advocatis partium, Iudex fuppleat.*

Voylà donc deux opinions contraires qu'a-
voient mefme les Anciens, touchant cefte
première queftion, à qui c'eft de faire les interrogatoires, auditions & confrontations des tefmoings. Mais les Romains les avoient mieux
conciliées que nous n'avons. Car de peur d'encourir tous ces inconvéniens, les Parties s'interrogeoient bien l'un l'autre, & cela en eux
eftoit néceffaire. Mais le Iuge le pouvoit faire
auffi, s'il luy plaifoit. Il eft bien vray que depuis, ce qui n'eftoit qu'arbitraire au Iuge ou
au Magiftrat, vint en couftume. Mais il demouroit toufiours ftable, que les parties fe pouvoient interroger l'un l'autre, ouyr & examiner
leurs tefmoings. Cela eftoit caufe que le Iuge
en relaiffant aux Parties les demandes les plus
curieufes & les plus fubtilles, plus aigres &
plus importunes, retenoit aifément la gravité & authorité : & ce qu'il en faifoit, eftoit
avec telle douceur & modeftie, qu'il ne def-
couvroit fes mouvemens & imaginations pour
cela : qui eft une des plus belles parties du
Magiftrat, difoit Phavorinus à Aulu-Gelle,
quant aux Parties elles n'avoient couleur ny

occafion de fe plaindre. Car fi les interrogatoires & auditions n'eftoient bien faictes : fi on avoit délaiffé & obmis quelque chofe, ils n'en pouvoient accufer que la négligence d'eux ou de leurs Orateurs. Mais nous avons pris l'une des extrémitez : & oftant formellement aux Parties cefte faculté de s'interroger, ouyr & examiner leurs tefmoings, nous l'avons tellement attachée au Iuge, qu'il femble que les povres Parties foient auiourd'huy en curatelle, & plus aveugles en leurs procez que ceux qui efcriment en plain minuict. Le demandeur baille fes faictz & informacions au Iuge : & cependant il ignore quelles demandes il faict au défendeur : il ne fçait ce que luy refpond l'accufé : ne fçait fi fes tefmoins ont bien dict ou mal dict, non faict pas l'accufé, s'il eft queftion de faictz juftificatifs, & de reproches. On a faict de la Iuftice comme des faincts & facrez myfteres, qui ne fe communiquent qu'au Preftre : auffy quel il face au procez il n'y a que le Iuge qui le cognoift. Laiffons ceft inconvénient (qui eft touteffois très dangereux) que fy le Iuge & fon Greffier veulent faire comme les fauffes balanches, c'eft de pencher plus d'un cofté : difficilement y a-t-il remède auiourd'huy tant noftre ftile y eft commode.

Voyons où eft maintenant cefte plus belle

partie du Iuge. Sa gravité & févérité, n'eft-elle
pas néceffairement convertie en efpèce de cour-
tifement, de diffimulation & flatterie? Puifque
tout à noftre mode defpend de luy : qui eft-ce
qui vient à bout de l'inftruction d'un procez,
tant peu d'importance foit il, s'il ne faict mine
de favorifer l'une & l'autre Partie : s'il ne leur
accorde quafi tout ce qu'ils demandent, pour
les enfoncer & tromper en fin? S'il ne fe faift,
par manière de dire, non pas leur Iuge, mais
leur compagnon : & encores plus, leur vaffal ou
inférieur? Le marchand ne farde point tant fa
marchandife, & n'endort de tant de paroles fon
acourfier : qu'il faut que le Iuge, qui a peur des
récufations, & que fa pratique aille à un autre,
face à ceux qui s'adreffent à luy? S'il a fa qualité plus en recommandation que cela, qu'a-
vient-il? Comme l'achepteur va de boutique
en boutique, cherchant fa commodité & fon
affort : ainfy faict l'accufé, de Iuge à Iuge, &
de fiège à fiège, iufques ad ce qu'il fe trouve ès
mains, non pas du meilleur, du plus grave &
plus fuffifant Iuge, mais du plus connivant ou
applaudiffant. Certes, comme on fe compofe
bien autrement en préfence de la Dame d'honneur que de la Courtifane, les Parties auffy
apportent bien plus de crainéte, plus de refpect
devant le Iuge qui tient fon rané que devant

celuy qui fe rend facile & familier avec eux. Il
y a d'avantage : la dextérité & induftrie de bien
faire & inftruire un procez a bien toufiours efté
requife au Magiftrat, mais auiourd'huy que
toutes les functions qui réfidoient aux Parties
& aux Advocats font en luy, il faut qu'elle
approche tellement du nom de rufe & de fineffe, s'il veut bien tirer les vers du nez d'un
criminel qu'à grand' peine fçauroit-on plus
dire, fi ces artifices fe doivent appeler iuftice,
ou circonvention. Il y a bien apparence que
cefte ouverture, de laiffer tout en l'office &
miniftère du Iuge, vient de ce que les Anciens
pratiquoient ès criefme de lèfe-maiefté & ès
accufations où il n'y avait Partie que la République ou le Fifc.

44.— Si la ruse et dissimulation sied bien au Iuge.

Mais que pour avoir appliqué à toutes accufations la formalité de celles là : il faille que le
Iuge qui y faict déformois l'eftat & office des
Litigans, y apporte auffi en toutes, femblables
rufes & artifices. Il ne s'enfuyt pas, comme ie
croy. Celles qui ne procèdent que d'une prudence, vivacité & gentilleffe d'entendement,
telles rufes, s'il les faut ainfy appeler, fient
bien au Iuge. Il en eft loüé & eftimé. Mais fi
elles paffent les bornes, & qu'elles viennent

donner iufques à une couleur & efpèce de tromperie, ou de fineffe : quelque bonne intention
qu'on puiffe avoir, il les faut laiffer & abandonner aux Parties. Faut qu'elles viennent de
leur invention, & qu'ils en préfentent requefte
au Iuge.

Auiourd'hui tout cela eft confòndu : & oultre
le ftile dont nous ufons (qui requiert néceffairement ces fineffes ou induftries) celle des accufez eft fi grande maintenant, que pour le bien
public, nous excufons beaucoup de chofes en
la perfonne des Iuges, qui feroient autrement
mal féantes & furpafferoient la dignité & office
du Iuge qui doibt aler fon Grand chemin & en
la perfonne duquel réfide cefte Iuftice bandée.
De les définir. C'eft aux Iuges à apporter une
grande prudence & difcrétion. Tant y a, puifque
nous fçavons que c'eftoient anchiennement les
Parties qui s'interrogeoient, nous devons infé-
rer de cet ancien ftile (comme enfin la raifon &
équité naturelle interprète & adoucift toutes
Loix) que le Iuge qui interroge, fera bien &
deüement fa charge, fi oultre l'informacion qui
eft par devers luy, il fe faict bailler des faictz &
articles pour y vacquer. Car en ce faifant, quand
il n'y adioufteroit rien de fon induftrie, on ne
lui fçauroit honneftement qu'imputer. Secondement qu'on ne doibt non plus refufer à l'ac-

cufé que l'accufateur foyt ouy fur fes faictz, que
luy, fur ceux de l'accufateur. Car comme l'interrogatoire de l'accufé fert pour congnoiftre la
vérité du criefme qu'on luy met fus, auffi celui
de l'accufateur pour congnoiftre la calumnie,
animofité ou iufte douleur. Tiercement, que
tous interrogatoires font & doivent eftre com-
muniquables, & que ce n'eft point feulement
une fuperftition, mais iniuftice d'en defnier
communication & coppie. Car tant s'en faut
qu'en un procez criminel il y doive avoir rien
de fecret lors principalement que la vacation
eft faicte, que les Anciens & nos Pères mefme,
les inftruyfoient & Iugeoient tous en Public.

45. — De l'accufé qui ne veut point parler.

Or pour achever ce qui concerne l'interrogatoire des accufez & premier que de venir aux
tefmoings, quelle forme y faudroit-il pratiquer,
s'il arrivoit que l'accufé ne vouluft rien refpondre, foit au Iuge, foit à l'accufateur ou qu'il
renonçaft précifément à fe défendre? Recevrions
nous cefte renonciation? Ou s'il fe tenoit du
tout coy fans parler : interprèterions-nous
cefte taciturnité & ce filence, pour une confeffion & recognoiffance d'avoir failly? Quant à
l'accufateur: fi le iour veneu pour plaider il

18

uſoit de ceſte façon & contenance muette, ou
qu'il déclaraſt ouvertement qu'il ſe déſiſte : il
eſt évident que ce ſeroit gaing de cauſe pour
l'accuſé. Mais ſy ceſtuy-cy eſtoit abſent & contumax, premièrement nous interpréterions plus
toſt à confeſſion ſon abſence, que ſa taciturnité,
luy préſent ?

46.— Qu'importe la taciturnité et d'où elle procède.

L'abſent a peur de la Iuſtice, le préſent la ré-
vère. Or eſt-il bien certain que la révérence
porte ſouvent un eſtonnement avec ſoy, dont
non ſeulement les accuſez mais auſſi les doctes
& éloquens Orateurs ſe laiſſent ſaiſir. Secondement, cette taciturnité peut venir d'une nature & complexion ruſtique. Tiercement, d'un
chagrin, d'une indignation & extrême douleur
de ſe voir traiter calumnieuſement & indigne-
ment.

47. — Taciturnité emporte confession.

Il eſt bien vray que de la couleur, de la gràce
d'un accuſé, on peut bien coniecturer d'où vient
cette taciturnité incidente : mais les coniectures
peuvent bien ſervir aucunement, quand ce vient
à iuger : non pas que pour inſtruire un procez,
& où nous avons dict que l'interrogatoire de

l'accufé eft des formalitez néceffaires : nous
puiffions dire que celuy qui fe taift parle : &.
qu'il parle plus toft à fa charge qu'à fa defcharge. Quoy donc? Sy l'accufé ne veut refpon-
pondre, luy ouvrirons-nous à faute de le pouvoir ouyr & interroger? Quel remède y a il
donc? Tout ainfi que l'abfent, lequel d'ailleurs
ne pourroit eftre accufé eft rendu contumax par
édictz & adiournemens, & lors on le tient pour
préfent : auffy l'accufé préfent & qui fe taift,
eft rendu défobéiffant par les commendemens,
fommations & interpellations qui luy font
faictes de parler & de refpondre. Cette contumace eft lors pire que la première : car en celle-
là, il y a de la peur & de la crainte : en celle-
cy, avecque la défobéiffance qui y eft, il y a
du mefprit, du contemnement de la Iuftice, de
l'arrogance, qui nuift le plus fouvent plus que
tout. Le filence approuve le criefme en ce cas.
Mais comme il faut que l'abfent foit contumacé
par trois ou quatre adiournemens, qui ayent
chacun fon iufte & raifonnable intervalle :
auffy faudroit-il par plufieurs fois, & à divers
iours, fommer & interpeller l'accufé de refpondre, & rapporter par efcript, comme cela a efté
faict & curieufement obfervé. Et s'il ne fuffifoit pas d'interpeller, il faut commander & ordonner qu'il refpondra, autrement qu'il fera

paſſé oultre, à l'encontre de luy : & que les faiclz ſur leſquels il ſera enquis & dont les teſmoingz le chargeront, feront tenuz pour confeſſés.

Quelques Docteurs ont dit qu'il falloit bailler la queſtion à l'accuſé pour le faire parler. Mais ie n'en ay point veu d'exemples. Et puis s'il l'enduroit ſans parler, ce feroit revenir au premier inconvénient.

48. — Si l'accuſé peut renoncer à ſe défendre.

Quoy donc? Si au contraire l'accuſé, au lieu de ſe taire, ſe précipitoit & parloit trop : s'il venoit à en confeſſer plus qu'on ne demanderoit : ou s'il renonchoit difertement à ſe défendre : le Iuge qui ne ſe contenteroit de ſes confeſſions & déclaracions, & qui n'ordonneroit point néantmoins que le demandeur fiſt venir teſmoings, faudroit-il à l'inſtruction? Nous diſons néantmoins au Palais *nemo auditur perire volens* & par là nous inférons que ſus la ſeule confeſſion on ne peut donner & affeoir iugement. Or il y a bien grande différence de demander ſi l'accuſé eſtant entré en confeſſion, la Partie eſt relevée de toute autre preuve, & ſy le iuge n'en doibt chercher ny déſirer d'autre : ou ſy luy & l'accuſateur ayant faict tout ce qu'il a eſté poſſible, & touteffois ny ayant que des con-

feffions au procès on y peut prononcer au préiudice de l'accufé. Quant au premier il eft certain qu'il faut néantmoins que l'accufateur face
fes preuves, & que le iuge l'ordonne. Car ce
n'eft pas la raifon que qui accufe, n'attende
preuve que de la bouche de celuy contre lequel
il eft tendu à nuire & à faire mal.

Et puis la feule confeffion n'inftruict pas fufi-
famment la relligion du Iuge. Il fe peut préfenter beaucoup d'occafions pourquoy elles font
fufpectes : faictes par force, promeffe, ou im-
preffion précédente, par maladie, débilité d'ef-
prit, défefpoir ou propofition de mourir. Il faut
qu'il apparoiffe du criefme & de beaucoup d'autres chofes, premier que d'y ioindre la confeffion de l'accufé. Il fembleroit qu'on vint au
Iuge, comme à un meurtrier à gages, s'il fuffifoit dire devant luy, ie veux mourir. La perfé-
cution eftoit grande contre les Chreftiens, &
touteffois quand un grand nombre d'eux fe vin-
rent ietter volontairement devant le fiège d'Ar-
rius Antoninus, qui commandoit en l'Afie, fe
recognoiffans & confeffans Chreftiens, conféquemment s'expofant au martyre : « Allez,
« dict-il, povres miferables. Si vous avez envie
« de mourir, manquez vous de précipices & de
« cordeaux? »

49. — Quand le procés est en estat.

Mais quand le iuge a ordonné oultre la confeffion, que le demandeur aménera tefmoings,
& que les délaiz font paffez, demander fi la feule
confeffion eft fuffifante, c'eft s'enquérir s'il y a
de la preuve, non s'il eft en eftat. Ce n'eft pas
la preuve qui le faict inftruict ou non inftruict.
Il peut bien y avoir beaucoup de tefmoings
ouys, beaucoup de pièches produictes, & néantmoins qu'il n'y ayt point de preuve : & n'y
avoit auffi aucuns tefmoings, & nulle produc-
tion litérale, & que néantmoins il foit bien en
eftat de iuger. Ce font les réglemens & appoinctemens du iuge qui le font bien ou mal inftruict, comme en matière civile quand les for-
clufions font affifes. Car fy les Parties ont faict
ce qu'elles devoient, ou non, cela n'eft confidé-
derable que pour le fons. A la verité, ce brocard, *nemo auditur perire volens,* eft bien souvent
mal entendu. Il auroit veritablement lieu, à
l'endroict de celuy, lequel fans décret, fans informacion précédente, fans fufpicion qu'il y
euft contre luy, fe feroit venu accufer foy-
mefme, & comme fe préfenter & offrir au supplice. Quand une confeffion feroit toute nuë,
fans que l'accufé y adiouftaft les circonftances

du faict. Mais quand la confeffion eft extorquée,
c'eft à dire que l'accufé a efté appréhendé par
Iuftice, qu'il a efté coniuré par le Iuge, que
c'eft en Iuftice qu'eft faicte cefte confeffion, qu'il
y a perfévérance en ycelle, & finalement qu'il
appert du corps mort : la preuve n'eft pas fi dé-
ferte, que le Iuge n'y puiffe donner ny affeoir
quelque iugement ou de torture, ou de mort ou
d'autre poine, felon qu'il advifera par raifon. Il
laiffe là les tefmoings comme fy lors telles confeffions fy bien qualifiées, eftoient fuffifantes.
Nous dirons donc pour la forme, que le Iuge,
nonobftant la confeffion de l'accufé, doibt iuger
confrontation, & ordonner que les Parties & le
Procureur du Roy amèneront tefmoings. Luy-
mefme rapportera la diligence, qu'il aura faicte,
de recouvrer autres preuves & adminicules. Il
rendra en ce faifant le procès bien inftruict.
Cela faict, ce qu'il pourra iuger au fons dépendra de la matière, non de la forme.

50. — Si l'accusé peut renoncer à se défendre.

Mais difons maintenant que ce feroit, fi l'accufé en parlant & fe donnant à entendre, re-
nonçoit à fe défendre : qu'il dict pour exemple,
qu'il a de bons faictz iuftificatifs, de bonnes reproches ou récufations, mais qu'il fe déporte

de les alléguer : ou les ayant alleguez, fe déporte d'en faire preuve. Qui pafferoit oultre,
faudroit-il à l'inftruction? La défenfe eft de
droiɛt naturel, conféquemment nul n'y peut renoncer précifément : & nonobftant telle décla-
racion, le iuge ordonnera que l'accufé alléguera
fes defences, dira quel tort luy avoit faiɛt le dé-
funɛt, s'il eft vray qu'il fuft là où fuft commis
le déliɛt, s'il a reproches contre les tefmoings,
& preuve pour en informer. S'il y a autre qui le
veuille défendre, l'admettra, appellera les Parties, luy mefme *quæret de innocentiâ*, comme
diɛt ULPIEN. Cela faiɛt, fy l'accufé n'y obéyt,
s'il laiffe paffer tous les délays, le Iuge peut
paffer oultre. Car il n'eft pas néceffaire qu'il fe
défende, mais au Iuge qu'il luy donne lieu &
efpace de le pouvoir faire. S'il n'a point de défence, ou s'il fe défend mal à propos, c'eft déformais fa faute, non pas du Iuge.

51. — Les subterfuges tiennent lieu de défense.

Secondement que l'accufé fe défende bien ou
mal, cela n'eft point confidérable pour la forme.
Il fuffit qu'il entre en défence, & qu'il eftime
dire & alléguer chofe qui luy profite. Les fuittes
mefmes, les fubterfuges, les fineffes que peut
rechercher un accufé, luy tiennent lieu de dé-

fence, & moyennant qu'il n'y ayt rien qui
tourne à autre criefme, tout luy eft licite & légitime. Mais il faut que la voiyé foit receuë &
admife en droict. Comme quoy ? Les incompé-
tences, les appellations, évocations, argumen-
tations de faux, préventions, récriminations,
fins de non procéder, fins de non reçevoir, les
dilations, les récufations, les reproches faictz
d'*alibi*, font toutes voyes de droict, il s'en
aydera, encores qu'il y fuft mal fondé. Mais il
ne rompra pas les prifons, il ne corrompra
point fa partie, ny les tefmoings, il n'iniurira
le Magiftrat, il ne produira pas de faux tefmoings & ne defrobera le fac de fa Partie, fes
charges & pièces, ni en falfifiera & fuppofera
d'autres : comme firent deux prifonniers, lesquels accufez de faulfe monnoye, & renvoyez
par devant nous, trouvèrent moyen de mettre
la main fur le fac renvoyé de la Cour : oftèrent
les informacions qui y eftoient : contrefirent le
fing du Greffier de Saumur, & y en remirent
d'autres qui ne les chargeoient nullement.
Telles défences font nouveaux criefmes lefquels
vérifiez augmentent la peine.

52. — Si l'accusé peut renoncer à son privilège.

Quant à renoncher à un privilège, ce n'eft pas

proprement renoncher à fe défendre, non plus
que qui pourroit combattre couvert, l'aime-
roit mieûx faire en pourpoinct, & tout homme
peut fe démettre de ce qui eft particulièrement
introduict en fa faveur. Cependant les Confti-
tutions Eccléfiaftiques que nous pratiquons,
ont défendu cette renonciation au Preftre. De
façon qu'auiourd'huy le Iuge lay feul (encore
que les Ordonnances de Moulins & d'Amboife
foient au contraire) ne fçauroit faire le procés
au Preftre fetenant fon habit, pour quelque
délict que ce foit, privilégié, ou non privilégié
(finon qu'il fuft queftion de criefme incident aû
civil, ou de Lèze-maiefté, au premier chef) &
quelque confentement ou renonciation qu'il
euft faicte, le procés qu'il auroit entreprins feroit nul. Et tout ainffy qu'il n'auroit aucune
puiffance fur l'eftranger, euft-il délinqué fur
les fiens hors le Roïaume, finon que fon Prince
le luy euft livré, auffi n'a il fus le Clerc, fi toft
qu'il luy fuft baillé & contrelaiffé par fon Évefque. Encores que la renonciation y foit : la puiffance & l'authorité manque au Iuge, que la Loi
feule luy peut reftituer, non le Preftre.

53. — De l'examen et audition des tesmoings.

Or parlons maintenant des Parties qui n'obmettront rien de ce qui eſt pour eux. Chaſcun ayt propoſé ce qu'il aura voulu : commandons leur d'amener leurs teſmoings. A qui eſt-ce de les examiner? Il eſt bien certain auiourd'huy que c'eſt au Iuge. Mais à Rome c'eſtoient pareillement les Parties qui les interrogeoient. Celuy qui les produiſoit, les examinoit le premier : cela fai❀, les abandonnoit à ſa Partie pour diſputer avec eux, les tourner, les virer pour les ſurprendre, & par leur bouche les rendre faux ou bons pour luy. Cela eſt auſſy contraire à noſtre uſage françois.

Les teſmoings à Rome preſtoient ſerment, non ſeulement de ne rien dire que la vérité, mais auſſy de ne la céler point. Tout à un meſme a❀e & à un ſeul inſtant, le teſmoing eſtoit ouy & confronté à l'accuſé : car il eſtoit examiné en ſa préſence & luy-meſme l'interrogeoit. Le Préteur et les Iuges qui l'aſſiſtoient n'eſtoient que Auditeurs & ſpe❀ateurs ſans reproches. Les Greffiers ou Scribes reçevoient & eſcrivoient tout ce qui eſtoit di❀ par devant eux. Et pour n'y faillir point CICÉRON & après lui AGRIPPA du tems d'Auguste, inventèrent des nottes, par le moïen deſquelles rien n'eſtoit prononcé ſi couramment, qui ne fuſt eſcripter recueilly. Tout cela eſtoit arreſté & paraphé par les Iuges. En ces interrogatoires il y

alloit bien de l'art & de l'induftrie des Parties
ou de leurs Advocatz. Car le demandeur n'eftant pas touiours affeuré de ce que dépoferoit
fon tefmoing, & fi au lieu de parler pour luy,
il feroit point tout au contraire, il avoit bien à
penfer aux demandes & inquifitions qu'il luy
entendoit faire, & l'accufé encores plus. Car qui
interroge trop le tefmoing de fon adverfaire
faict en fin que les Iuges luy adiouftent foy.

Quintillien en baille les préceptes au fecond
livre. Tout tefmoing depuis qu'il eft produict,
eftoit déformois commun aux deux parties s'ils
s'en veulent ayder.

Le Magiftrat & les Iuges pouvoient auffi
quelques· fois de leur office, & pour mieux
inftruire leur confcience, examiner les tefmoings & leur demander ce qui leur fembleroit
fervir au faict. Mais cefte partie-là ne leur
eftant auffy impofée de néceffité il arrivoit de
ceft ancien ftile trois belles chofes à appliquer
& adapter au noftre. Nous avons defià touché
la première : que la dépofition de leurs tefmoings eftoit bien plus faincte & moins fufpecte, là venant de plein bout rendre devant
le Iuge & devant les Parties.

54. — Qu'il y a bien de l'artifice à interroger les tesmoings.

On ne leur préfentoit point une dépofition efcripte, couchée & rédigée par efcript, peut eftre deux ou trois ans y avoit premier que de venir en Iuftice, & eftre confrontez aux accufez. Telles dépofitions ne font ny le dire, ny le langage du dépofant, c'eft l'artifice d'un fergent, d'un Enquefteur, d'un Examinateur, voire mefme du Iuge qui l'a receuë, lefquels font parler le tefmoing comme il leur famble n'y euft-il rien qu'on peuft reprendre : fi y a-il néantmoins grande difference aux termes : & la première grâce de laquelle a ufé les tefmoing en dépofant, n'y eft plus, quand nous venons à des recollements & confrotations ordinaires. I'ay fouventefois ouy dire au feu fieur Lieutenant général à ce fiège, Maiftre Clément Louet, homme bien advifé, que les tefmoings reffembloient aux cloches. Tout ainfy qu'on leur faict dire tout ce qu'on veut : auffi le tefmoing, felon qu'il eft examiné, & felon les termes dont on orne & habille fon dire, charge ou defcharge, On pourrait bien auffi le comparer à l'inftrument de Mufique, lequel, comme il eft groffièrement ou délicatement touché, fe trouve cher ou de vii prix. Pour cefte occafion il difoit qu'il

n'y a rien de ſi pernicieux en la Iuſtice dont
nous uſons, que d'y avoir introduiɛt des meſ-
tiers & office d'ouyr teſmoings. Au rapport
d'un Examinateur & Enqueſteur, le Iuge.croit
gens qu'il n'a point veu : & s'il les faiɛt revenir
d'aventure, ils ne luy chantent ſouvent autre
chose, ſinon, Qu'on me liſe ma dépoſition, ie me
tiens à ce qui y eſt.

55. — Si le tesmoing peut apporter sa déposition par écrit.

Il peut bien arriver quelques fois que le teſmoing adiourné pour dépoſer, apporte en iugement ſa dépoſition minutée, & interrogé, la liſe
& la récite : tout auſſi bien que l'Orateur, le
Sénateur, le Magiſtrat peut dire par eſcript ſa
ſentence, ſon opinion, ſon plaidé. Poſez le cas
qu'il ſoit trop aagé et n'ayt pas la parole, ou la
mémoire à commandement. Mai cela oſté, ce
que la lecture & préméditation recommande en
ceux-cy : elle engendre de la ſuſpicion aux autres. Trop penſer à ſon teſmoignage faiɛt croire
qu'on le déguiſe. Ce qui eſt de faiɛt s'offre & ſe
préſente tout auſſitôt.

56. — Le tesmoing dépose de vive voix devant l'accusé.

le dy que ceſte première dépoſition ſe doibt

faire par cœur : & qu'à la réciter par efcript, il
y a plus d'occafion de foupçonner qu'elle a efté
fabriquée : tout ainfy que les reproches & les
faictz iuftificatifs de l'accufé, lequel venant à la
la confrontation les apporteroit en fa main &
les liroit devant le iuge.

57. — Des reproches.

Le fecond point confidérable, réfultant de
cefte façon ancienne, que les Parties, non pas
les Iuges, examinoient & interrogeoient les tefmoings, eft que le plus fouvent des interrogatoires tenoïent lieu des reproches que nous alléguons auiourd'huy. Car au lieu de dire au
tefmoing toutes les iniures & vilanies qu'il eft
poffible, & dont néanmoins on ne craint point
d'eftre reprins, pour la raifon qui eft vulgaire,
les Anciens, avec ces interrogatoires ·parve-
noient mieux à confirmer ou infirmer la dépofition des tefmoings, que par toutes les reproches & falvations dont nous ufons. Tel tefmoing eft reproché qui ne laiffe pas d'eftre bon.
Et tel non reprochable, lequel chatoülié de tous
coftez, tourné & viré fus fon dire, ne fe trouvera enfin digne de foy. Le tefmoignage eftoit
bien mieux deftruit par difpute, argumentation & réfutation, faicte à propos, que par
blafme & repréhenfion de la perfonne. Le re-

proche picque & offenfe : l'interrogatoire choye
& efpargne. Or eft-il trez utile aux Parties de
n'offencer pas les tefmoings qui font contre eux,
s'il eft poffible : quelque proteftation qu'on
puiffe faire que ce n'eft pas pour les iniurier;
mais pour fe défendre.

58. — Ce qu'on peut inférer du style romain.

Ce n'eft pas à dire que chez les Anciens les
reproches ne fuffent receües comme auiour-
d'huy. Mais il nous femble qu'en n'ayant point
le ftile dont nous ufons, la difpute, l'altercation, argumentation & action qui eftoient
entre les parties par le moïen de ces interrogatoires anciens, la meilleure & principale partie
de confulter le tefmoing, nous eft oftée : & dy
que leurs reproches fe pofant par interrogatoires tels qu'on les voit en CICÉRON contre
Vatinius, fi le tefmoing confeffoit, l'accufé eftoit
relevé d'en faire preuve : s'il nyoit, il n'en informoit point s'il vouloit. Au lieu que quand la
reproche eft mife en faict & qu'elle eft pertinente, *reus fibi imponit onus teflimonii* & s'il ne
preuve ce qu'il a allégué, oultre que le tefmoing
demeure entier, il eft auiourd'huy amandable
tant à la Partie, qu'au Fifc. Or ce n'eft pas à
dire, que le Iuge faifant ces interrogatoires pour
& au lieu des Parties, ne puiffe auffi bien cognoiftre fi le tefmoing deppofe vray : & à la

confrontation, la lecture faicte, s'il lasche la
bride à l'accusé & au tesmoing pour ergoter l'un
contre l'autre, il ne puisse bien gagner cela
qu'ils se rencontreront : & en ce faisant, reietter
ou admettre le tesmoing, reproché ou non reproché qu'il fust. Mais il ne peut point faire ces
interrogatoires si exactement que la partie à
qui il touche : & puis les ruses, les subtilitez &
arguties qu'il y faut nécessairement apporter,
sentent mieux sa Pârtie, que son Iuge. Si ce stile,
par ce moïen estoit plus seur & plus utile aux
Parties, que le nostre, il l'estoit pareillement
aux Iuges. Ce leur estoit une grande descharge
grand repos & contentement d'esprit. Les Parties ne leur pouvoient reprocher, qu'ils eussent
négligemment, collusoirement, ou animeuse-
ment & aigrement ouy & examiné leurs tesmoings. Ils évitoient la plus grande partie de
la hayne, de la calumnie à quoy sont exposez
principallement ceux qui iugent de l'honneur &
de la teste d'autruy. Sy l'accusateur demande
au tesmoing, ou à l'accusé, un tel estoit-il
pas au meurtre? Cela en luy est excusable : il
sçait ceux qu'il veut accuser à ses périls & fortunes. Au Iuge qu'y auroit-il plus animeux?
Nous inférerons çà & là ce que nous pouvons
accommoder de ce stile ancien à celuy de nostre
tems. Cependant puisque nous sommes sur les
reproches, voyons par manière de dispute si

l'ordonnance par M. le Chancelier Poyet, que l'accufé les dira & alléguera auparavant d'avoir entendu la dépofition du tefmoing, & qu'aprez la lecture il n'y fera plus reçeu, eft iufte & équi- table, & alléguer fur le champ. Secondement traittons auffy quand les Romains faifoient la preuve de leurs faicts iuftificatifs : adfin qu'on cognoiffe de là combien noftre pratique, qu'on a penfé bien réformer eft loin de l'antiquité, & peut eftre pleine de févérité & de rigueur.

59. — Si les reproches se doivent alléguer sur le champ.

Primes, y a-il apparence que l'accufé foit fi précipité & circonvenu, qu'eftant emprifonné eftroictement fi toft qu'on luy amène tefmoings il faille qu'il die fes reproches : s'il ne les dict fur le champ, & par fa bouche, fans ayde de perfonne : la dépofition fe life & cela faict, il ne foit plus reçeu à reprocher, & que la dépo- fition demeure entière ? Il falloit donc par mefme moïen ordonner, qu'on ne nommeroit iamais tefmoings que les parens, voifins & con- citoyens de l'accufé. Car que peut on alléguer promptement contre celuy qu'on ne cognoift ? & encores : combien en cognoift-on & voit-on tous les iours, defquels nous n'obfervons & ne fçavons nullement les actions, les mœurs, les comportemens ? S'il y a apparence, que celuy

qui a délinqué fur fon fumier, au lieu de fa naif-
fance ou demeure ordinaire, cognoiffe tous les
tefmoings qui y réfident : que fera-ce s'il a délinqué hors fon païs? Que fera ce fi par évocations, par renvois, on le tire hors de devant
fes Iuges & hors de fon domicile? Et néantmoins qu'il cognoiffe ou ne cognoiffe point le
tefmoing, la loy eft générale. Il faut que fur le
champ il reproche, ou il ne fera plus receu. Ce
qui eft de noftre faiɛt, nous ne le pouvons pas
vray-femblablement ignorer : & pourtant en
ce cas là paffe, que l'accufé foit contraignable
d'y fatiffaire tout promptement. Mais du faiɛt
d'autruy : l'ignorance en eft probable. Et touteffois nous recevons l'accufé en toute partie de
la caufe à alléguer fon *alibi*, qui eft de fon
faiɛt : & les reproches qui regardent celuy
d'autruy, à la feule confrontation & non
autrement. L'accufé peut il fçavoir à l'inftant,
fi le tefmoing eft corrompu? ou s'il a follicité
contre luy? Ses parens, fes amis, fes folliciteurs
& Procureurs ne peuvent pas mefme fitoft le
defcouvrir : comment le fera-t-il en prifon?

**60. — A Rome on ne reprochoit les tesmoings
qu'après la lecture et audition.**

C'eft pourquoy nous avons diɛt, qu'anchiennement à Rome, à l'inquifition & informacion
qu'ils faifoient, les accufateurs & accufez ou

leurs Procureurs y eſtoient préſens & appre-
noient dès lors de quels teſmoings on les vou-
oit combattre, au iour que la cauſe feroit plai-
dée. Ils avoient tout ce tems là à s'enquérir de
leurs qualitez, mœurs & conditions. Mais la
cauſe venue à ſon tour & les teſmoings produicts : ſy à Rome les accuſez les reprochoient
premier que d'avoir aprins leur teſmoignage, ou
s'ils le faiſoient aprez voyons ce qui s'y pratiquoit, & puis nous viendrons aux raiſons. En
premier lieu le ſeul ſtile qu'ils avoient d'uſer
oratione perpetua, tantoſt auparavant l'audition
des teſmoings, tantoſt aprez, monſtre que nous
diſons eſt véritable. Car ſy auparavant l'accuſé
aprenoit par l'ample déduction & harangue de
l'accuſateur, tout ce que les teſmoings devoient
dépoſer : ſy aprez il l'avoit ſçeu & ouy répéter
encores lors de l'oraiſon continue.

A quelle fin cela, que le teſmoing, qui de néceſſité vient en iugement, & pour les affaires
d'autruy, remporte de ſon obéiſſance, paroles
qui luy déplaiſent ? S'il charge : il y a quelque
excuſe à l'accuſé, ſi lors qu'il a ouy ſa dépoſition, il luy recherche ſa vie, & luy dict choſe
qui ſonne mal. Car ce qu'il en faict c'eſt pour ſe
défendre. Mais auparavant qu'il ayt ſçeu s'il le
charge ou non : eſt-il honneſte, que ſous ce
doubte, il l'iniurie, & luy mette en avant toutes
les vilanies dont il ſe puiſſe adviſer ? Car l'in-

vention d'alléguer les reproches auparavant la
lecture, a apporté qu'à toutes aventures, & à
tort ou à droict, les accusez sont contrainctz de
reprocher, & que la pluspart de leurs reproches,
sont de stile. Le propre lieu de se défendre, est
lors que l'on se sent blessé & offencé, c'est donc
aprez la déposition leüe, que la reproche doibt
estre principalement alléguée : car la reproche
est défence. Est-il raisonnable que l'accusé, lequel se confiant en son innocence, & en la première opinion qu'on a, que nul ne voudroit dep-
poser contre la vérité, a mesprisé de rien dire
contre le tesmoing : aprez avoir ouy sa déposition qui le charge, soit tellement bridé qu'il ne
puisse plus rien alléguer contre sa vie & mœurs,
sinon qu'il entre en argumentation de faux ? Ce
qui n'est pas tousiours facile à faire, ny les
choses disposées qu'un faux puisse se cotter &
articuler. Sy la reproche doit estre libre : à quoy
tend-il de la restreindre, sinon pour exclure l'accusé de ses défenses, & faire que la charge demeure entière, premier que l'accusé soit adverty
s'il y a charge ? Il nous est bien enioinct de donner à entendre l'ordonnance à l'accusé, qui est
d'alléguer reproches s'il en a, & que la lecture
faicte il n'y sera plus reçeu. Mais ce n'est point
assez : car il luy faudroit donc dire aussy sy le
tesmoing prend faict pour luy, ou contre luy :
s'il faict peu, ou point à la charge. Il faut prin-

cipalement pourvoir aux fimples. Or ne fçavent-
ils pas qu'il s'enfuive, que puifque le iuge lui
confronte tefmoings, & faille qu'il y ayt de la
charge. Tous n'entendent pas l'ordonnance,
quelque advertiffement qu'on leur face. Beaucoup ne peuvent mefme comprendre que c'eft
que reprocher : plufieurs laiffent là les reproches, mefurans autruy à leur façon, & puis,
comme nous avons dict, quand l'accufé ne coy-
noift point le tefmoing, veut on qu'il fe pariure ?
qu'il forge & invente des reproches à crédit?
On dira que s'il n'en a point, il ne pourra les
dire non plus aprez la lecture, qu'auparavant.
Refponfe : le danger ouvre les efprits. Que s'il
faille lors à en alléguer : on ne peut plus rien
imputer à la loy, qu'elle n'ayt fagement pour-
veu à toutes chofes. C'eft déformois la faulte
des accufez, s'ils obmettent, ou font deftituez
des moïens de fe défendre. Y a il apparence
d'eftablir tellement une formalité, que pour ne
la faire par devant, ou aprez il y aille de la vie
ou de l'honneur? Si auparavant la lecture l'accufé allégue reproches, il foit en voye de fe fauver : fi après, qu'il les luy allégue bonnes ou
mauvoifes, foit faict de luy? Le iurifconfulte
Paulus dict, que le iuge doit faire dire en public
le iour qu'il vaquera à ouyr les prifonniers,
afin qu'ils s'inftruifent de leurs défenfes, &
qu'ils ne foient point furprins. Toutes fois, fi

pluftoft ils fe veulent défendre, ou demandent plus long délay de ce faire : quelque advertiffement & publicacion qu'ay faict le Iuge, il y fera receu. Icy fous prétexte que le Iuge aura adverty l'accufé d'alléguer fes reproches, qui tiennent lieu de défenfe : s'il ne les dict à l'inftant, fera-il pendu? Il n'y a pas, ce me femble, apparence. N'eft-il pas plus felon raifon, & plus approchant de l'humanité que l'accufé ayt des moyens fauves & entiers pour fe défendre, ayant ouy la dépofition du tefmoing : qu'ils luy foyent tous excluz, l'ayant ouye?

Il y a plus d'inconvénient à punir l'accufé, à faute de reproches mal alléguées en fon ordre, toutes fois *ante fententiam* : qu'à l'abfouldre, lui réfervant tous légitimes moïens de fe défendre, auparavant & aprez la dépofition des tefmoings. Sy l'accufé, en quelque partie de la caufe que ce puiffe eftre, offre alleguer & iuftifier les reproches : pourquoy n'y fera-il point receu? Pour quelle raifon l'admettra-on pluftoft, iufques fus la fellette, à alléguer faict d'*alibi*, faict qui attenuë, que des reproches? Quelle différence y a il de l'un à l'autre? Au contraire, il y auroit plus d'apparence de n'admettre point l'*alibi* après l'interrogatoire. Car il dépend du faict, de la fcience & cognoiffance de l'accufé : il ne le peut pas probablement ignorer. Mais les reproches dépendent d'au-

truy. Pourquoy eſt-ce qu'en matière criminelle
la condition des Parties ſera plus dure qu'en
la civile : où en beaucoup de cas, diſent les
Décrets & Ordonnances des Papes, on peut
eſtre receu à reprocher, & faire nouvelle preuve
aprez publicacion d'enqueſte?

61.—Qu'on pouvoit reprocher les teſmoings plusieurs fois.

Pour ceſte occaſion les Romains ne reprochoient point ſeulement une fois, c'eſt-à dire
incontinent aprez le teſmoignage rendu, mais
ſi la cauſe eſtoit remiſe, autant de fois que
eral ampliata, l'accuſé pouvoit reprocher de nouveau : ou ne l'ayant faict au commencement,
le faire aprez.

Il y a plus : encores que la cauſe ſe termi-
naſt par un ſeul iugement : c'eſtoient deux
actions, l'oraiſon continuë & l'interrogation
des teſmoings dict QUINTILIEN ſi bien qu'à
chacune d'ycelles, l'accuſé diſoit & alléguoit
contre les teſmoings ce qu'il vouloit. Nous
meſmes ne reçevons nous pas en l'ordinaire le
teſmoing ia ouy à l'extraordinaire : & là ſe
baillent d'autres reproches? Pourquoy cela,
puiſque à l'extraordinaire l'accuſé avoit appris
la dépoſition du teſmoing? ou il ne ſe doibt non
plus faire en ceſt endroict, ou par tout il ſe
doibt faire. Car un procés pour avoir eſté pour-

fuyvi en deux manières n'en font pas deux.
Touteffois l'ordonnance du Roy François I &
l'ufage font au contraire. Il faut donc de néceffité fuyvre ce qui eft prefcrit. Mais parce
qu'il eft contre les droiɛtz anciens, & contre
l'Equité & humanïté naturelle : il faut felon
les occurrences y apporter toutes les modéra-
tions & interprétations doulces qu'il eft poffible. Comme quoy ? Si aprez la confrontation,
l'accufé vouloit informer par efcript de reproche pertinente qu'il n'eft point alléguée, ou de
laquelle il offrift croire le tefmoing à ferment :
il y auroit apparence de l'y reçevoir. Si un
mefme tefmoing venoit deppofer deux fois en
la mefme caufe, & qu'à la première confrontation l'accufé n'euft point allégué de reproches : il faudroit dire que celle qu'il allégue-
roit à la feconde, ferviroit contre les deux.
Dire, que les reproches mifes en avant par
l'un des coaccufez fi elles font trez pertinentes
& infament la perfonne, profitent aux autres.
Au demourant, quand l'accufé remonftre qu'il
ne cognoift point le tefmoing, il eft bien re-
çevable à demander que le tefmoing luy die
fon nom, fa qualité, fa demeure, d'où il le
cognoift, où il l'a veu, combien de fois & depuis quand. Cela luy eft néceffaire pour penfer à fes reproches, & n'y a rien contre l'ordonnance. Car ce n'eft pas apprendre la dé-

20

pofition, que vouloir eftre informé contre le
teſmoing.

62. — De la preuve des faits iuſtificatifs à reproche.

Or auparavant que de fortir du lieu où nous
fómmes, voyons quand, & comment l'accufé
informoit de fes faiɗz iuſtificatifs & de reproches
fi l'accufé ne procédoit que par interrogatoires
& aɗions continues à l'encontre des teſmoings
de fa Partie, foit en général, foit en particulier,
il ne luy eſtoit point néceſſaire d'entrer en
preuve. Car s'il obtenoit quelque chofe en inter-
rogeant, on le tenoit pour prouvé & vérifié. S'il
y procédoit comme nous faifons, il falloit néceffairement iuſtifier les reproches. Quelle preuve
fuſt lors, & foit encores auiourd'huy néceſſaire :
cela n'eſt pas de noſtre traiɗé, auſſi que telle
queſtion eſt plus de faiɗ que de droiɗ. Mais ſy
l'accufé informoit ſur le champ de fes reproches,
ou s'il avoit tems à part pour en informer ?
comme quand auiourd'huy nous interloquons
& difons qu'il nommera teſmoings pour faire
preuve de fes fáiɗz iuſtificatifs & de reproches,
ou s'il ne le faiɗ qu'aprez les preuves de l'accufateur, c'eſt ce que nous avons à voir, & fi l'accufateur au contraire pouvoit reprocher ces teſmoings là : & en fomme, aprez avoir traiɗé des
reproches, il faudra dire quelque mot de falva-
tion.

63. — Que les Anciens n'interloquoient pour la preuve des faits qualificatifs à reprocher.

Il eſt certain qu'anciennement le Préteur n'interloquoit point, pour dire que l'accuſé informeroit de ſes faictz iuſtificatifs & de reproches. La raiſon eſtoit que l'accuſé avoit apprins durant l'informacion & inquiſition, à qui l'accuſateur avoit dénoncé de venir dépoſer : il avoit ſçeu auſſi dès le premier adiournement de quoy on l'accuſoit : de façon que dedans le meſme délay donné à l'accuſateur pour faire ſon inquiſition, il dénonçoit de ſa part à ceux du teſmoignage deſquels il ſe vouloit ayder pour ſe iuſtifier, & prouver ce qu'il avoit à dire contre les teſmoings du demandeur, ſy d'aventure ils le chargeoient, qu'ils euſſent pareillement à comparoir pour eſtre ouys & porter bon & loyal teſmoignage de vérité à la requeſte.

Tout ce que deſſus me donne la folle hardieſſe de dire que ie ne ſais pas bonnement ce qui meut auſſy ledit ſieur POYET de changer ceſte belle & honneſte façon de procéder : que tout d'un coup les deux parties différentes fiſſent leurs preuves & que celle qu'il nous a introduicte d'interloquer pour informer des faictz iuſtificatifs & de reproches, nous l'ayons tous reçeuë ſi conſtamment. I'ai dict celle qu'il nous a introduicte : car iuſques à luy on en uſoit comme

les Anciens, autrement n'euft-il point fallu de
nouveile ordonnance. Les Veftiges de l'ancienne
y font encores, quand les parties plaident à
l'ordinaire, car ils font leur enquefte concurremment. Et de faiſt, i'ai leu entre les procez
criminels faitz il y a plus de fix vingt ans, par
ledit maiftre Jehan Belin, fieur de Doinard &
de Foudon, mon bifayeul maternel, que par
mefme ordonnance on donnoit délay à la Partie
d'amener tefmoings pour la charge & à l'accufé
pour fa defcharge, fy par fes refponfes il avoit
mis en avant quelque faiſt iuftificatif ou atténuant. Il n'y avoit, ce me femble, ou ie me
trompe avec l'Antiquité, rien fy iufte ny fy équitable. Primes, le procez fe faifoit tout à un inftant, & comme en un feul tableau la vérité
pour l'une & l'autre Partie fe repréfentoit tout
à un coup devant les Iuges. Ils ne iugeoient
point auiourd'huy de la charge, & trois, quatre
ou fix mois aprez, de la defcharge & iuftification
de l'accufé.

Ils ne faifoient point d'une accufation deux
procez. Secondement : D'où peut venir cette invention que l'accufé ne face fes preuves, que
celles de l'accufateur ne foient faiſtes & areft-
tées premiers ? Ce n'eftoit la forme ny des accufations ordinaires, qui font les extraordinaires
de maintenant, ni de celles de Perduellion. Car
nous verrons tantoft par les exemples que

nous produifons, que la forme eftoit toute pareille pour ce regard. Difputons un peu contre l'ordonnance. Car il n'y en a point de fy bien faicte, que fi on vient à cognoiftre fon vice, elle ne foit fubiecte à révocation & changement.

64. — De l'abus des enquêtes d'office.

Y a-il de la iuftice en cela, que l'un fe peine & fe tourmente à faire ses preuves, & que ce pendant l'autre foit aux efcoutes? Qu'après avoir fçeu & après toute la charge, il ne commence que lors à trouver & mandier tefmoings pour l'élider? N'eft-ce pas donner lieu aux falfifications & fubordinations de lettres & de tefmoings? Aux fubtilitez & artifices pour gafter, toutes accufations tant griefves & énormes foyent-elles? N'eft-ce pas ce qui a apporté cette rufe & malice aux accufez, que de laiffer confumer leurs Parties à faire de groffes preuves, & finalement quand ce vient à voir le procés, garder un faict d'*alibi* dans leurs manches, dont par aprez ils informent tout à loyfir, & tout à l'ayse?

65. — Qu'il y a de la faveur à parler le dernier.

Le Duel ne feroit pas iufte ny beau à voir, dont la paction & la capilulation feroit, qu'un tiraft le premier tous fes coups, & l'autre aprez.

L'aggreſſion & la défence doivent marcher d'un pié & d'une meſure. Tout ce que l'accuſé faiſoit poſtérieurement, c'eſtoit de parler & orer le ſecond. Et véritablement cela importe beaucoup, car, oultre qu'il y auroit de l'abſurdité à ſe défendre premier que d'eſtre accuſé, oultre cela les dernières impreſſions ont plus de force. Elles s'attachent à l'entendement, & comme un clou chaſſe l'autre, ainſi font elles des premières imaginations & conceptions. C'eſt une grande faveur que de parler le dernier. Quant à M. le Procureur Général, il n'a droiⱨ de parler le dernier que quand il intervient comme tiers : s'il eſt ſeul Partie, il plaide comme toute autre perſonne privée. Néantmoins quelque privilège qu'ayt l'accuſé en cecy, ſy la cauſe fuſt venue à ne pouvoir être décidée ſur le champ, & que les luges euſſent prononcé, *Amplius,* les Romains eſtimoient eſtre ſi peu équitable que l'accuſé euſt deux fois ou plus cet avantage de clorre le pas, qu'ils vouloient qúe en ce cas là l'accuſateur euſt ſon ranc le dernier lieu pour plaider. Qu'eſt-ce donc, à plus forte raiſon ne faire ſes preuves qu'aprez que l'accuſateur les aura faiⱨes? Si cela apporte de l'incommodité à l'accuſateur, les preuves duquel s'oublient & s'adouciſſent avecque le tems : n'eſtoit-il point auſſi fort dangereux pour l'accuſé? Car ſy aprez que le demandeur a amené ſes teſmoings, l'ac-

cufé fans attendre une fentence ou arreft interlocutoire (ce que Meffieurs du Grand Confeil
pratiquent bien) amenoit lors les fiens, encores
y auroit-il quelque raifon. Mais quelque faiô ou
excufe qu'il ayt allégué par le procés, rien ne
fe met premier fur le bureau, que ce qui a efté
faiô & édifié par l'accufation. Voylà en ce faifant, comme auiourd'huy les iugemens font arbitraires, & les hommes faciles à s'arrefter
pluftoft à ce qu'ils fe font imprimez, qu'à ce
qui eft efcript : les accufez au hazard de fe voir
condamnez nonobftant, & fans avoir efgard
à leurs faiôtz iuftificatifs & de reproches. Et
certes : tant fcrupuleux & religieux qu'on puiffe
eftre, on paffe bien plus facilement par deffus
une allégation nuë, que s'il n'y avoit ià quelque
chofe au procés, pour monftrer qu'elle n'eft
pas faulfe ou non vray-famblable. Brief : Eft-ce
bien iuger un procés que de n'y voir que d'un
cofté? Quand on le préfente premier à voir, on
ne voit que ce que l'accufation a vérifié : & fi
l'accufé a eu cela pour luy, qu'on l'ayt reçeu à
informer, fon enquefte faiôte, on ne voit plus que
ce qu'il a prouvé. Il eftoit meilleur, ce me sam-
ble, de faire d'un procés comme d'une peinture
ou tapifferie. Pour en bien iuger il faut la voir
& la déploier toute. Telle plaift en cefte forte,
qui pièche à pièche n'a point de luftre. Auffi
pour bien cognoiftre qui a tort, il faut voir tout

à coup ce que les deux Parties ont de preuve.
Mais il y a plus : ne peut-il pas fouvent arriver, que, pendant les longs délays qu'a l'accufateur de faire fes preuves, les tefmoings meu-
rent, par lefquels l'accufé pourroit informer de
fes faiẟz atténuatifs, iuftificatifs & de reproches? En vain fix & dix mois aprez, fera-il
reçeu à informer que fa preuve fera dépérie. Si
pendant les délays de l'accufateur, l'accufé (ce
qui eft arrivé devant nous) demande à faire
examen à futur du faiẟ d'*alibi* qu'il a allégué
par fes refponces, difant que fes tefmoings font
moribons, l'y reçevrons nous? Ou bien, fy nous
l'en déboutons, n'eft-ce pas le condamner auparavant que de l'eftre? Or en cefte ordonnance que nous attribuons audiẟ fieur POYET,
chancelier, il y a encore deux chofes fi efloignées des anciennes formes, qu'elles font douter de fon équité. Il eft diẟ que l'accufé nommera fes tefmoings fur le champ, & que ce
ne fera pas luy qui les fera venir, ains le
Procureur du Roy. Que veut dire celà? L'accufateur aura délay de faire fon inquifition,
& l'accufé devinera à l'inftant quels tefmoings
le peuvent iuftifier? Et ceux qu'il défigne
pour fa défenfe : un tiers les fera venir, non
pas luy? Son innocence dépendra doncques
de la fidélité ou prévarication, diligence ou
nonchalance d'autruy? Y a-il Procureur du

Roy ſi curieux de la iuſtification de l'accuſé
meſme?

66. — S'il y a apparence que les teſmoings de l'enqueſte d'office ne ſoient reprochables.

Que veut dire auſſi que ſous ce nom ſpécieux,
d'Enqueſte d'office, on a pareillement voulu
oſter au demandeur la cognoiſſance de ces teſmoings là, & introduire à ceſte occaſion, que
tous y feront receuz ſans reproches? Quelle
proportion y a il là? *Licebit aliquid reo, quod
actori non licebit?* Auparavant qu'il apparoiſſe
qui a tort la preuve de l'un eſt-elle plus favorable que l'autre? Eſt-ce combat raiſonnable que
l'eſpée du demandeur ſoit rabatuë, c'eſt-à-dire
que ſes teſmoings ſoyent reprochables : & que
celle de l'accuſé branche des deux coſtez, c'eſt-
à-dire, qu'en toute ſorte, bons ou mauvois, do-
meſtiques ou eſtrangers le iuſtifient? Teſmoings,
qu'on ne peut reprocher, ſont iuges ou adver-
ſaires. Quand le procez eſt inſtruict, & qu'il ne
reſte plus qu'à iuger, ſi les choſes ſe trouvent
douteuſes, ou en ballance, il y a bien apparence
d'incliner à la douceur. Mais pendant l'inſtruction, & durant que le iuge eſt aprez pour s'informer de la vérité, y a il plus de faveur en
l'une qu'en l'autre cauſe? Doibt-on introduire
des formes plus aptes de ſoy à laiſſer le malfaicteur impuny, qu'à ſatiffaire au bleſſé? L'ac-

cufateur à guerre ouverte affaûdra fa Partie :
produira & am#nera fes tefmoings en public,
l'accufé par des taifnières? autant vaut dire,
que tous tefmoings pour l'accufé font authen-
tiques, & pour l'accufateur tous fufpects, &
qu'il eft plus iufte de fe défendre, que d'accufer,
& plus excufable de faire mal, que de fe plaindre. Ie fçay bien qu'il eft raifonnable de mettre
fin & limittes à toutes chofes, & conféquemment de n'admettre point aprez l'enquefte fur
les reproches, autres tefmoings pour reprocher
encore ceux-là, c'eft-à-dire, de ne venir point
iufques aux troifièmes tefmoings qu'on appelle
vulgairement *reprobatorios reprobatoriorum.* Mais
que dès le commencement, les premiers qui font
à la charge ou à la defcharge, ceux-là foient
reprochables, ceux-cy, non, où cela eft-il fondé?
Pourquoy eft-ce qu'en l'extraordinaire l'accufateur ne fournira point de reproches ni falvations de tefmoings, en l'ordinaire, il le fera? Il
eft toufiours queftion de criefme. La République
a autant d'intéreft à punir qu'à abfouldre. Il
faut donc que les moyens pour y parvenir foient
égaux. Si au cas que l'accufé pour fe iuftifier
par efcrit produiroit un inftrument faux, nul
ou fubiect à contredicts, il eft certain qu'on n'en
pourroit pas defnyer coppie & communication
à la Partie, pour y dire ce qu'elle verroit. Pourquoy ne feroit-ce de même s'il fe iuftifie par

teſmoings ? Que ſera-ce, ſi au procureur du Roy
& au Iuge on ſuppoſe un teſmoing pour l'autre,
qui empeſchera mieux ceſte illuſion, que celui
qui a intereſt au contraire? Certes l'invention
de ces Enqueſtes d'office, a apporté ce déſordre,
que les plus conſcientieux du iour-d'hui ne font
point de difficulté d'y dépoſer faux. Pourquoy
cela? Ils ne ſe ſentent point reprochables, &
puis, diſent-ils) c'eſt pour ſauver la vie d'un
homme.

**67. — Qu'il faut balancer les preuves, non pas
que le moindre nombre qui iuſtifie emporte le
grand qui accuse.**

Si les particuliers faillent ſous ce prétexte :
les Iuges le font plus encore, leſquels finalement faiſant comparaiſon des preuves des
deux Parties, deſtruiſent par deux teſmoings
de l'accuſé toute la preuve d'un demandeur &
accuſateur.

**68. — Que délay doit estre préfix à l'accusé
comme à l'accusateur.**

Il reſte encores un inconvénient de ceſte ordonnance. Car diſant que ce ſera le Procureur
du Roy, qui fera venir les teſmoings, il s'enſuyt
qu'on limitte le tems au demandeur d'amener
& produire les ſiens : & qu'à l'accuſé, il ne ſe
peut faire : car la nomination receuë, ſi les teſ-

moings ne comparent, on ne luy peut rien imputer : c'eſt au Procureur du Roy à les faire
venir. Il ne peut pas luy commander & la
négligence d'autruy ne luy peut nuyre oultre que la Iuſtice n'eſt pas égale, qu'en avient-
il. Les accuſez qui ont cognoiſſance de ce ſtile
propre pour eux , nomment une infinité de
teſmoings, & qui ſont de diverſes Provinces.
Cela faiĉt, font ceſſion, pour reietter la dé-
pence ſur leurs Parties. Eux ennuyez, la font
auſſi, quittent & abandonnent tout le procés :
l'enqueſte en ce faiſant demeure, ſi bien que le
procez eſt laiſſé là, & le crieſme finalement impuny. N'eſt-il pas véritable, que de cent receuz
à informer de leurs faiĉtz iuſtificatifs & de reproches, il ne s'en puniſt à grand peine pas deux ?
Ne ſeroit il pas plus raiſonnable d'aller ronde-
ment en beſongne, & ce que l'on fait néantmoins,
quelque ordonnance qui ſoit contraire, le faire
ouvertement, c'eſt-à-dire, ordonner que l'accuſé
fera auſſi bien venir ſes teſmoings, & dans délays
compétant : comme l'accuſateur ? Que les teſmoings feront produiĉtz la Partie préſente, &
receuz comme les autres, reproches & ſalvations
réſervées ? Ne vaut-il pas mieux le faire ainſy,
que ſous prétexte de favoriſer l'innocence, l'opprimer, qui gardera l'ordonnance de mot à mot,
ou, qui en diſpenſera, gratifier aux délinquans ?
De peur du premier inconvénient, nous rece-

vons l'accufé à nommer tefmoings plufieurs fois nous diffimulons de voir que ce font pas les Gens du Roy qui en font la diligence, mais la Partie fous leur nom. Et à la vérité ce n'eſt que maſque. Si les accuſez eux-meſmes ſe font venir leurs tefmoings, nous voyons qu'ils tremperoient là vingt ans. Pour éviter au ſecond, nous difons que l'accuſateur affiſtera à la Iurande : s'il a pour monſtrer par eſcript de ſes reproches, nous l'admettons, ſinon ſi nous en tirons de la bouche des tefmoings, meſme de l'accuſé, ce que nous pouvons Pourquoy tournons nous tant à l'entour du pot, & ne prenons nous plus toſt le grand chemin pour aller droiçt?

89. — S'il est nécessaire que tout soit si secret au procés.

N'oublions point encores de tout le traiçté cy-deſſus, que la grande commodité que les parties recevoient du ſtile ancien, eſtoit, qu'ils ſçavoient tout ce qui eſtoit en leur procés, s'il y avoit de la iuſtification ou de la charge. Brief, que rien ne leur eſtoit clos ny ſecret, ſy bien que ſans attendre le Iugement, ils pourvoyoient à leurs affaires, cédoient ou pourſuyvoient autant qu'il leur eſtoit permis & libre de droiçt. L'accuſé, s'il ſe voioit en voye de condempnation ſe banniſſoit volontairement, accordoit, ſe rachetoit & avoit recours aux larmes; aux ſuppli-

cations & aux prières qui eſtoient une eſpèce de
tuition & de défence. Au lieu que ſuyvant noſtre
ſtile, le demandeur plaide ſe met en fraiz, & ne
ſçaiz ſi ſes teſmoings, au récollement ou à la confrontation ſe font deſdi�joctz. Il y a bien plus. Quelqu'un de ños Praticiens a eſcript (il me ſamble
que c'eſt IMBERT) qu'il faut que le Iuge confronte
tous les teſmoings, tant ceux qui chargent
que ceux qui ne chargent point, de peur que le
demandeur cognoiſſe ce qu'ils ont diⱶ. Aprenant
diⱶ-il, que ſes teſmoings ne font rien à l'accuſation, voyant qu'on les renvoye ſans confronter, il en pourroit ſuborner d'autres. La belle &
ſubtile raiſon ! Comme ſi la Loy CORNELIA dor-
moit, & ſes funⱶtions fuſſent inſuffiſantes, pour
parvenir à telz inconvéniens : & comme s'il
eſtoit meilleur ce pendant, pour inſiſter trop
exaⱶtement à une ignorance, à laquelle noſtre
ſtile condamne les deux Parties, de les vexer
de procédures fruſtratoires & de néant. S'il arrive que les Iuges ou les Sergens qui informent,
errent au faiⱶ, & qu'on aille donner Iugement
là-deſſus, quel remède y a il entier ? Qui répa-
rera ceſte faute en tems & lieu, quand elle eſt
ſecrette aux Parties ?

I'ay veu à ce propos, que l'accuſateur qui
avoit eſté volé le xxiij ſeptembre, préſenta informacions cloſes & ſcellées, comme de couſ-
tume, qui portoient octobre pour ſeptembre.

L'accufé, qui fe fentoit interrogé d'un tems pour
un autre, pofa un faiĉt d'*alibi* hardiment, & les
tefmoings, tant à la répétition qu'à confrontation, fuyvirent facilement cefte erreur. Nous
interloquons de néceffité. L'accufé faiĉt fa nomination : fon enquefte eft commencée : en fin,
l'accufateur cognoift la faute faiĉte en fon procés : demande qu'il foit refaiĉt. L'accufé infiftoit
au contraire, tendoit à fin d'abfolution. Certes
fi l'inftrucĉtion n'eftoit point secrette aux Parties, cefte difficulté ne fuft pas advenuë. Car le
demandeur, dès le commencement du procés,
euft corrigé fon Libelle. Mais aprez la confrontation & le iugement interlocutoire : il n'y avoit
pas véritablement apparence d'ouyr de nouveau
les mefmes tefmoings, & fus leur variation les
confronter encore un coup. Quant à l'accufé il
apprend bien par la confrontation quelle charge
il y a contre luy, mais fa iuftification, il l'ignore.
Or toutes ces façons anciennes ne nous peuvent
pas commander d'entreprendre rien qui foit
contraire à ce que nous voyons eftre fuivy &
pratiqué ès Cours fouveraines. Mais elles nous
apprennent auffi de fermer les yeux à beaucoup
de chofes qui fe font néantmoins : fçavoir eft,
que fi les Parties, Solliciteurs & Advocatz taf-
chent à avoir communication du procés : de
n'en faire pas un pefché contre le Sainĉt Ef-
prit : & que tant s'en faut qu'on doive eftre fy

Aréopagite en un procés, que bien fouvent les
Iuges mefme doivent dire aux Parties : Faiétes
venir tels tefmoings : cela manque à voftre
preuve. Principalement le procez faiét & par-
faiét, i'ay opinion que c'eft pourquoy on n'eft
point fi fcrupuleux ès Cours fouveraines, foit
aux Greffes ou aux Parquetz, de bailler les facs
aux Procureurs & Advocatz pour les confulter.
Car s'il faut fe pourvoir de Lettres de Pardon
ou de Rémiffion, s'il faut entrer en faux, s'il eft
plus utile de défifter, ou acquiefcer, comment
fe peut-il bien autrement faire? Ces limitations
& exceptions au droiét eftroiét qui eft en ufage,
fluent de celuy qui eftoit anciennement commun, lequel pour cefte raifon il n'eft ny beau,
ny expédient d'ignorer. Si le tems de toutes
chofes est paffé, le tems de fçavoir dure
toufiours à fages gens, diét DÉMOSTHÈNES pour
Ctéfiphon.

70. — Que l'inftruction fe faifoit publiquement.

Ce qui nous refte à traiéter touchant l'Audiance, c'eft qu'anciennement à Rome & en la
Grèce, toute cefte inftruétion, audition, recolement, confrontation, & iugement fe foifoit à
huys ouvert & en public, préfent le Peuple, tous
les Iuges & Parties préfentes. Noftre ftile n'eft
point plus contraire en autre chofe. Car nous
requerons fi eftroiétement que les procez crimi-

nels foient inftruictz à part & en fecret, que
nous les iugerions nulz, perduz & gaftez entièrement fi autre que le Iuge & fon Greffier y
avoit efté & affifté.

71. — Que la question se bailloit en public.

A Rome s'il falloit bailler la queftion à fin de
preuve, fuft aux accufez ou aux tefmoings, elle
fe bailloit auffi publiquement. La pratique des
Grecs eftoit pareille.

72. — Que l'estat populaire n'est point cause que les procés se fissent en public.

Or de dire que le fondement de cefte façon
ancienne procède de l'Eftat de République : laquelle eftant populaire, c'eftoit bien la raifon
que la multitude, qui y avoit la fouveraine
puiffance euft l'oeil à ce qui eftoit de fouverain,
& qu'elle participaft pour cefte occafion au faict
& adminiftration de la Iuftice en laquelle confifte l'une des meilleures parties de quelque
Eftat & Gouvernement que ce foit. Il y auroit
apparence en cela fi les Romains, depuis qu'ils
furent réduicts en monarchie, & les autres nations, qui ont efté & font gouvernées par un
feul n'avoient ufé de telle procédure & inftruction publique. Mais le contraire eft véritable.

Il eft certain qu'en France les procez fe fai-

foient en public il n'y a pas long tems. Les
veftiges y font encore aux portes des Eglifes,
des chafteaux, Halles, chimetières & places
publiques, où les fièges des Iuges y reftent encore. On a commencé à fe mocquer des *Iuges
fous l'orme* quand on a bafty le Palais & les
Chambres pour y iuger. Mais ce pendant cela
monftre qu'auparavant les plus grands y iugeoient bien. Ce n'eft donc pas la diverfité de
l'Eftat qui apporte cefte différence d'inftruction
fecrette ou apparente. Et véritablement auffi
rendre la Iuftice ou la defnyer : que les Officiers
qui l'adminiftrent foyent annuels ou perpétuels : que le peuple les nomme ou qu'ils dépendent de la feule provifion du Prince : s'il
donne ou vend les offices : ce font bien chofes
qui touchent infailliblement à l'Eftat (combien
que la plus part de ceux qui font maintenant
près de nos Roys, ne le conftituent qu'aux
armes, & aux finances) mais certes, diftribuant
la Iuftice, fi elle fe diftribuera en une forme, ou
en l'autre : à huys clos ou à huys ouvert : c'eft
chose indifférente, conféquemment variable,
felon les occafions & utilitez qui fe préfentent.
La raifon donc qui peut eftre pourquoy les
Anciens ont ufé de cette Inftruction publique
eft qu'elle leur fembloit plus propre, plus utile
& plus convenable. La noftre touteffois eft indifférente. Voyons donc laquelle a plus de rai-

fon en foy : Ie ne dy pas, qui ayt des inconvéniens, ou qui n'en a point. Car toutes confidérations politiques ne font pas entre les deux
contraires, mais entre le plus & le moins.
Parquoy ; tout ainfi que les corps humains, fi
toft que l'âme en eft hors, fe corrompent tous :
mais le Romain plus toft le Perfien plus tard,
parce que la vie de l'un eftoit plus délicate, de
l'autre plus auftère : auffi toute forte d'inftruction a bien avecques foy fes inconvéniens,
mais une plus l'autre moins. Qui en a moins,
c'eft la meilleure.

73. — Pourquoi les anciens usoient d'instruction publique.

Parlons en premier lieu pour l'Antiquité,
car elle a cefte prééminence & privilège d'eftre
la guide & l'exemple de fes fucceffeurs. Ils ont
teneu pour conftant, que ce qui fe faifoit en
public, à la veuë & en la préfence de tout le
monde, fe faifoit avec plus de maiefté, plus de
fincérité & plus d'exemple. Plus de maiefté, car
en privé, à plus forte raifon en fecret, le magiftrat perd une grande partie de fa qualité.
Plus de fincérité : car on y craint plus de faillir,
& s'il y a trop de tefmoings pour débattre la foy
de ce qui aura efté faict & paffé. Plus d'exemple : car il y a plus de difcipline & de terreur.
Ces raifons valent en la perfonne des Iuges,

des Parties & des Tefmoings. Sy Appius Clodius l'un des Dix-hommes, euft faiƈt luy feul le
procés à Clodius fon affranchi, & à Virginia,
n'euft-il pas mieux célé fa paillardife? Euft-il
eu tant de peine à fubƫilifer fur la loy des
XII Tables?

74.—Il est expédient pour les iuges que les procès s'instruisent publiquement.

Il eft facile à huys clos d'adioufter ou diminuer de faire brigues ou impreffions. L'audiance, au contraire, eft la bride des paffions,
C'eft le fléau des mauvois Iuges. Qui eft-ce qui
ne les fiffleroit, qui eft-ce qui les fouffriroit,
fi publiquement ils failloient. Certainement il
eft aifé au Magiftrat, qui lui feul fçait le fecret d'un procés, d'en faire accroire aux Parties, & au peuple ce qui lui plaift : ayfé de pu-
blier fa cupidité & iniuftice. Mais quand l'auditoire participe a tout le faiƈt, il iuge autruy,
mais à l'inftant fes actions font loüées ou con-
damnées fans appel. Qui contient plus ce iuge,
que cefte peur & honte d'eftre blafmé? PLUTAR-
QUE récite, que comme Marfias, frère d'Anti-
gonus, l'euft prié, qu'un procés, qu'il avoit,
fuft plaidé & iugé à huys clos en fa maifon : Il
fera meilleur, diƈt il, au Palais, & à l'aureille
de tout le monde, fi nous ne voulons faire tort
à perfonne. Il ne faut point dire : que tous ceux

qui efcoutent faire un procés, ne font pas Docteur ny Advocatz : & que comme au Sermon &
aux Ieux, la plufpart ne comprend point ce qu'il
efcoute. Car de toute autre chofe il n'y a guères
que les expers qui en puiffent iuger. Mais au
faiȼt de la Iuftice (diȼt PLATON) un chacun en
eft capable : &, aprez que l'Inftruȼtion eft faiȼte,
il eft bien facile de cognoiftre s'il y a preuve, &,
s'il y en a, de bien iuger. C'eft belle chofe quand
les Loix font tellement eftablies que leur feul
ordre, leur compofition feule, maintient plus
eftroiȼtement les miniftres, que leurs fanȼtions,
leurs amendes : quand elles font tellement ordonnées, que où la volonté prendroit de mal
faire, la commodité en eft oftée. Or il y a peu
d'apparence que qui voudroit faillir, le vouluft
faire en public. Que s'il y eft faiȼt : nous préfu-
mons au contraire pour l'innocence, & rappor-
tons plus toft l'acte à une erreur & ignorance,
qu'à criefme. Ce n'eft point feulement l'opinion
des orateurs, mais la définition auffy de nos Iu-
rifconfultes. Paffons oultre. Si cefte inftruction
publique fert de bride aux mauvois, elle engendre un incroyable los & repos aux bons Iuges. En un moment leur valeur, leur induftrie
eft yeuë & coyneuë d'un chafcun : & ce qui
contente le plus, la porte eft bouchée aux calumnies. Car qui oferoit mentir fi impudemment,
quand tout le Public eft iuge & tefmoing de l'op-

posite? Pourquoy a-il condamné l'un & envoyé
l'autre? Pourquoy a-il efté plus févère à ceftuy-
cy? Et plus doux à celuy-là? Ces propos ceffe-
roient. Car qui l'aura voulu, l'aura luy-mefme
veu au procés : aura luy-mefme ouy les accufez, pefé & balancé les preuves. Au lieu que
chafcun en devine & faiɕt des contes à fon plaifir, auffy effrontement & hardiment que s'il
avoit efté Rapporteur, ou Préſident au procés.
Cefte publicité eft un antidote contre les calumnies & médifances, aufquelles font expofez,
comme à un blanc, tous ceux qui font en charge
& administration publique? Ie fçay que les
impoftures, les calumnies, les faux bruiɕts, que
l'envie caufe quelqueffois plus que l'inimitié,
font auffi vertueufement mefprifables, que la
recommandation & louange doit eftre prife mo-
deftement. Mais qui fe pourroit paffer de tels
gages, falaires & émolumens de nos offices :
ne prendroit-il pas plus de plaifir à les faire?
L'Inftruction publique effaceroit à tout le moins,
la plus part de ces inconvéniens, mal-plaifans :
elle diminueroit la haîne, les périls, les dan-
gers, aufquels ceux qui iugent autruy, ordinairement font fubieɕts? Car quand une grande
affemblée a veu & cognu le fons du procez :
ce que déformois font les Iuges, c'eft plus toft
fuyvre le préiugé des Auditeurs que d'y affeoir
leur feul & particulier iugement. On diroit : il

eſt impoſſible qu'ils euſſent peu autrement iuger : tout le barreau iugeoit ainſi : les acclamations y eſtoient toutes frequentes : au lieu que
quand nous enfermons & retirons en ſecret,
pour iuger ou inſtruire un procés, on penſe des
iuges ce que l'on veut : on leur attribue tout le
bien ou le mal. De là mille querelles, mille ini-
mitiez, mille vengeances : eſquelles ſi on ne
veut point tomber il faut remettre de ſa vertu :
il faut diſſimuler : en paſſer quatre pour deux :
brief ne faire point totalement ſon devoir. Il y
a plus : ceſt aſpect d'hommes aſſemblez, com-
poſe les iuges à une façon plus grave & néantmoins doulce & humaine. C'eſt du Palais,
comme temple. Qui entre en ceſtuy-cy penſe
auſſy-toſt que Dieu le voit : & pour ceſte occaſion, il ſe diſpoſe à un maintien doux & mo-
deſte. S'il eſt fier & ſuperbe : il en dépoſe une
partie, diſoit PYTAGORAS. Auſſi quand le Chef
a commandé, Ouvrez : Appelez les advocatz :
les Iuges, leſquels à huys clos ſe diſpenſent de
beaucoup de choſes, dorment, babillent, vont de
chambre en chambre, font brigues, conteſtent
l'un contre l'autre, monſtrent leurs paſſions &
affections, affectent en leurs opinions trop de
doulceur ou trop de ſévérité : quand ils ſe
voyent expoſez, d'un haut lieu à la veuë d'un
Auditoire, qui iuge autant ou plus de leur façons & contenances, qu'eux des cauſes dont ils

font iuges.: ils fe préparent à ouyr paifiblement : à comporter doulcement les affections des Parties, tant s'en faut qu'ils defcouvrent les leurs : & finalement, en iugeant, s'eftudient en faire paroiftre en eux plus toft une févérité doulce qu'afpre & cruelle. Ce que la fréquence apporte à l'orateur, au Palais : au Prédicateur, en l'Eglife : elle l'apporte au Magiftrat, en public. Il fe fent là tout autre, & tout autre en fecret. La Religion & la Iuftice ont cela de contraire, que les facrez myftères, tant plus ils font fecrets, plus on les prife : la Iuftice tant plus elle eft cogneuë tant plus plaift. Mais auffi ont-elles cela de commun : que pour exercer l'une & l'autre, les affemblées privées, nocturnes & efloignées de la veuë d'un chacun ont efté perpétuellement fufpectes. A l'interrogatoire, audition & confrontation des tefmoings, fi elles fe font en public, le Iuge ne peut rien apporter que ce qui eft décent à fa perfonne & au ranc qu'il tient. Les faifant en privé : fi le Iuge n'amadouë l'accufé, ne luy faict ces careffes indignes, dont nous avons parlé cy devant, il ne viendra pas à bout d'eftre fon Iuge.

75. — Expédient pour les parties.

Venons aux Parties & aux tefmoings. Cefte inftruction publique leur eftoit pareillement très utile. Car l'innocent ne fera iamais plaine-

ment abſout, ny le coulpable puny trop iuſtement : il y aura touſiours quelque choſe à re-
dire, ſi leur procès n'a eſté veu, faiĉt & examiné en publîc. Comme en la guerre, le comble
de la viĉtoire, c'eſt le triomphe : auſſi eſtre abſout, c'eſt l'eſtre au dire & au conſentement
d'un chacun. Qui n'a ſon abſolution qu'en papier, la publie tant qu'il voudra : il ne publie
que ce qui eſt eſcript. Mais quand à tous venans
on a ouy quelle apparence il y avoit de l'accuſer,
l'arreſt eſt non point ſeulement publié, mais
l'innocence. Comme les gendarmes qui ſuivoient
le ĉapitaine au triomphe eſtoient iuges & teſmoings de la viĉtoire : auſſi l'innocence réſide
au cœur de tous ceux qui l'ont veuë impugner
& vérifier. Au contraire, quelque condempnation qui y puiſſe eſtre, il eſt touſiours facile de
préſumer pour l'innocence, & qu'il y a eu, peut-
eſtre, de la ſurpriſe ou animoſité des iuges : ſi
on n'a veu la charge toute deſployée & à deſ-
couvert. Que ſi véritablement il y avoit eu de
l'iniuſtice, pourroit-elle mieux apparoiſtre?
Quand la preuve eſt enſevelie en un ſac &
qu'elle a été traiĉtée entre des murailles muettes
& ſourdes, il eſt facile d'en imaginer ce que l'on
veut, & facile encores d'y apporter du changement. Mais le publíc a plus d'intéreſt que les
Parties que cette inſtruĉtion ſoit publique, pour
deux raiſons. La première, que ceſte face com-

22

pofée de plus d'yeux, de plus d'aureilles, de
plus de teftes que tous les monftres & Géans des
Poëtes, a plus de force, plus d'énergie pour pé-
nétrer iufques aux confciences, & y faire lire
de quel cofté gift le bon droiɛt, que nofte inftruction fi fecrette. Les deux Parties litigantes, lefquelles pendant tout le délay de faire enqueftes
ont, avec leurs Procureurs, Solliciteurs & Advocatz, cherché tous moyens bons ou mauvois
pour affaillir & pour défendre, fe font munis
de négatives, faiɛtz iuftificatifs & de reproche.
Quand cefte audiance eft venue, & ce n'eft point
en une Chambre à part, ou par devant un ou
deux qu'ils fe rencontrent, lefquels ils ne ref-
peɛtent point tant : mais devant tout un Sénat,
entourés d'une multitude infinie : lors auffy ils
fe fentent efpris d'une révérence & eftonnement
qui les contrainɛt venir au poinɛt : laiffer les
defguifemens, & ouvertement nyer ou confeffer, à l'oppofite de ce qu'ils avoient le plus
fouvent machiné ou délibéré par confeil. Quand
la bouche n'en parleroit, leurs geftes parlent.
Qui faiɛt que les accufez fe condamnent eux-
mefme ? Cefte face publique qu'ils ne peuvent
endurer non plus que les yeux malades, les trop
vives & trop éclatantes couleurs. La feconde
raifon eftoit que le public a intéreft de fçavoir
en quelle réputation l'accufé & l'accufateur s'en
vont de devant les Iuges. Cela eft néceffaire au

commerce, aux mariages, aux fucceffions, aux honneurs. Tout homme qui eft abfoult, n'eft pas honorablement ny abfolument abfoult. Et tout demandeur qui perd fa caufe ne la perd pas honteufement, ny à fons de cuve. Il y a quelquefois de la honte à gaigner, & de l'honneur à perdre. Qui a obtenu, fe trouve plus fcandalizé, & tous les Iuges, que fa Partie qui a perdu. Comment s'apprend cela? Eft-ce en imprimant & publiant le procés, quand il eft faiǎ? Non : ce n'eft plus que de l'encre. Mais, où qui veut eft fpeǎateur, on void à bon efcient, fi l'accufé eft envoyé *beneficio legïs, an innocentiâ :* fi par collufion & tergiverfation ou de bonne guerre : fi par connivence & corruption des Iuges, ou iuftement. De façon que tel eft abfoult par fentence, qui demeure néantmoins couché en de biaux draps :.& quelque iugement, qui intervienne, il eft très difficile que les Parties ne foyent touiours congnuës pour tels qu'ils font, & non pour tels qu'on les prononce. Parmy nous plufieurs font bonne mine, qu'on tiendroit toufiours pour coulpables. Qui en eft la caufe? Aprez qu'ils ont faiǎ taire leurs Parties par toutes voyes, les Gens du Roy conféquemment, faiǎ defdire tous les tefmoings, ou allégué faiǎz d'*alibi* ou de reproches, qu'ils ont prouvé comme Dieu fçait; ou, s'ils ont efté mis en l'ordinaire, que leur Partie induftrieufement

n'a rien faiɛt, l'abfolution eft certainement néceffaire. L'accufe eft le plus homme de bien du
monde, on ne différera plus l'aliance qu'il pourfuyvoit, le voilà digne & capable de tous eftatz.
Cela eft vray. Mais fi cefte farce s'eftoit iouée
publiquement, la cicatrice ne demeureroit pas
feulement, mais la playe.

• 76. — Expédient aux tesmoings.

Tels font les effeɛtz d'un iugement donné en
public, foit à l'endroiɛt des luges, foit des Parties, foit des Tefmoings. C'eft par mefme raison
qu'on adioufte plus de foy *teſtibus, quàm teſti-
moniis* parce que le tefmoing a plus de honte de
celer ou d'efquiver la vérité en public, que s'il
eftoit examiné en fecret. Nous cherchons bien
des moyens pour faire dire la vérité aux tefmoings qui la cèlent, ou ne l'ofent dire : &
font tous ces moyens là auiourd'huy fi vulgaires
qu'on ne s'en foucie plus. Mais fi cefte façon fe
ramenoit de les faire iurer & ouyr en public,
i'ay opinion que la honte auroit plus d'efficace
à contraindre les hommes de dire la vérité, &
craindre de la defguifer, que toute autre voye.
On ne leur diroit point auffi tant d'iniures &
d'infâmes reproches, comme l'on faiɛt entre
deux portes. Tout l'auditoire, ainfi que le dia-
mant le poifon, repoufferoit la parole mal pro-
férée contre l'honneur d'un homme digne :

tous les iuges & toute l'affiftance crieroient au contraire.

77. — Que pour le moins tous les Iuges doivent assister à l'instruction.

Or bien nous verrons cy aprez, ce qui peut eftre caufe d'avoir banny le peuple d'eftre préfent au faiét & inftruction d'un procés. Regardons au préalable, s'il fe peut tolérer en quelque façon que ce foit, que les deux Parties n'y foyent point, & plus encores, les Iuges mefmes, lesquels en fin le iugeront ains un ou deux feulement commis à ce, qui y font fondez d'eux-mefme, comme nous fommes. C'eft icy ce qui m'inciteroit le plus de défirer que noftre Formalité fuft reformée. Au contraire des Romains entre nous fi plus qu'un ou deux Iuges & le Greffier font préfens à l'Inftruétion, nous ne tenons pas qu'elle foit fecrette, &, fi elle ne l'eft, tout ne vaut rien. Mais ie dy qu'eftant fecrette, comme nous voulons qu'elle foit, elle eft fubieéte à beaucoup d'iniquité & d'iniuftice. Ie veux, quant aux Parties, qu'elles n'y foyent pas préfentes, & toutes fois anchiennement tant s'en faut qu'il fuft ainfy, que (comme nous avons diét) c'eftoient les Parties & leurs Advocatz, lefquels en la préfence des Iuges s'interrogeoieut & examinoient eux & leurs tefmoings fut-ce mefme en la queftion. Mais que ceux qui

doivent donner advis & opinion au procés le
puiffent faire qu'ils n'ayent efté & affifté à l'inftruction : c'eft ce qui fe peut dire eftre trop abfurde. Voyons comment. Nous n'avons Partie
fur nous, de laquelle nous ne parlions & expri-
mions ce qui eft au dedans, autant ou plûs que
de la bouche. Ie dy bien d'avantage. La bouche
ment le plus fouvent, ou fe tient clofe tout exprès de peur de fe couper & fe furprendre foy-
mefme. Mais nos geftes & mines extérieures, le
veuillons ou non, parlent toufiours & parlent
vray : fi ce n'eft en une façon, c'eft en l'autre.

78. — Le parler le plus précis est aux gestes.

S'il eft donc inique de donner iugement
fans ouyr ceux qui n'ont point affifté à
l'inftruction on faille en cela doublement. Ils
n'ont veu ny ouy foit l'accufateur, foit l'accufé, foient les tefmoings. Secondement : Quelques cayers de refponces, auditions, recollement & confrontations qu'on leur rapporte,
qu'ils le lifent ou le relifent deux fois, trois
fois, ils ne voient pas le procès : ils n'en voient
que l'ombre & la fumée : les principales parties
y défaillent que ny Rapporteurs, ny Greffiers
ne peuvent mettre ny repréfenter fur le bureau.
Qu'y a il de plus preignant à avérer tous les
criefmes, que les yeux, la couleur, les geftes, la
contenance de l'accufé : & non feulement de

luy, mais du demandeur & des tefmoings?

Pour cefte occafion ies Anciens prudemment
(comme toutes chofes) vouloient que l'accufateur fuft préfent, & n'agift non plus par Procureur que l'accufé, afin qu'on vift auffi bien fes
comportemens que des autres. Que faifons-nous
aujourd'huy? De plufieurs des Iuges qui voient
au procés, celuy qui l'a inftruict, le Iuge *teftibus:*
les autres *teftimoniis.* L'un a informé fa relligion
& confcience par tout le cours du procés : les
autres en croyent autant que des chofes mortes
& muettes leur en préfentent. Les conteñances
dont les Parties & leurs tefmoings ont ufé le
long de l'inftruction, tantoft en une Court, tantoft en l'autre, maintenant devant un Iuge,
maintenant devant un autre, font-elles au fac?
A tout le moins font-elles peintes & en figure,
pour en iuger? Cefte faute eft dès les premiers
Iuges : qu'eft-ce des feconds & des troifiefmes.
Certes fi l'action forenfe reffembloit aux comé-
dies, efquelles qui n'a point veu iouer Roscius,
les lifant touteffois, fe peut bien néantmoins
repréfenter les mouvemens, paffions & affections dont il a ufé fur l'efchaffaut : parce que le
Comédien fuit le Poëte : les geftes, la Poëfie :
on en pourroit dire autant d'un procés, quand
on lit les Efcriptures. Mais il y a bien différence.
En iugement, la parole & les geftes ne fe fuy-
vent pas bien fouvent. La langue dict une chofe,

l'efpaule une autre. Mefme parole, la voyant
proférer, importe la négative : la lifant feulement importe confeffion. Et puis, la farce ioûée
fe peut reïtérer & ioûer tout de mefme plufieurs
fois : mais l'aćtion vraye ne fe répète iamais
d'une façon. Celuy qui a rougy, qui a pally, qui
a tremblé, faigné du nez à la première demande & inquifition qu'on luy a faićte, ne le
fera pas à la feconde, & à la troifiefme encores
moins. Ce n'eft donc pas de iuger un procés à la
manière que nous faifons, comme de lire les
tragédies d'un Garnier, Sophocle de noftre
tems : c'eft de mefme, que qui auroit ouy chan-
ter la grave mufique d'Orlande, ou les beaux
airs d'un Marentio ou d'un Mauduict, & cela
faićt, pour en iuger & donner le prix à la meilleure ordonneroit que les Autheurs mettroient
leur mufique par devers luy, puis iroit prendre
l'opinion de ceux qui n'en verroient que les
nottes. Or comme il pourroit facilement arriver
en ce cas là que la pire fuft préférée, en ceftuy-
cy, il ne faut point douter, que par noftre façon
de iuger, l'innocent eft puny quelques fois, &
le coulpable s'efchappe : car nous ne voyons pas
iufques au fons des coeurs & confciences des
deux Parties. Nous ne voyons point toutes les
preuves, ny les meilleures. La Compaignie ne
croit pas à celuy qui a inftruićt : les Supérieurs
encores moins aux iuges de deffus les lieux.

C'eſt d'où il arrive tant ſouvent, qu'ils ouvrent les portes à ceux que les inférieurs condamnent, & condament ceux qu'ils ont abſouts. Pourquoy cela? Les uns voyent la bataille : les autres ce qui en eſt eſcript. Si l'accuſé par ſimplicité, ou autrement, a omis à alléguer des reproches, voylà tout auſſi toſt le teſmoing entier? Ou s'il eſt au contraire fort reproché : il le faut donc quant & quant laiſſer là? Ouy, diront les Iuges de noſtre tems. Et touteffois s'ils avoient eu la patience d'eſtre préſens à les ouyr confronter : n'y euſt-il point de reproches, ils les reiette-roient : & bien qu'il y en euſt, ils y croiroient. Le teſmoing deſcharge l'accuſé. Incontinent donc nous l'envoyrons? Et néantmoins leur col-luſion ſe pourroit voir ſi clairement que (comme diĉt QUINTILIEN) *non minus noceret, quam ſi vera in reum dixiſſet.* Si auſſy toſt que le teſmoing a dépoſé, il le faut croire ou ne faut croire que ce qui eſt eſcript : l'entendement, ny la prudence n'eſt donc point néceſſaire au Magiſtrat. Il ſuffit qu'il liſe bien, ou ait l'aureille bonne. Mais puiſ-qu'il faut qu'il aſſoye ſon iugement tout à un coup ſus l'accuſateur, ſus l'accuſé, ſus leurs teſmoings : qui eſt-ce qui le peut faire, ſinon qu'en toutes les parties de la cauſe il ait veu & conſidéré leurs actions? Les propres termes dont ils uſent ne ſont-ils pas eux meſmes con-ſidérables? Et touteffois il eſt certain que tous les interrogatoires, toutes les dépoſitions que nous liſons, ce n'eſt ny le langage, ny le ſtyle de ceux que l'on rapporte. Ie ne veux pas dire qu'anchiennement il n'arrivaſt pas quelquefois, que tel ne iugeaſt ſus les dépoſitions & actes rédigez par eſcript, qui n'avait veu ne ouy les teſmoings : comme aprez l'ampliation & compérendination, le plus ſouvent ce n'eſtoient plus ni les meſmes Iuges, ny le meſme auditoire, qui avoient eſté à la première plaidoirie & Action. Et les cauſes, *quo pecunia perveniſſet*, on les iugeoit ſans autre enqueſte ne informacion nouvelle, ſur la lecture & viſitacion du procés principal.

Mais en ce cas cy c'eſtoient les mêmes Iuges qui iugeoient l'incident, ſur ce qu'ils avoient tous ouy au principal & ſi tel incident n'eſtoit tenu que pour cauſe civille. Et quant aux ampliations & compérendinations : ſi tous les Iuges qui avoient aſſiſté à la première action, n'eſtoient à la ſeconde, la plus part y eſtoient : que ſi c'eſtoient du tout autre conſeil, la cauſe avoit néantmoins ſon atteſtation publique, de ce que ià une fois elle avait été traictée publiquement : & puis, elle y agiſſoit de rechef, & de rechef, ſi beſoin eſtoit, on faiſoit revenir les teſmoings & en amenoit-on de nouveaux, ſi on vouloit. En tout événement ce qui avoit eſté faict & dict devant les premiers iuges, demouroit & eftoit plus autentique, que s'il n'y euft paffé qu'un Iuge & un Greffier.

De dire que noftre façon de iuger eft plus doulce, & que tant plus le faiçt eft mis devant les Iuges nuëment & fimplement, fans toutes ces paffions & affections : que nul des Iuges n'y apporte rien de préiugé (ce qui eft difficile que face celuy qui l'a inftruiçt) plus il eft fainctement & religieufement iugé. Qu'on peint à cefte occafion la Iuftice bandée, & ne luy laiffet-on que l'ouye libre. Nous difons que la Iuftice pour eftre bandée n'eft pas aveugle. Que pendant quelle cherche la vérité (ce qui fe faiçt en infruifant) elle ouvre à bon efcient les yeux. Eft elle trouvée ? Elle les bande pour en iuger. Que fi par ces paffions on vouloit entendre les couleurs, mouvemens & artifices que les Parties, leurs parens, leurs Orateurs & Advocatz apportent aux caufes, & puis, quand ce vient à Iuger, fi on y veut bannir toute confidération autre que celle qui fe tire du fac : ie fuis bien de cet advis. Mais nous parlons de preuves & argumens néceffaires pour bien iuger : que ceux qui n'ont veu, ny ouy les Parties ny les tefmoings, ne peuvent fçavoir ny apprendre parmy les facs. Quelle force ayent ces argumens, nul ne les peut iuger, que celuy qui les void. Qu'un rapporte à la compagnie ce qu'il a veu, qu'il en ait faiçt mention par fon procés :

ou l'on dira qu'il eft trop exact & qu'il fe monftre
affecté : ou bien on interprètera cefte coniecture
en autre fens. L'accufé mefme en luy relifant
ce qui eft efcript, s'il void fes actions remar-
quées, de fy près, refufera de figner : récufera,
appellera, donnera ordre de fe compofer tout
autrement devant un autre.

79. — Réponse à l'ordonnance qui veut que l'inftruction foit fecrète.

Au lieu que fi l'inftruction fe faifoit devant
tous : mille reproches, mille faux faictz, mille
doubtes empefchent le Iugement du procés en
une part ou en l'autre, que les Iuges mefprife-
roient parce qu'ils y verroient & obferveroient
tout d'un accord. Et l'on faifoit de mefme fous
les Empereurs & ès conciles chreftiens. Et puis
nos Lois l'ordonnent ainfi. Nous avons fenty
aucunement ce vice d'Inftruction, quand il a
efté ordonné qu'après avoir veu au procés, on
feroit venir l'accufé au confeil, afin que tous
ceux qui le iugeroient, l'euffent veu & parlé à
luy. Cela eft bien néceffaire : & beaucoup ne
font pas iugez quand on les a veus & ouys, qui
euffent efté en grand hazard d'eftre puniz. Mais
cefte feule veüe ne fuffit pas. Car premier
comme le Médecin dès la première veüe du
patient ne iuge pas de la maladie, auffi le Iuge
pour ne voir qu'une fois l'accufé ne peut pas

cognoiftre s'il eft coulpable ou innocent. Secondement, fi comme le difoit HERACLITUS, nous
ne fommes plus auiourd'huy ce que nous
eftions hier, à plus forte raifon celuy qui eft
amené fur la fellette, n'eft plus celuy qui fut au
commencement prifonnier. Il a efté inftruiɛt, &
a appris fes contenances, il a diverty les preuves & defguifé la vérité par tous moyens. Il eft
bien à croire qu'il foit facile d'apprendre la
vérité par fa bouche ou par fes geftes.

Mais oultre cela, fuffit-il de voir l'accufé?
N'importe il point de voir l'accufateur, & encores plus les tefmoings? Eft-il raifonnable
d'adioufter foy à ce qu'un Iuge & un Clerc
mercenaire rapporte que dix ou vingt ont dépofé? Tant de povres accufez qui ne fçavent
ny A, ny B, ne fçavent que c'eft de reprocher, ou récufer: ne fçavent s'ils font devant
leur Iuge, ou Iuge incompétent: parce qu'il
n'y a rien efcript de tout cela, faut-il préfup-
pofer que tout eft bien? Quand tous Iuges (au
nombre qu'ils font maintenant), tous greffiers
feroient capables & gens de bien: ne faut-il
pas craindre que la facilité & commodité d'en
abufer, les peut corrompre? Que fy tout fe
faifoit en public, ces inconvéniens feroient
mal-aifez. Les procès, que nous avons diɛt, de
maiftre Jehan Belin, Lieutenant Général en ce
fiège, portent ordinairement, que fept ou huiɛt

23

qu'il nomme, oultre luy & fon greffier, eftoient préfens à l'inftruction : & s'il adioufte & plufieurs autres, pour monftrer qu'il y entroit qui vouloit. Touteffois l'ordonnance de M. D. XXXIX. eft venue, laquelle *aboliffant tout autre ftile & couftume*, a voulu que les procés fe facent fecrettement & à part. Qu'a elle peu confidérer ? Ce n'a pas efté la peur des tumultes, des crieries & acclamations que faict ordinairement un peuple ? la peur qu'il y euft du défordre, quelqueffois auffi de la violence & impétuofité contre les Parties, voire mefme contre les Iuges. Car en faifant Loix & Ordonnances il ne faut pas admettre ce qui peut rarement arriver. D'avantage il ne s'enfuyt pas qu'à la clameur & violence d'un Peuple (il feroit bien plus dangereux, fi ceftoit à la faveur d'un Prince) la religion des Iuges doive céder. Le magiftrat a fes miniftres pour fe faire refpecter & donner l'ordre à ces légers inconvéniens. Il y avoit l'action concife & l'action continuë : pendant celle-cy, *nec refpondere, nec interpellare, nec interrogare dicentem licebat,* comme monftre CICÉRON *pro Refcio,* & adfin qu'il ne s'y fift de la contravention. Que s'il y avoit apparence de plus grand trouble les Iuges pouvoient demander des Gardes. Or d'ailleurs ces tumultes ne font pas ordinairement tels ès monarchies, qu'ès gouvernemens populaires.

Seroit-ce donc point que cefte faculté de procèder fecrettement & à part fuft plus expéditive? A cela ie die deux chofes : la première qu'il faut confidérer, non pas celle qui eft la prompte, mais la plus iufte. La feconde que je fuis d'opinion contraire.

Les tefmoings, anchiennement que l'inftruction eftoit publique, venoient tous à un iour, la caufe eftoit ouye fans intermiffion : on n'interloquoit point, & la plupart de tous les criefmes fe terminoient fans appel ; au lieu que maintenant, parce qu'elle fe faict en privé, ce ne font que longueurs : pièches & vacations defcoufües : délays fur délays : Iugemens fur iugemens : appellations fur appellations. Si bien qu'ordinairement quand ce vient à iuger, les Iuges & les Parties ont quafi perdu la mémoire de tout ce qui a efté pendant quatre ou cinq ans efcript & refcript au procés. Nos procez ne font que de pièches & de morceaux : un tefmoing vient auiourd'huy, quinze iours aprez un autre. L'un faict le premier fes preuves, l'autre en fon rang : tantoft extraordinairement, tantoft à l'ordinaire, tout de mefme ils fe iugent. Tel s'apprefte de ce qu'il n'a iamais veu, ne ouy : & fi d'aventure il n'oublie rien, il en inftruict & enfeigne d'autres qui n'en fçavent non plus. Finalement tous fondent leur relligion & confcience fur du papier, peut-eftre faux, peut eftre mal

groffoyé, peut-eftre défectueux. Pour cefte occafion mille interlocutoires. S'il y a bien fouvent
de la faute (comme il ne peut, qu'il n'y en ayt
parmy les hommes) ne vaudroit-il pas mieux
qu'elle vint des Parties, pour ne faire pas bien
leurs preuves, n'inftruire pas bien leurs Advocatz, n'en choifir pas de pertinentes que de
pouvoir rien imputer aux Iuges, foit à tort, foit
à droict? C'eft peut eftre une raifon bien confidérable, de dire, que s'il furvient plufieurs
criefmes tous à la fois : adfin qu'une compagnie
ne foit pas toute occupée à en informer (car il
n'y pourroit pas vacquer concurremment) il
foit plus expédient qu'un travaille à l'un, l'autre
à l'autre & que chacun rapporte. en commun
ce qu'il a faict fi aucuns la trouvent bonne, ie
dirois volontiers que ce feroit comme l'ouvrier
méchanique, lequel ayant fur les bras plus de
befongne qu'il n'en peut faire, faict travailler
les uns en la boutique, les autres en chambre. ·
& puis au iour nommé, tout fe rapporte. La
caufe de cefte diftribution ne feroit pas honnefte,
Ie ne fçache donc raifon pourquoy on nous a
amené cefte pratique, finon que pour la fre-
quence des criefmes, on les a rapportez à la
formalité & à la règle la plus eftroicte. Les
criefmes communs s'inftruifoient devant tout le
peuple : ceux de lèze-maiefté, par devant les
Iuges feuls qui en cognoiffoient. Cela s'appeloit

fieri fecreto. Nous en avons prins le mot & laiffé l'intelligence. Tous l'inconvénient qui fembloit eftre en l'inftruction des Romains eftoit, que faifant venir à une fois plufieurs co-accufez, foit en préfence de tout le Peuple, ou du Confeil, on ne pouvoit pas en interroger un, ne luy confronter tefmoings, que ce ne fuft advertiffement à l'autre, de ce qu'il devoit dire à pareille demande qu'on luy feroit, ou contre les mefmes tefmoings qu'on luy préfenteroit. Et femble auffi qu'ils pouvoient, en plain Iugement conférer & communiquer enfemble : qui eft-ce que plus nous voulons éviter qu'ils facent, voire mefme hors iugement. Pareillement quant aux tefmoings s'ils font faux, ou veulent favorifer une Partie plus que l'autre : il eft plus difficile de les furprendre, ou d'empefcher ces connivances; s'ils ne font ouys féparément & en fecret. Mais primes ils ne faifoient pas ordinairement le procés à plufieurs accufez conioinctement. Secondement tant s'en faut qu'ils vouloient au contraire, adfin qu'il n'y euft aucune furprife en Iuftice, que tout ce qui s'y faifoit fuft public. Tiercement ès criefmes de Lèfe-Maiefté, ou autres fort graves, les accufez & les tefmoings pouvoient eftre introduicts l'un aprez l'autre : & fy en fin on les faifoit venir affemblement, il eftoient neantmoins tellement féparez, qu'ils ne pouvoient parler ny conférer enfemble fans

permiſſion. Ils eſtoient ſéans en divers lieux,
& entre deux y avoit des Huiſſiers pour les
empeſcher. De dire que ſi les procez ſe faiſoient publiquement, on ne les pourroit iamais inſtruire qu'à Iour d'audience & iours
plaidoïables : les Anciens avoient leurs ſolu-
tions à cela Les moindres crieſmes, ils les ex-
pedioient *de plano*; les ordinaires *pro Tribunali* :
les plus grans *extra ordinem* c'eſt-à-dire à touſiours & toutes autres. cauſes poſtpoſées. Or
comme leur Iuſtice eſtoit publique auſſi les actes
& tout ce qui en eſtoit rédigé par eſcript eſtoit
public, & ce qui s'enſuyt.

80. — Qu'à tout le moins les parties devroient être touiours ouyes en plaidoirie.

Ceſte façon oſtée d'inſtruire le procés publiquement, à tout le moins nous devroit-il reſ-
ter, le procés eſtant inſtruict, d'ouyr les parties
en plaidoirie : & ce pour deux raiſons. La première adfin que s'ils avoient oublié à dire par
leur bouche, ce qui eſtoit néceſſaire à leur cauſe,
ils le ſupploïaſſent ou adouciſſent par Advocatz. Que ſi c'eſtoit choſe qui leur fuſt libre,
d'uſer ou n'uſer point de ceſte oraiſon continuë,
il ne s'enfuit pas qu'on les en deuſt priver.
C'eſtoit aux crimineux de Lèze-Maieſté qu'on
tenoit ceſte rigueur. La ſeconde raiſon que c'eſt
une recollection & reminiſcence aux Iuges, de

tout ce qu'ils ont veu & ouy au procés. La dernière, que cefte audience publique eft une note
infaillible aux mauvois, quelque iffuë que ait
le procés : aux bons une réparation d'honneur,
qui ne peut iamais eftre trop notoire, ny trop
commune à tout le monde. Au lieu de ces harangues & oraifons, font auiour-d'huy les li-
belles & refponfes à iceux. Mais chacun fçait
qu'ils ne fe lifent le plus fouvent. On ne s'ar-
refte qu'aux preuves.

QUATRIÈME PARTIE.

DU IUGEMENT.

84.—Les formalitez varient selon les iuridictions.

Quant aux formalitez ou iugement, elles dépendent des ordonnances ou des ftiles des Compagnies. Une Cour en ufe d'une façon, ou d'une autre. Moyennant que tout ce qui eft au procès foit veu, & leu attentivement (car cefte façon eft trez dangereufe de ne lire que deux tefmoing de chaque charge) il n'y a point de danger à en ufer diverfement, c'eft-à-dire qu'une chofe fe vifite & face ou devant, ou derrière.

Tel qu'il foit, nous avons mis le iugement entre les formalitez néceffaires parce qu'en vain on fe feroit reclame à cefte perfonne tierce & neutre, s'il ne donnoit fon iugement. Pourquoy iroit-on au médecin, s'il n'ordonnoit?

Le Iuge pourroit bien lors eftre prins à Partie, & l'Appel de Deny de Iuftice auroit proprement lieu en ceft endroict. Ce n'eft pas que nous veuillons dire, qu'il faille néceffairement que le Iuge donne telle ou telle fentence. Mais bien qu'il en donne quelqu'une. Car il eft expédient de ne rien définir, où pour crainéte de fe-

dition, ou pour l'ambiguité, fi c'eft criefme, ou
criefme tel qu'il doive eftre puny ou diffimulé :
cela dépend de la prudence du Magiftrat. Mais
ce qui eft plus ufité, eft que la fentence foit dé-
finitive ou interlocutoire. Si elle eft diffinitive,
il ne refte plus rien que l'exécution, s'il n'y a
point d'appel. Si elle eft interlocutoire elle peut
eftre de trois fortes. Ou l'accufé eft reçu à informer de fes faiftz iuftificatifs & de reproches :
ou il eft dict, qu'il fera ouy en queftion : ou bien
les Parties font réglées en ordinaire.

82. — De l'exécution des iugements.

Refte l'exécution du iugement. C'eft la partie
où eft l'exemple, c'eft celle fans laquelle toutes
les précédentes feroient fruftratoires. Quant à
fçavoir quand a lieu l appel, fi le prince peut remettre l'exécution, s'il peut commuer : fi les
exécutions fe doivent faire en public, ou en la
prifon : fi de iour ou de nuict : fi à l'aprez-difnée
ou au matin : fi à iour férié, ou iour profane :
fi en ville ou en dehors : fi le Magiftrat préfent
ou abfent : fi après avoir adverty le Prince du
iugement donné ou fi toft qu'il eft conclut : finalement, quelles peines foient permifes à l'un,
à l'autre non, comme à l'homme libre ou à
l'efclave : ce font chofes encores où l'on pourroit faillir en la formalité, & en quoy nous
pourrions bien auffi nous eftendre & efpacier

plus longuement. Mais ʹmon Frère) ie ne puis
prendre plaiſir à rien eſcrire veu les ennuis
que i'ay reçeu de mes enfans. La mort m'en a
oſté deux coup ſur coup, & la ſuperſtition mon
aiſné.

LIVRE QUATRIÈME

DES PROCÈS FAITS AUX CADAVRES, A LA MÉMOIRE, AUX BESTES BRUTES, CHOSES INANIMÉES ET AUX CONTUMAX.

1. — Qu'il semble ridicule et iniuste de faire le procés aux ombres.

Or pour commencer par ce qu'il y a en cecy de plus rare, parlons premier des formalitez qu'ont eu les Anciens à faire le procés au cadaver, à la mémoire, aux imaiges : &, qui plus plus eſt, aux beſtes brutes & choſes inſenſibles & inanimées. Nous n'en avons peu traiĉter pendant les accuſations, eſquelles l'accuſé eſt préſent & obeyſſant à droiĉt.

Mais s'il y a apparence de les accuſer, c'eſt à l'adventure ce qu'il eſt difficile à bien réſoudre. Voyons d'abord, premier que d'entrer aux formalitez, s'il n'eſt point ridicule & inepte, voire cruel, voire barbare, de batailler contre des umbres : c'eſt à dire citer & appeler en iugement ce qui ne peut à la vérité ne comparoir, ny ſe defendre : & où il n'y a crieſme, correction, ny gaing de cauſe. Ce diverticule eſt ſi

proche de noſtre traiꞔé que nous ne ſemble-
rons pas pour cela eſtre eſlongnez du droiꞔ
chemin.

Ne diſons nous pas que la mort efface & eſ-
teint le crieſme? *Si inutilis ſtipulatio eſt, hominis
qui mortuus ſit,* l'accuſation vaudra-t-elle mieux?
Et comment pourroit-elle valoir que la ſentence
qui y interviendroit feroit nulle, *quia morte rei
peremptorium ſolvitur,* diꞔ ULPIEN? Que voulons
nous aux morts qui repoſent, & avec leſquels
nous n'avons plus de négociations, ny de commerce? C'eſt à Dieu auquel ils ont déſormois
affaire direꞔement, ou nuëment. Et s'il y a apparence, que les appelans à ſoy, il uſe d'un
droiꞔ de ſouveraineté ; c'eſt à dire qu'il en évo-
que la cognoiſſance, ſi ià nous l'avions entre-
prinſe, ou, ſi elle eſtoit à commencer, nous l'in-
terdiꞔ. Y a apparence, puiſqu'il les a attirez,
auparavant que d'avoir rien paty en leur honneur; qu'il a tranſigé avec eux, veut & entend
que déſormois ils ne ſoient travaillez ne in-
quiétez là où   ritablement ils ne ſont plus?
Qui eſt mort,   t-il mourir encore? N'eſt-ce
point payer ſes   btes criminelles & civilles,
que faire ceſſion à tous ſes créanciers, non ſeulement de ſes biens, mais de la vie? Qui tran-
ſige, ne doibt plus *ex deliꞔo.* Or c'eſt une grande
tranſaꞔion que ce paſſage. D'avantage qui de-
dira que c'eſt trop ſe ioüer de noſtre humanité

fi caduque, de noftre condition fi flouëtte & fi
miférable, qu'aprez qu'elle eft terminée, luy
refufciter un commencement d'autre mortalité
& caducité? Sy le cours de dix, ou de vingt ans
abolift prefque toute mémoire, abolift tout for-
faict, abolift toute recherche, la Mort, qui implique en foy une perpétuité & éternité, n'effa-
çera-elle point toute accufation, toute querelle?
Il y a de noftre faict de n'accufer point aucun,
pendant qu'il eft vivant. Pourquoy donc y fe-
rions nous receuz luy décédé? Noftre demeure,
noftre pareffe, nous doibt exclure.

Que s'il y a de l'impoffibilité à chaftier &
punir les morts : il y a de la turpitude à les
pourfuyvre. Le champion qui a rué fon ennemy par terre, fe contente de ceft honneur.
Et quand il n'eft plus que terre, & moins que
fian (difoit l'ancien Héraclites), que veut-on
de plus? Tout ainfy que la condamnation trop
cruelle eft tenuë pour iniufte, auffi l'accufation
qui n'a plus de modeftie & qui excède les bornes
de la Nature, ne faict à ouyr. Quel profit, ou
quel exemple peut-il y avoir, à traifner des
armoiries en bas, à jetter des cendres au vent,
& (ce qui eft encore plus barbare) à prendre ou
décapiter un corps mort? L'ours mefme ne fe-
vit point contre les morts, ou qui font fem-
blant de l'eftre, difoit Æsope.

A quoy feroient donc bons des procés, fans

accufez : des iugemens, fans exemple. Si les Romains, pour ne pas tomber en ces abfurditez ou moqueries, furent longue efpace de tems, fans trouver bon qu'on fift mefme le procés aux abfens, & l'ayant receu en fin, ne les condamnoient iamais à mort, y auroit il apparence de pratiquer l'un & l'autre contre des morts? Et, qui plus eft, contre des beftes, qui n'ont vives, ne mortes, vouloir ne intention faire mal ? Voulons nous reffembler à Xercès qui fift bailler des coups de fouet à la Mer, & qui efcrivit des lettres à la montagne Athos, comme fi elle luy euft peu rendre refponfe.

Il ne s'enfuyt pas s'il le faifoit de bravade: qu'en la Iuftice ce foit chofes à imiter aux Iuges. Sy le font-ils touteffois: & non feulement pource qu'il peut refter de pécuniaire, comme eft la réparation, la confifcation, les defpens, dommages & intérêts: mais ès reliques de la perfonne, fus le cadaver, fus les cendres fus la mémoire.

Auiourd'huy pour y adioufter plus d'ignominie, ceux qui fe font défaiᶜt eux-mefmes, nous les faifons pendre la tefte en bas: & s'il nous eft fort ordinaire de faire le procés au cadaver & d'y fervir.

Certes, fi ces procédures & exécutions pofthumes, n'avenoient que par une fureur populaire, ou que par une licence guerriére : nous

les paſſerions pour actes qui ne font à confidérer au Palais.

2. — Raison des procès et exécutions faites après la mort.

En toute accufation, ou punition on recherche principalement l'Exemple : l'Exemple (dy-
ie) pour les furvivans & ceux qui n'ont délinqué : non pour ceux ou il n'y a plus de reméde.
Suyvant ceſte raifon (qui eſt généralle & uni-
verfelle) ce qu'on a veu attenter contre les
morts, a eſté pour le faire aux vivans : non pas
pour en venir là, d'en punir l'un pour l'autre,
car l'iniuſtice y feroit manifeſte, mais adfin
que le profit de la pourfuyte & exécution faicte
en ce où il n'y a fentiment ou amendement
redonde fur ceux qui en ont encores. Qui voit
traicter les délinquans iufqu'aux enfers (dict
Valère) comment n'auroit-il peur de tomber ès
criefmes qui en font caufe ? Ne le conteroit-il
point de fils en fils, de nepveu en nepveu, à ce
que luy & fa poſtérité s'en préferve ?

Véritablement tous les criefmes ne méritent
pas ſi grant exemple mais quand ils font tels
qu'ils furpaffent toute cruauté en malignité,
qu'ils ne tendent pas à en réunir un ou deux,
mais une nation & République entière, il faut
que la façon de les divertir, ait auſſi ie ne fcay
quoy de quaſi monſtrueux & prodigieux. Il

fépulture honorable, c'eft-à-dire les pompes, les obfèques, les harangues funèbres, à ceux qui fe feroient tuez eux-mefmes. Mais que la terre ou le feu leur fuffent oftez, nullement. J'entends parler de l'ancienne Rome, tant que le Peuple ou les Empereurs y ont commandé. Car fi des Papes ont fevy aux cendres d'un CLÉMENT, d'un FORMOSUS, leurs devanciers : cela fent plus l'air d'autres gens qui foyent allez de nouveau habiter là qu'une continuation de la première Splendeur, Maiefté & Humanité Romaine.

4. — Accuser les morts, c'était accuser la mémoire.

Que leur étoit-ce donc, faire le procés aux morts? C'eftoit accufer leur Mémoire. C'eft l'accufer & la condamner que de mettre en faiçt que celuy qui eft décédé, premier que d'avoir efté mis en iugement, ou durant iceluy eft mort coulpable de criefme qui mérite de foy, que fa Mémoire, pour l'exemple, foit par fentence iugée infâme & déteftable. Elle eft renduë telle par femblables iugemens que ceux-cy.

Si ce font particuliers qui ayant (pofez le cas) voulu attenter contre leur Prince ou à l'Eftat : en les déclarant roturiers, eux & leurs fuccefleurs : en abatant leurs imaiges, leurs armoiries, introduifant que ce fuft criefme de les avoir : iugeant que leurs os feront bruflez, & la cendre iettée au vent, ou hors la patrie : en ordonnant que leurs maifons feront rafées. Plus tard il fut adioufté, ce qui eft mémorable, & que toute leur poftérité feroit infâme, foit que leurs enfans fuffent baftards ou légitimes : & qui en adopteroit aucun feroit luy-mefme déteftable. Il en fuft ainfy ordonné à Paris, de la maifon de Craon. Contre le duc d'Alençon, fous Charles VII. Il avoit efté dict, qui plus eft, que fes maifons feroient abbatuës iufques au premier étage, fes forefts coppées iufques à la hauteur d'un homme, les foffez de fes maifons & villes comblez ; fes enfans, & fa poftérité degradez du nom & Armes de Prince du fanc.

On punift encore la Mémoire, fupprimant le Nom des coulpables. En condamnant mefme le iour auquel le faict eft advenu. Si c'eft le public qui ait failly, un corps, collége, communauté, aprez avoir puny les Chefs, la mémoire de ce corps qui meurt & vit tous les iours, eft condamnée en abatant les portes ou murailles des villes, les forterefses, les lieux communs : en y changeant l'Eftat & le gouvernement : les privant de leurs prérogatives, prééminences & priviléges.

Brief on laiffe à iamais une mémoire du criefme par une note générale & fimpiternelle.

Chez les Romains, quand la mort furvenoit

durant le procés, les Advocatz & Orateurs de-
mouroient en caufe. Quels meilleurs patrons
luy euft-on pu défirer, que ceux qu'il avoit
luy-mefme choifi en fon vivant. Si l'accufation
fe commençoit où intentoit du tout aprez fa
mort, on appeloit la vefve, les enfans, les héritiers.

5. — Du curateur au cadavre.

Mais en cecy nous y pratiquons une autre
forme, fi nous voulons punir le Cadaver, qui
eft, qu'on luy crée un Curateur, à l'exemple du
fourd & du pupil. Avec ce Curateur, on inftruict le procés comme on l'euft faict avec le défunct, on oyt, on recoit les tefmoings, puis on les
confronte au cadaver préfent fon Curateur. Il
faut icy que ie confeffe, que ie ne puis pas bien
comprendre, pour quelle raifon nous y avons
apporté cefte folennité de Curateur. Car pourquoy plus toft au cadaver, qu'à la mémoire ?
Plus toft qu'aux cendres, qu'aux ftatuës, qu'aux
beftes brutes ? Quelle geftion & adminiftration
y a-il à faire en un corps mort qu'à procurer
fes obfèques ? fi c'eft pour la validité des procédures, appelons le Curateur en caufe, non
Curateur au Cadaver.

Le corps, les cendres, la mémoire, les biens,
font déformois aux parens, & aux héritiers.
Que fi pour les fruftrer de l'hérédité, il les faut

ouyr': à plus forte raifon le faut-il pour les priver du droiƈt d'enfépulturer leurs parens, du
droiƈt de la mémoire & recommandation qu'ils
ont laiffée : chofes qui leur appartiennent, euffent-ils renonché aux biens. Ce font donc eux
qu'il faut appeler, non pas créer un Curateur au
corps ou à la mémoire.

La différence du terme n'eft point petite. Car
il y a grand intéreft que la caufe fe traitte
par les Parties ou par autres. Appelons ceux-cy
comme on voudra. Ils n'y font que par cérémonie. Ils n'y font que pour la formalité. Mais
ceux qui de leur chef y prétendent aucune chofe
y font du tout. Conduire l'affaire d'autruy ou
les fiennes propres, font aƈtes qui fe rapportent
bien- mal. L'un fe faiƈt par acquit, l'autre par
paffion & affeƈtion. Ce feroient donc la vefve,
les parens ou les héritiers qu'il faudroit faire
appeler : non s'arrefter à une chofe morte &
puante auffy toft.

Ie veux qu'il y ait de l'exemple à punir ce
cadaver. A-il fallu pour y parvenir, & de peur
que l'occafion s'en paffaft dedans douze ou
vingt heures, avoir inventé ce nouveau genre
Curatèle. pour en moins de rien faire & para-
chever le procés au cadaver? Sy la raifon pour
laquelle on a choifi cefte formalité comme plus
courte eft de luy bailler plus toft un Curateur,
que d'attendre une iufte Partie, & exulcéré

défenſeur : le ferment luy appoŕte-il la douleur, l'intéreſt? Sy c'eſt la feſtination de punir, ces corps qui engendrent ceſte Curatèle (ce que ie ne puis croire, car la précipitation eſt ennemie de la Iuſtice) i'aymerois mieux faire pouldrer & ſaller le corps, attendant Partie légitime, que de luy bailler un défenſeur imaginaire plus pour la forme que pour le fons. Mais univerſellement i'aymerois mieux le laiſſer enſevelir ſans pompe : & en fin ſy le défunct ſe trouvoit coulpable punir par effigie (iaçoit que ie ne l'aye iamais veu faire que contre les abſens iugez & condemp- nés par contumace) ou ſy le criefme eſtoit de Lèze-Maieſté divine ou humaine, déterrer les os, & les bruſler, que de précipiter des preuves, haſter des Iugemens, pour faire une Exemple auiourd'huy, qui demain ne pourroit plus eſtre.

Et touteffois ceſte formalité de Curatèle eſt ſy néceſſaire entre nous, que nous avons veu bail- ler des adiournemens perſonnels à des Iuges, pour ne l'avoir gardée ſoigneuſement. Mais peut-eſtre n'avoient-ils faict ny l'un ne l'autre : ny créé Curateur, ny faict appeller la vefve & les héritiers. Ou s'il n'y en avoit ſur les lieux ou point du tout : peut-eſtre n'avoient-ils faict dire à ſon de trompe & cry public, que s'il y avoit parent, voiſin, ou amy qui vouluſt venir défendre ce corps, qu'il y ſeroit reçeu. Vérita- blement tant d'obmiſſions, eſtoient notables,

car en quelque façon que ce foit, il faut qu'il y
ait ouverture à la défence, comme à la charge.
Mais quand le Iuge a faict ce qui eft en luy fy
perfonne ne fe préfentoit dedans l'heure, ou le
iour préfix, il ne feroit lors plus néceffaire
qu'il y euft qui parlaft après pour le cadaver.

Or pour éviter ces difficultez : ie confeille de
n'exécuter iamais le cadaver, qu'en trois cas :
l'un fi procédant à la capture en vertu du décret
émané pour criefme public, le deffunct s'eftoit
tellement rebellé, qu'on l'euft apporté mort en
Iuftice ; l'autre, fy y eftant il s'eftoit luy-mefme
tué pour éviter la punition. Car en ces deux
cas le défunct s'eft de fon Iugement iugé coulpable : & fe tuant, il a commis un fecond
criefme. Le tiers : fy la mort naturelle eftoit furvenüe le procés ià inftruict : & qu'en celuy il
fuft queftion de perduellion, de parricide ou de
cas trez grief, & trez énorme. Il ne faudroit en
ce cas là, que le iuger fur ce qui eft faict : finon
qu'il intervint qui l'empefchaft. Et lors pendant le procés, il faudroit laiffer l'enterrement,
aux charges que nous avons dictes.

6. — Exemple des procès faits à la mémoire.

Venons à la Mémoire. La formalité que nous
y pouvons rechercher gift en trois poincts. Le
premier à fçavoir par devant quel Iuge fe pour-
fuivront telles accufations. Entre nous fi l'ac-

cufation a efté une fois intentée, elle fe continuë
où elle a commencé, fçavoir au criminel, parce
que nos actions ne périffent point en mourant.
Et encores que déformois on y procède à l'ordinaire contre l'héritier : toutes fois pour la
connexité des procédures, elles demeurent où
elles ont pris fource & commencement. Mais
s'il ne s'eftoit rien faict contre le défunct, & que
tout fe commençaft contre l'héritier, il fe faudroit pourvoir civillement, car on ne peut plus
rien demander fous le nom de Réparation, &
le procureur du Roy a perdu tout droict de
confifcacion & d'amende. Ce que la partie offencée peut demander ci font dommages & intereft
& rien plus. Le criefme de Leze-Maiefté au premier chef eft excepté, car la pourfuite nous en
eft toufiours criminelle.

.Venons au fecond point : avec qui? Comme
il peut fouvent arriver que le défunct n'a laiffé
ne vefve, ne enfant, ny héritier : & s'il faut recourir à l'eftranger, comme c'eft chofe ordinaire qu'il fe trouve difficilement un tiers qui
fe veille offrir à la défenfe de telles caufes (c'eft
quelques fois criefme de s'y ingérer) nous avons
eftimé plus expédient, & plus feur, de faire de
la Mémoire comme du cadaver, c'eft à-dire de
créer un curateur au défunct.

7. — Forme de procéder contre les morts.

Quant à la manière de prononcer, le procés faiɛt & inftruiɛt, il y a auffi de la formalité. Car ce n'eft pas l'héritier, ou le curateur qu'on condamne, encore qu'il foit en qualité, ny la mémoire, la ftatuë ou les cendres, parce que ces chofes-là, ores qu'elles foient en procés ne font pas proprement au libelle. Mais c'eft le deffunɛt qu'on condamne. Et en conféquence de ce, tout ainfi que s'il euft efté condamné de fon vivant, on lui euft peu impofer peine qui euft paffé iufques à fes fucceffeurs, fçavoir eft, qu'en luy & en tous fes defcendans, fa Mémoire feroit nottée, fes ftatuës & armoiries brifées, & mifes par terre : auffi eft-il ordonné eftre faiɛt après fa mort. Mais comment peut-on concevoir les termes du iugement contre celuy qui n'eft plus? Eft-ce qu'on le préfuppofe vivant? Non. Ce ne feroit pas faire le procés au mort. Nous difons donc que le iugement fe doit concevoir en termes de prétérit en temps paffé.

[8. — Des procès faits aux beftes brutes.

Le principal but de la iuftice eft l'exemple. Si nous voyons un bœuf iugé & mis à mort pour avoir mangé chofes préparées à faire offrandes & facrifices, c'eft pour nous apprendre combien à plus forte raifon, nous devons craindre le fa-

25

crilège & nous porter révéremment vers les chofes faintes & facrées. Si nous voyons encore un pourceau pendu & eftranglé pour avoir mangé un enfant (punition qui nous eft familière), c'eft pour porter les père & mère, les nouricières, les domeftiques de ne laiffer leurs enfans tout feuls, ou de fi bien enferrer leurs animaux qu'ils ne leur puiffent nuire ni faire mal. Si nous voyons tuer un bœuf à coups de pierres & fa chair ietée aux chiens pour homicide qu'il ait commis, & fi nous voyons mettre le feu à une ruche à miel pour le même fait, c'eft pour nous faire abhorrer l'homicide, puis qu'il eft puni es bêtes brutes.

9. — Des procès faits aux choses inanimées.

Mais à chofes inanimées nous n'avons point d'exemples de procez, non plus que n'avoient les Romains. C'étoient les Grecs qui avoient cela de particulier. Cependant quand fous Philippe le Bel & fous Charles VI, nos Roys, on brufla les Bulles du Pape avec tant de cerémonie, (dict MONSTRELET, aprèz luy, VIGUIER, les DU TILLET, & DU HAILLAN) fçavoir eft, à la requefte de l'Univerfité par arreft du Parlement, en plaine Cour du Palais, à Paris : le Roy préfent, & affifté des Princes du fang & de tout fon Confeil, parce qu'elles portoient excommunication contre le Prince, & interdiction fur le Royaume, n'eftoit ce point s'attaquer directement & principalement à du parchemin & à du plomb (car on ne pouvoit rien contre l'Autheur) comme s'il euft efté confentant & participant de l'opprobre faict aux Roys de France, les traictans en fubiects & iurifdiciables de la Cour de Rome?

Véritablement ce fcpectre ne relève d'homme vivant. Ce n'eft fief, ny emphytéofe. Il ne doit à mutation de ceux qui le portent hacquenée blanche ny marc d'or. C'eft PAR LA GRACE DE DIEU que nos Roys font ce qu'ils font, non par octroy & benefice des Papes. A grand peine (difoit l'Univerfité) eux & leurs Regnicoles voudroient-ils relever d'un Evefque : qu'ils ne l'ont iamais voulu de République ny Empire, qui fuft. Ce ne feroit plus eftre ni Francs, ni François. Si toft que nos Princes font venus héréditairement à l'Eftat, ils font Roys d'euxmefmes. Ils n'attendent des Papes inveftiture, couronnement, facre, confirmation, ny approbation quelconque. Ce font eux au contraire (difoit le Parlement) que le Peuple, les Roys & les Empereurs ont eleuz & confirmez. Si les cardinaux le font maintenant, c'eft par don & permiffion des Princes. Nos Roys n'ont fupérieur que Dieu, lequel a fes moyens fecrets & extraordinaires pour les punir, s'ils fe defvoyent. Mais que ce foit par le miniftère d'une autre puiffance humaine, rien moins. Quelque repréfentation qu'on y puiffe donner, le miniftre eft toufiours homme, ou fi eft ce qu'on repréfente, les Roys de leur cofté repréfentent le Dieu puiffant, voire font appellez Dieux. Conféquemment (difoit-on) feroit introduire entre Chreftiens, des batailles de Dieux d'Homère, fi les Papes, comme Dieux, ou Anges, pour un autre refpect vouloient domter les Roys & maiftrifer les Roys & puiffances mondaines.

Que les autres Roys, Empereurs & Monarques s'en défendent comme ils pourront. Qu'ils prévoyent s'ils veulent, où tend cefte auctorité & entreprife, que le Religieux Sigebert dict eftre nouvelle & fort dangereufe. Les noftres font en poffeffion de ne recognoiftre les Papes que pour Évefques mais les premiers des Évefques. Ils font en poffeffion d'eftre Souverains dès Pharamond. Au lieu que les Papes ne le font abfolument à Rome, que du tems de Boniface IX, & d'Innocent VII. Iufques là, le Peuple Romain n'ayant plus d'Empereur fus les lieux, garda fa Liberté.

Et (adiouftoit-on contre ces Bulles défendereffes & accufées) que tous les Papes, auparavant Boniface VIII, mefme Innocent III, au chapitre, *Per venerabilem qui filii funt legitimi*, avoient confeffé & recognu, qu'en la temporalité nos Roys n'ont rien de fupérieur, & qu'eux n'y

peuvent rien ordonner, qui y apporte du préiudice directement ou indirectement. Comment
donc, les interdire? Donner leur Royaume à
autruy! Difpenfer & abfouldre tous leurs fubiets de la fidélité qu'ils luy doivent! Y a-il rien
plus poffeffoire, plus temporel, plus de ce monde
que d'eftre Roy, ou ne l'eftre plus! Avoir fes
fubiets obéiffans ou rebelles! Cela procède-il,
de quelque facrement ou article de Foy!

Le premier privilège de nos Roys, inféré au
viéil ftile de la Cour (difoient Meffieurs du Parlement) eft celuy-là, que le Roy de France, ès
chofes temporelles, ne recognoift point de fupérieur par deffus luy (ès fpirituelles, ie ne dy
pas), & pour cefte occafion, noftre Roy à préfent règnant, envoya à Rome Monfieur Du
Perron (fa rare vertu & très grande doctrine
ont rendu ce nom mémorable), Évefque d'É-
vreux demander l'abfolution de l'héréfie qu'il
abiura. Que fi ledit Boniface VIII a voulu par
raifons plus fubtiles que concluantes, & comme
dit le moine GUAGIN, contre l'exemple de Iéfus
Chrift, duquel le Royaume n'eft de ce monde,
contre l'exemple de fes Apoftres, & de plus de
cent Papes leurs fucceffeurs, a voulu pour l'inimitié qu'il portoit à Philippe le Bel, ordonner
du contraire, en fa caufe & à fa faveur, par fon
extravagante *unam fanctam*, Clément V, fon fuc-
ceffeur immédiat la révocqua!

La raifon parce que les Papes ne pourroient rien entreprendre en la France, tant peu fuft-il, & fous quelque prétexte que ce peut eftre, que ce ne fuft poffeffion & acte de fupériorité & prééminence, qui apporteroit en fin, comme nous fommes ialoux d'augmenter & deffendre nos droiĉts, autant de diffipation, d'aliénation & de ruine, quand les Papes prétendroient n'y avoir efté obeys & recogneus, que fi les femmes, les puyfnez, & ceux qui en defcendent y fuccécédoient. Qu'eftoit-ce donc, à plus forte raifon, l'entreprendre fur la perfonne mefme du Prince! Sus fa couronne! Sus fon Eftat! C'eftoit acte d'hoftilité, non de Preftrife, c'eftoit iniure, non cenfure, monition animeufe, non charitable. Le Pape Céleftin le voulut ufurper contre Philippe-Augufte. Ce Roy y réfifta, & chaftia tous les Evefques françois qui y avoient donné confeil & confentement. Il y a plus, difoit cefte Univerfité iadis fi floriffante, c'eft, qu'à ne parler que de la feule excommunication, fans y aiouter cefte confifcacion & profcription fi extravagante des Royaumes & monarchies, le ftile de ladite Cour porte auffy, qu'un des privilèges de la Couronne de France, eft que le Prélat quelconque de ce Royaume (la glofe adioufte, ou d'ailleurs) n'a pouvoir d'excommunier le Prince, & non point luy feulement, mais fon Confeil & fes officiers faifans leurs charges. Car les punir pour obeyir à leur Roy, pour le conſeiller & l'aſſiſter, ce ſeroit le punir indirectement, ou leur intenter une voye pour luy déſobéir & ſe révolter impunément.

Finalement, quand bien le Pape auroit plus de puiſſance luy ſeul que tous les Prélats de ce Royaume, ce qu'autrefois ils luy ont débattu, peut on ſous prétexte d'une ſpiritualité qui s'eſtend par tout comme l'entendement, venir à acte contre le Prince Souverain qui touche non ſeulement ſon âme & ſa conſcience, mais ſa qualité ? qui diminue ſa Maieſté & ſa grandeur ? Qui diſſipe la révérence & obéiſſance qui luy eſt due? Qui engendre guerres & emotions civiles ? Les gens d'Egliſe feront-ils ſi amoureux de leur rang, que quelques fautes qu'ils faſſent, ils veulent qu'elles ſoient cachées, & qu'on les traicte avec tout le reſpect & honneur qu'il eſt poſſible, de peur qu'on vienne à meſpriſer leur Ordre : & au Prince qui eſt ſeul de ceſte eſtoffe, ne permettront qu'il ſoit exempt de toute cenſure & animadverſion, ſinon de celle à laquelle il ſe ſubmettroit volontairement, comme Théodoſe?

10. — Du procés des contumax.

Venons maintenant aux Parties, qu'on appelle veritablement contumax, & auſquelles, pour ceſte occaſion, on faict le procés, ores qu'ils ne foient pas préfens, & devant les Iuges.

Ie trouve que nous iugeons trop toft nos contumaces, & plus légérement nous les revoquons.
Adfin qu'elles foient mieux acquifes & icelles
iugées, que le iugement foit plus ftable, ie suis
bien d'avis que nous ne foyons pas un an premier que de prononcer. Ce tems fut prefcrit par
les Romains à caufe de la grande eftendue de
leur empire. Quoy donc? Faifons que les trois
premiers iours foyent de trente chafcun, suyvant ce qui eft ordonné par IUSTINIEN en la
CXII Conftitution nouvelle : le quatriefme, de
fix femaines. Car c'eft un abus qu'entre les adiournemens on n'y mette pas mefme l'intervalle
de dix iours que defiroient les Anciens. Que tous
les adiournemens, s'ils ne font faiétz à la perfonne, foient faiéts, tant au domicile, qu'à fon
de trompe. Que tous défaux foient donnez en
l'Auditoire, la Iurifdiétion tenant. Soyent appellez & raportez. Que les plus proches parens
foyent intimez, pour dire ce qu'ils voudront
pour l'accufé. Finalement, que la fentence foit
leuë & prononcée en Iugement, foit publiée à
fon de trompe & attachée de tous coftez. Mais
furtout à ce qu'il ne fe trouve couleur quelconque qu'elle ne foit perpétuellement exécutée felon la forme, pratiquons, quoy qu'il foit queftion de criefme public, que la fentence ne porte
rien plus que confifcacion, infamie, exil ou les

galères perpétuelles : fors ſi l'accuſation eſtoit
de Leze-Maieſté au premier chef, auquel cas la
mort & la proſcription ſe puiſſe ordonner. En
ce faiſant quelque peine qui ſoit iugée, qu'elle
s'exécute. Qu'il n'y ait lieu de ſe pourvoir contre tels iugemens que par appel, & en ſe pré-
ſentant dedans les trois mois. Autrement, &
lediét tems paſſé non recevabe. Et ſy aprez
tout cela les condamnez ſe trouvent n'obeyſſans
à leur iugement, que ſans remiſſion pour ceſte
feconde faute il y ayt peine de mort. Cet ordre
gardé eſtroiétement, les criefmes tariroient en
la France.

FIN.

Paris, impr. F. PICHON.—A. COTILLON & Cⁱᵉ, 30, rue de l'Arbalète,
& 24, rue Soufflot.